潍水文化研究

潍坊商业民俗

王明德　宋新影　田玉洪　著

山东城市出版传媒集团·济南出版社

图书在版编目（CIP）数据

潍坊商业民俗／王明德，宋新影，田玉洪著．—济南：
济南出版社，2019.2
（潍水文化研究）
ISBN 978-7-5488-3527-1

Ⅰ.①潍… Ⅱ.①王…②宋…③田… Ⅲ.①商业—风俗
习惯史—潍坊—近代 Ⅳ.①K892.29

中国版本图书馆CIP数据核字（2019）第015903号

潍坊商业民俗
王明德　宋新影　田玉洪　著

出 版 人　崔　刚
责任编辑　吴敬华
封面设计　刘　畅
出版发行　济南出版社
地　　址　山东省济南市二环南路1号（250002）
经　　销　新华书店
编辑热线　0531-86131721　86131722
发行热线　0531-86131731　86131730　86116641
印　　刷　山东省东营市新华印刷厂
版　　次　2019年2月第1版
印　　次　2019年2月第1次印刷
成品尺寸　185 mm×260 mm　16开
印　　张　15.75
字　　数　239千
印　　数　1—6100册
定　　价　60.00元

（济南版图书，如有印装错误，请与出版社联系调换。联系电话：0531-86131736）

《潍水文化研究》丛书编辑委员会

序

潍河是东夷文明的发祥地，也是潍坊人民的母亲河。千百年来，在其浸润下，潍坊区域文化异彩迭出，在中华文明多元一体化格局中占有重要地位。

寒亭前埠下、诸城六吉子庄后李文化遗址证明，早在距今 8000 多年以前，东夷部族就在潍坊区域生息繁衍。诸城前寨出土的大汶口文化陶文、寿光边线王发现的龙山文化城址、临朐西朱封所见的龙山文化墓葬，以及文献关于舜生于诸冯（今诸城）的记载，足以反映出史前时期潍坊区域文明的发展高度。

夏商时期，潍坊区域出现了寒、斟灌、斟鄩、平寿、莱、亚醜、嵎、邓、逄、纪等东夷方国。夏初东夷族的著名首领后羿与寒浞的统治中心即在今寒亭一带，他们曾先后取代夏政四五十年，这是中国历史上的一大事件。亚醜是商代实力最强的部族之一，其活动中心在今青州一带，考古发现亚醜国君墓葬规模之大，与安阳殷商王陵不相上下。

周代，姜太公初都营丘，潍坊区域遂成为齐国早期的政治经济文化中心，后来虽迁都临淄，但潍坊区域仍然是齐文化的腹地。潍河与南部长城共同构成了齐国东境密合的军事屏障。位于临朐的穆陵关，既是阻挡莒、楚、吴、越北上的军事要塞，又是齐国南下沂、沭、江、淮进行文化商贸交流的必由通道。齐以工商立国，潍坊区域漫长的海岸线和滨海区域丰厚的卤水资源，成为其鱼盐产业的基地，为齐文化发展提供了永恒动力。

潍坊区域地兼齐鲁，汉代经学盛极一时。西汉菑川（今寿光）公孙弘以治《春秋》而位至宰相，在汉武帝“罢黜百家，独尊儒术”的过程中起到了主导作用。菑川田何是汉代《易》学的最初传人，其弟子东武（今诸城）王同曾为《易》作传。诸县（今诸城）梁丘贺是《易》学六大流派之一“梁丘易”的创始者，安丘郎宗、郎顗父子则是“京氏易”的重要传人。东武人（今诸城）师丹、伏理开创了《齐诗》的师、伏之学，伏理之后世代传经，时间长达五六百年，这在中国经学发展史上实属特例。东汉高密郑玄遍注群经，被誉为“经神”，成为中国经学发展史上的里程碑。其门生北海刘熙所著《释名》，与《尔雅》《方言》《说文解字》并称为汉代四部重要的训诂学著作。而安丘人邴原、管宁，东汉末年为避战乱移居辽东，传经授业，则对辽东文化的发展起到了积极作用。此后，经学一脉承续不绝，至清代再度出现繁荣局面，安丘王筠、刘源渌，潍县韩梦周、宋书升等均有名于时。

潍坊区域佛教的传入与佛寺的创建均始于东汉，到南北朝时期达到极盛，青州、临朐、诸城、寿光、安丘、昌邑先后发现这一时期佛教造像千余尊，其中青州龙兴寺窖藏规模之大，出土造像数量之多、门类之全、技艺之精、保存之好堪为全国第一，被评为1996年全国十大考古新发现，其造像艺术风格，对周边区域产生了重要影响。

潍坊区域文学发端甚早，西周晚期部分青铜器铭文已经初具文学风貌。东汉时期，北海相孔融、北海人徐幹名列“建安七子”。五代潍州韩熙载以文学名家。宋代范仲淹、欧阳修、富弼、苏轼均曾为宦于此，多有佳作。李清照则为婉约词派的典型。元末战乱之后，潍坊区域文学进入一个稳定的发展阶段。明代初期昌邑人黄福、临朐人马愉、寿光人刘珝均颇多著述。明代中期临朐人冯裕致仕后，于青州北郭禅林与挚友七人结成“海岱诗社”，他们清新流畅、不矫不艳的诗风，给当时诗坛注入了新鲜气息。冯裕四子冯惟敏尤擅散曲杂剧，其作品多关心民瘼，鞭挞丑恶，具有很强的现实性，为明代散曲大家。万历年间的诸城“东武诗社”，以丁惟宁的文学造诣最称深湛，其子丁耀亢有著作十数部，他的《续金瓶梅》在中国小说发展史上也占有一席之地。另外如清代前期诸城人李澄中，与王士禛、田雯齐名，并称“山左三大家”。安丘人曹贞吉“诗格遒练”，词则“风华掩映，寄托遥深”。其弟申吉也以诗名，悲壮苍凉，独具风貌。安丘人张贞天性旷达，一生不入仕门，携子在辛，南走吴越荆楚，北游燕赵京蓟，广交名流雅士。他的文章排宕巍然，诗则意境闲远，自成一家。清代中期，诸城窦光鼐曾充《四库全书》总阅官，主持文运三十年，著有《省吾斋稿》《省吾斋诗赋集》。高密李宪暠、宪暠、宪乔三兄弟并以诗名，被誉为“高密三李”，开创“高密诗派”。至于晚清，则更具蓬勃之势，文人骚客不胜枚举。

金石学形成于宋代，诸城赵明诚、李清照夫妇所编著的《金石录》为一代楷范。清乾嘉以来，金石学复兴，诸城刘喜海、王锡棨、李璋煜卓有奠基之功。陈介祺异军突起，“富藏精鉴，宗仰海内”，开拓了不少新的收藏与研究领域。在其带动与影响下，潍坊区域的金石之学走在了全国的前列，部分学者在倾力搜集文物的同时，开始自觉注重文物出土综合信息的记录，迈出了传统金石学向现代考古学转化的第一步，在中国学术发展史上具有特殊意义。

不仅如此，潍坊区域魏晋南北朝时期的青齐士族，金元时期的道教文化，明清时期的民俗文化、园林文化、望族文化、书画艺术，近代的丝绸文化、商埠文化、红色文化等等，也都自成体系，独具特色，共同铸就了博大精深的潍坊区域文化。

习近平总书记强调：“一个国家、一个民族的强盛，总是以文化兴盛为支撑的。”“没有文明的继承和发展，没有文化的弘扬和繁荣，就没有中国梦的实现。”有鉴于此，潍坊区域文化的挖掘、整理、研究、弘扬、发展就显得愈加迫切。2016 年，潍坊市文广新局启动了《潍水文化研究》丛书的编写工作。经过三年的辛苦努力，圆满完成既定目标，值付梓发行之际，谨撰此以为序。

2018 年 12 月

目 录

绪 论

潍县是一个已经消失了的政区地名，但它是潍坊市的前身，代表了潍坊发展的历史。这里曾是东夷族的活动中心。早在7000多年前，先民们便在这里繁衍生息，4000多年前就创建了早期的城邑和国家。夏代有寒、斟、平寿等封国，商代有逄、莱、纪等封国，西周及春秋时期曾分属齐、鲁、纪、杞、莒等国，战国时期齐国在这里建有封邑。秦汉魏晋南北朝时期，这里属古北海郡（国）之地；唐宋时，属潍州；明清时属潍县。洪武十年（1377），降潍州为县，属莱州府。自此始有潍县之称，潍县县治在今潍城。这样，自汉代以来其区域政治经济中心地位（多数时间为二、三级地方政区）宣告结束。潍县是古北海郡国的旧地，古潍州所在地，作为县级政区的名称存在了600余年，向来是鲁东商埠重镇、文化名城，近代又自辟商埠。潍县代表了潍坊地区的历史传统，也是潍坊存在与发展的根基所在。

在潍坊历史上的潍县时代，虽然其政区地位衰落，但其经济地位愈显重要，以至发展成为东莱首邑、商埠重镇，这为后来潍坊市的兴起创造了条件。作为县域地名，潍县历明、清、民国，直到1984年才改为潍城、寒亭、坊子区三区，沿用600年之久，在潍坊历史上有着重要影响，今潍坊市区即属于古潍县辖区。潍县上承平寿、北海、潍水、下密之历史，下启潍坊之新城，素为海岱之间一重要政区单位，其城市发展史绵延2000余年，可谓是海岱要枢，历史名城。故研究潍坊历史和乡风民俗，不能绕过潍县。

风俗是特定社会文化区域内历代人们所共同遵守的行为模式或规范。“凡

民函五常之性，而其刚柔缓急，音声不同，系水土之风气，故谓之风；好恶取舍，动静亡常，随君上之情欲，故谓之俗。”① 换言之，人们往往将由自然条件的不同而造成的行为规范差异，称之为“风”；而将由社会文化的差异所造成的行为规则之不同，称之为“俗”。风俗是中华民族在长期共同的生产实践和社会交往中，自发地逐渐形成的一种错综复杂的社会精神现象，在形成本民族的生活、意识、性格、心理、道德等特征的各个方面，都曾起过很大的历史作用，保存了民族精神和文化的精华。

“十里不同风，百里不同俗，千里不同情。”由于各地经济、文化发展的不平衡，都市与乡村、江南与西北、沿海与内地、交通要冲与边地僻壤，在生活习惯、民风民俗上都存在很大反差，表现出一定的地域特点。商业民俗亦然。商业民俗是民俗事项的一种，它是人们在商业生活中形成的习俗习惯。它根植于商业社会生活，并在商业生活中发挥着重要作用。商业民俗是民俗学研究的重要内容之一。潍县商业民俗是潍县人民在长期的商业生活中形成的有关经营、交易、消费、馈赠、组织、货币流通、商业行会管理、广告、信仰、禁忌等方面的习俗惯制，忠实记录和反映了潍县商人的精神世界。明清时期潍县已经发展成为著名的工商业城市。明朝万历年间，潍县有 2 市 16 集，集市贸易已十分兴盛。清代乾隆年间，潍县百货囤集，交易十分活跃。白天集市熙熙攘攘，人潮涌动，晚上觥觥交错，笙歌曼舞，商业之繁荣可见一斑。近代以来，随着烟台和青岛被辟为通商口岸，烟潍商路和胶济铁路开通以及潍县开埠，潍县商贸中心的地位更加突出，以至成为华北重要的土洋货物贸易中心之一。因其商业地位的重要性，1906 年潍县被辟为商埠。20 世纪 20 至 30 年代，潍县逐渐发展成为北方的棉纺织业中心和商品集散中心。县城以及六关一带，商号店铺鳞次栉比，热闹非凡。手工业如嵌银业、仿古铜器、铜首饰、铸印业、棉纺业等也兴旺发达。据 1934 年调查，潍县有工商业 2267 家，118 个自然行业，以纺织业为主，兼有机器、化工、造纸、酿造、杂货、颜料、点心、药业等几十个行业，经济规模名列全国第 17 位。

繁荣的商业经济是潍坊商业民俗形成与发展的沃土。老潍县素有重商习

---

① 班固：《汉书·地理志》。

俗，富商大贾云集，商号店铺众多，商业组织发达，品牌名店老字号众多，金融典当业实力雄厚，街市繁盛，商贸繁荣，民俗丰厚。历经风雨几百年，传统与现代交织，中西文化对接，这些都赋予老潍县商业民俗丰富的时代内涵和鲜明的地域特色，构成了色彩斑斓的风俗画卷，值得后人去发掘和总结。

由于文化底蕴深厚，商业历史悠久，老潍县形成了积极向上的商业文化精神，这种精神集中体现在以下几个方面：一是团结协作精神。老潍县近代工商业的兴起和发展，是建立在资金相互支持的基础之上的，尤其是新兴工商业耗资巨大，而有志于从事新式企业的工商人士，多数没有社会根基和经济基础，如果没有工商业者的相互注资，就不会有近代工商业的振兴。老潍县著名的“七大东、八大祥、八大丰”白手起家，以小搏大，最后成为工商界巨子，他们就是靠着相互支援，解决了创业的启动资金问题。二是积极进取精神。老潍县近现代工商业者没有小富即安的思想，他们积极更新机械设备，锐意改进生产技术，不断扩大生产规模，严格把握产品质量，把生意做到全国各地。三是敬业精神。老潍县商人在经商过程中表现出来的敬业精神，具体体现在商人对商业经营这一职业的执着追求上，真正把职业当作事业来做；还体现在非常讲究文明经商、礼貌待客上。四是诚信精神。小财靠勤，中财靠德，大财靠运。诚实信用，是商家立业之本、生存之源。“诚招天下客，义纳八方财”，是所有老潍县商人奉行的金科玉律。五是社会责任精神。老潍县工商业者发家致富后，不忘回报社会，急公好义、乐善好施，造福乡梓，在社会公共事务中承担起很大的责任。这些文化精神在工商业界代代相传，如同血脉一般，浃髓沦肤，沉酣浸润，主导了整个老潍县商界的精神风貌和经商作风，成为商界业者安身立命和发家致富的不动产，也是值得后人汲取和发扬广大的财富。

当然，由于时代的局限，老潍县的商业习俗也存在一些落后的东西，如在经商过程中形成了一些禁忌。这些禁忌是出于商人对事业的敬畏，对未来不确定性的种种担忧，由此所形成的种种趋吉避凶的习俗，在传承中始终表现出浓重的神秘性。另外，老潍县商人有一个普遍的心理思维定势，即极端尊重传统，对古已有之的传统惯制总是谨慎恪守，并因此形成了厚古薄今、因循守成的思想倾向。作为一种文化现象，这自然是无可厚非的，但是作为商业精神，则不足以效法。

目前，商业民俗研究正逐渐兴起，并引起学界的普遍重视。近代潍县商业民俗研究主要散见于潍坊地方史志和政协潍坊市潍城区委员会编著的《潍城文史资料》（1～19 辑）等著作中。其中，对近代潍县商业发展状况、街面、市场、老字号、店牌、字号、招幌、庙会、市声、行话等都有广泛探讨，对潍县沙滩大集、主要街市、商业组织等方面的研究有着重要学术价值，为开展近代潍县商业民俗研究奠定了基础。其他著作如刘东木主编的《风土人情：鸢都民俗趣谈》，政协潍坊市潍城区委员会编的《潍县老字号》，王守中、郭大松著的《近代山东城市变迁史》等，亦对近代潍县的市井民风、老店商号、信仰禁忌等进行了讨论。总体而言，关于近代潍县商业习俗的研究还比较零散，缺少系统性和整体性，无论从广度还是从深度上都还不够，有待于进一步探讨。

“观风俗，知得失”。老潍县商业民俗是老潍县人文精神和地域民俗的集中反映，发掘和整理老潍县商业民俗的丰富内容，深入探讨其内涵、特色、作用及当代价值等，有助于留住文化记忆，传承优秀地方商业文化传统，为地方商业文化建设提供借鉴。

第一章
潍俗重贾：老潍县商业的兴起与繁荣

老潍县是个因商而兴的城市，明清时期号称“东莱首邑”，为山东五大内陆商业城镇之一。至近代，它由区区县城一跃而发展成为鲁中乃至华北地区的商贸中心，工商业发展取得突出成就，经济总量一度在全国占据显著位置。在施坚雅勾勒的中华帝国晚期城市体系中，它属于第二层级的全国 20 个“地区都会”之一，也是行政层级最低的唯一的县级治所，[①] 其经济地位和城市影响力远非一般县城所能匹敌。近代交通运输业和工商业的发展，更突出了老潍县的经济地位，以至“十一条贸易线路在此汇合”，其形势“上通济南府，下通青岛（和烟台），居三大都会大道会合之点……又当铁道之中枢，为上下必由之道”[②]。老潍县商业经济发达，经商致富者众多，舍本逐末和发家致富成为众人的目标，由此形成一种浓厚的重商氛围，“俗以财为雌雄”。学者韩梦周称老潍县“为东南大都会，其俗勤于职业，读书、力田、服贾，无世禄侈丽流淫之习”[③]。许多世家子弟为求富贵甚至不惜弃儒从商。乾隆年间在潍县做县令的郑板桥对此不以为然，曾写诗记之：“莫怨诗书发迹迟，近来风俗笑文辞。高门大舍聪明子，化作朱颜市井儿。”[④] 世风如此，县令亦无可奈何。商人经商逐

---

① ［美］施坚雅主编，叶光庭等译：《中华帝国晚期的城市》，中华书局 2000 年版，第 397 ~ 398 页。

② 王茂军：《中国沿海典型省份城市体系演化过程：以山东为例》，科学出版社 2009 年版，第 58 页。

③ ［清］韩梦周：《理堂文集》卷六《王孺人节孝序》。

④ 吴泽顺编注：《郑板桥集·潍县竹枝词》，岳麓书社 2002 年版，第 98 页。

利，一般民众于农桑之外，亦追逐末业，蔚然成风。显然，这是对传统“重农抑商”文化氛围的一种反拨，反映出商品经济迅速发展后民众心态的变化，同时也为商品经济的进一步发展营造了一种浓郁的商业氛围，从某种意义上讲有利于商品经济的发展。

一、明清时期潍县商品经济的发展

老潍县由区区县城发展成为山东重要城市乃至华北地区的商贸集散中心，显然与其商路枢纽位置和对外贸易发展密切相关，而对外贸易又进一步刺激了区域农产品商品化程度的加深和手工业的兴起。商业经济的繁荣推动了老潍县工业化的发展，转口贸易和工商业经济的发展加强了它与国内外市场之间的密切联系，最终使其发展成为商业重镇。

（一）潍俗重贾

历代封建王朝无不奉行“以农为本”的基本国策，把农业当作根本性的大事来抓，采取一系列督促、鼓励、组织农业生产的措施，保证治国方策向有利于农业发展的方向倾斜。通过发展农业，封建王朝不仅可以征收稳定的土地税来保证财政收入，而且可以将农民牢牢地束缚在土地上。统治者一般认为，发展工商业不仅不如经营土地那样使生活有保障，而且还会加剧劳动力从土地上流失，造成种种社会问题。因此，重农抑商、以农立国就成为封建王朝的首要国策。明清两代统治者更是如此。他们极力强化本末意识，不但“重农抑末”“贵五谷而贱金玉”，以各种方式打压和盘剥商人，破坏工商业者的正当经营，抑制商品经济的发展，而且还划定士、农、工、商四民等级，使商人处在四民之末，营造出一种“贵农贱商”的文化氛围。

尽管如此，明清两代在某些地区还是出现了一些著名的商帮，如徽商、晋商等，他们在商业领域里活跃了400余年。徽商即徽州商帮，萌芽于东晋，成长于唐宋，兴盛于明清，清朝道光年间逐渐衰落。徽商具有资本雄厚、活动范围广、经营项目多、兴盛时间长且崇尚文化等特点，是明清两代最有影响的商帮之一。其商业活动遍布全国，主要经营盐、米、丝、茶、纸、墨、木材等，其中典当商最为著名，颇具垄断性。徽商建宗祠，立会馆，筑书院，培养士子，亦商亦儒。徽商与粤商、晋商、浙商、苏商一道，合称“五大商帮”。其中徽商、晋商与浙商又号称“三大商帮”，所谓“富室之称雄者，江南则推新安（徽州），江北则推山右（山西）”。

尽管明清时期山东商业经济已有相当的发展，在某些方面甚至要比徽商、晋商的经商环境更具优势，如地处沿海，交通方便，京杭大运河沟通南北，物产丰饶等，但山东并没有出现像徽商、晋商那样的商人群体。究其原因，恐怕与其“贵农贱商”“贵学贱商”的文化氛围和社会习俗相关。首先，山东民众的安土重迁意识非常浓厚。“在家千日好，出门一时难。”人们只要能够求得温饱，不愿离开家园，走出乡关。“三十亩地一头牛，老婆孩子热炕头”亦是农民的人生理想。至于涉江渡海“抱布求丝”的商业活动，大多视其为畏途。其次，受到儒家文化中某些消极因素的影响。山东作为孔孟之乡、儒家文化的发祥地，这里的人们思想深受儒家耻于言利的影响，“君子忧道不忧贫”，经商嗜利往往为人所不齿，“官不言商”“官不言利”，衣冠楚楚的书生士子不窥市门，不入酒肆，以言商谈利而为耻。毫无疑问，这种文化氛围抑制了人们从商的积极性和主动性。尽管不乏个别成功的案例，但山东一直没有出现和形成在全国有影响的商帮群体。20 世纪上半叶，济南市民在院西大街闹市区的店铺门面上可以看到“孔门弟子始贸易，越国大夫亦生涯”这类对联，它们用来标榜商业的正当性，同时表明了经商者对这一行业的底气不足，他们需要用古代圣贤来激励自己。

老潍县文风浓郁，儒学文化素称发达。明清两代，潍县科甲兴盛，两代共出了 106 名进士，336 名举人，为山东进士人数百人以上的十县之一。特别是清朝光绪年间，西南关新巷子出了曹鸿勋、王寿彭两位状元，堪称潍县的殊荣，因此新巷子又名“状元胡同”。有儿歌唱道：“柳树行子党家湾，状元胡同西南关；神仙胡同往北走，顺着月河到西关。”儒家文化浸润既深，故潍县能科甲蝉联，人才蔚起；

王寿彭

但潍县民众亦不排斥经商逐利，而且百姓多以手工或经商为业，形成了一种特有的经商氛围，因而有“潍俗重贾”的说法。在明代中后期，潍县就已经成为莱州府商品经济最繁荣的县份，著名的工商行业有粮食、盐、钱庄、典当、烟草、布匹、染料、瓷器等，实力最为雄厚的是盐业和典当。商业的繁盛带动了多种多样手工业的发展，以棉纺织业和丝绸业最为普遍，以铜器业、嵌银手工业和刺绣业最为著名。潍县商业街市之繁多，远远超过莱州府属其他各县，商人的势力相当雄厚。老潍县商人从明代起就开始从事沿海贸易，走南闯北，负贩四方，“常贩米、麦、豆、油、布、皮等货”至天津售卖。[①] 清代商人的足迹更是南达江淮，北至盛京、吉林。苏州的东齐会馆就是老潍县商人与胶州商人在顺治年间共同创建的。由于城市商业的发展，老潍县城内聚集了许多士绅富商，积累了大量的财富，促进了城市商业和消费行业的兴盛，老潍县“小苏州”的美誉就是对这种城市经济繁盛景象的真实写照。

“天下熙熙，皆为利来，天下攘攘，皆为利往”。老潍县人走南闯北，四处孜孜求利，本地市场繁荣，交易活跃。其表现之一就是市集众多。据乾隆《潍县志》记载：“市二，一在城内大街十字口，一在东关大街十字口。城集七：东关四，南关、西关、北关各一。乡集十七。”[②] 商税的征收额为258两9钱，[③] 而临近的高密直到光绪年间才征收29两2钱2分。[④] 市场交易情况则是：“三更灯火不曾收，玉脍金齑满市楼。云外清歌花外笛，潍州原是小苏州。”[⑤]

因商业发达，交易活跃，到清乾隆年间，潍县已是鲁东商业枢纽。郑板桥有诗曰“两行官树一条堤，东自登莱达济西，若论五都兼百货，自然潍县甲青齐”[⑥]，道出了当年潍县的繁荣景象。在近代交通打破内陆局限性之前，老潍县的商业地位虽比不上因运河而兴的临清、济宁、济南等鲁西经济核心区，但它俨然已是鲁中商业重镇。

老潍县经商氛围之浓厚，在年画上也有充分体现。在杨家埠木版年画的早

---

① 尹继美：《黄县志》（同治）卷三，食货志。

② 张耀璧：《潍县志》（乾隆），建置志，社集，台北成文出版社1976年影印。

③ 张耀璧：《潍县志》（乾隆），田赋志，赋税，台北成文出版社1976年影印。

④ 罗邦彦：《高密县志》（光绪），1896年。

⑤ 卞孝萱：《郑板桥全集》，齐鲁书社1985年版，第318页。

⑥ 卞孝萱：《郑板桥全集》，齐鲁书社1985年版，第318页。

郑板桥及其《潍县竹枝词》

期作品中，有反映忠、孝、节、义儒家思想的年画，有反映道教与佛教信奉的诸多神像，还有反映劳动人民生产、生活、娱乐以及思想追求方面的作品。尤其可贵的是，人们摆脱了封建时代“士不言钱”“贤不求利”的虚伪说教，采取求实的态度，创造出许许多多的吉利年画，把理想当成现实，祝愿人们发福生财、万事如意，鼓励人们振作精神、积极进取。这在资本主义已经萌芽并在缓慢发展的时期更是广大人民群众思想追求的表露。① 如年画《大春牛》的内容是：“新春天喜福星来，人人遇见大发财。庄农遇见收成好，买卖遇见财见财。出门遇见喜见喜，开市遇见富起来。修盖遇见发宅舍，人口兴旺无祸灾。有人遇着新春画，运气顺妥银钱来。”又如《三大家》刊印的内容是：“三大家是美谈，山西有个康百万，河南有个沈万三。阮子兰亦是大财主，山东省内是家院。这画人买去，挣些大银钱。”②

为什么老潍县人如此热衷于经商？不少学者对此作了探讨，具体而言，有以下几个方面：

第一，从地理位置上进行解读。山东西部与东部之间的商品流通有水路和

① 张殿英：《杨家埠木版年画的文化价值》，《寒亭区文史资料选辑》第 6 辑，第 71 页。

② 张道路：《试论杨家埠年画创作思想的形成及其对年画的影响》，《寒亭区文史资料选辑》第 6 辑，第 103 页。

陆路两条。水路有大清河、小清河作为运输通道，陆路则以省城济南至东三府的驿道为主干。这条从济南到老潍县，一直通达登州的官道从秦朝时就已经兴建，此后一直是沟通山东东西部的交通大动脉，沿途十里设铺，三十里设驿。自然，这条官道也是商品流通的动脉，承载着商品流通的重任。在这条横贯鲁中山地北麓的东西陆路通道和后来开通的南北支线上，逐渐形成了一些重要的工商业城市，如济南、周村、潍县、博山、泰安等，它们成为又一串灿烂明珠。潍县是京东古道的重要枢纽，是内地通往山东半岛的交通要道，素有“半岛走廊”之称，成为商业重镇是势之必然。

第二，自然条件的不足也促成了老潍县经商风气的形成。其一是人地矛盾。山东一向是人口大省，人口与土地出产之间的矛盾十分突出。老潍县同样存在着人多地少的矛盾。同时，老潍县毗连海疆，土壤含盐性较大，盐碱化严重，不适合耕作。仅靠土地老潍县百姓已无法求得温饱，只能另辟蹊径，寻求谋生之路。于是一部分人开始从事商业贸易，将本求利，补贴家用。另外，老潍县自然灾害频繁，进一步压缩了百姓的生存空间。根据方志资料所作统计，在明代潍县发生了78次严重灾害，约3.5年便有一次，1430年从潍县迁出的灾民就有3407户。到了清朝年间，灾荒的发生频率更高。从清入关定鼎到1839年近200年间，潍县遇到的各种灾害即有72次之多，也就是不到3年便发生一次。自然灾害频发，使得农业凋敝，民不聊生。为了生存，人们只好寻求各种谋生的门路，经商就是其中的一种选择。[①]

第三，老潍县习俗上并不歧视经商活动，不但平民百姓从事经商，即便是诗书传家的官绅世家也张罗着大大小小的生意，成为商业地主。明清两代，潍县出了丁、陈、郭、张四大家族。丁氏是潍县的世家大族，也是清代潍县历史上的首富。明洪武二十四年（1391）始祖丁山迁潍，至丁氏十二世丁庸行时，经商发家，始大量购置房产、土地。十三世祖丁克成时，守业有成，家道更盛。他的四个儿子丁廷模、丁廷举、丁廷选、丁廷珍分别考上举人或进士，在外地做官，如丁廷模为工部都水司郎中，丁廷举官至刑部主事、兵部郎中，丁

① 叶汉明：《清末潍县的社会经济变迁》，《潍坊市潍城区文史资料》第18辑，第73～74页。

廷珍为刑部郎中。兄弟四人长期宦游京师，眼界开阔，又善于经营，他们利用家族的雄厚资本，在家乡发行“帖子钱”（“帖子钱”是旧时一些富商巨贾自行印制的一种“代币券”，只在一定范围内流通，可在指定的商号兑换社会上通行的货币），从中获取暴利，从而一跃成为潍县首富。兄弟四人分家后，就成了所谓的“一宅”“二宅”“三宅”“四宅”。十笏园所在地的丁四宅是从丁廷珍开始的。丁廷珍有三个儿子即善宝、善庆、善长，兄弟三人再分家，丁善宝是长子仍称四宅，丁善庆、丁善长依次为五宅、六宅。四宅住胡家牌坊街北老宅，五宅住东门里大街路北，六宅住南门里大街路西。据估计，丁氏六大宅门最兴盛时，共有土地 6 万余亩①，房屋 5000 余间，有莲池别墅、叠石山馆、西园和十笏园等园林 4 处。丁氏在潍县有钱庄 1 处，在潍县、诸城、莒县设丰利、丰享、益丰等当铺 6 个，还有利享、德享、际元、义盛等商号，在潍县还有中华大戏院、中华池澡堂、合资民丰电气公司，在北京开设了元隆商号，在济南投资鲁丰纱厂，在大连经营广和公货栈，在青岛设立全省通联号义德栈（在上海、济南都有分栈），在上海还参股南阳兄弟烟草公司和五洲大药房，可谓田连阡陌，商号繁盛，财势雄厚，富甲一方。

陈氏是潍县的仕宦家族，先辈崇儒向学，诗书传家，后世子孙多以科举入仕，家族中考中秀才、举人或进士者，代不乏人，累计为官为宦者有 80 余人。如陈兆鸾为顺治六年己丑科进士，官至河南彰德知府，清初潍城的十笏园曾是他的府邸。又如陈官俊，以翰林入值上书房，后为上书房总师傅，道光帝老师，历任工、兵、礼、吏部尚书，官至协办大学士。其子陈介祺为翰林院编修，其堂弟陈官乂为道光十二年进士，陈官乂胞弟陈官人的长子陈介眉为河南归德知府。其他如陈介璋为安徽池州府知府，陈介猷为内阁中书。其中，陈官俊与其子陈介祺、陈介猷都是翰林出身，一门三翰林，人称“翰林院安陈氏家”。其家族从清朝顺治到咸丰二百余年官运亨通，代有显宦，不愧是潍县望族，但其中也不乏经商致富者。如陈氏十二世孙陈尚志贡生出身，考授州同，曾在附近州县经营十几处当铺，靠典当发家，成为当时潍县巨贾。陈家广购田

① 1 亩约等于 666．67 平方米。因统计习惯，以下沿用非法定计量单位“亩”。

产，拥有的土地超越县界，仅在昌邑就有300亩。[①]

郭氏是潍县的科举世家。明清两代郭氏共有8人得中进士，另有27人中举人，2人中武举，贡生以上者83人，其中4人供职翰林。其宅院、祠堂遍布郭宅街及其附近的棋盘街、南巷子、松园子街、射步亭街。郭宅街即郭家世代院落所在，邑人俗称郭宅街是“举人满街走、秀才家家有”。“郭家科名如星烁”，诚非虚言。

张氏是潍县的另一仕宦家族。因张氏世居潍城西门里，家族中有官至两广总督者，故民间戏称西门里为“总督府”。张氏一门四进士。张翔是嘉庆十三年（1808）进士，先后任直隶献县知县、广平府知府等职。张翔的侄子张兆栋是道光二十五年（1847）进士，授刑部主事，累迁郎中，又先后任按察使、布政使，咸丰九年（1859）升漕运总督，咸丰十一年（1861）升广东巡抚，并署理两广总督。张兆栋之弟张兆楷是同治十年（1870）进士，官至江南兴化知县。张兆栋之子张僖是光绪十二年（1886）进士，先后出任泉州知县、兴化府知府等职。虽然张氏是官宦世家，但其后人也不乏经商逐利者。清光绪年间开办的颐寿昌药庄，股东是俗称五奶奶的张兆栋孙媳，此后一直由张氏后人经营，铺面五六间，共四进宅院，主营批发兼零售煎剂，是继同兴堂之后的最大医药批发商，最盛时库存药品可达三四十万斤，除在内地采购地道药材外，还经常派人去香港等地采办名贵药材如紫油厚朴、企边桂、沉香、暹罗犀角等。抗战时期，潍城沦陷，张家药庄也破产停业。[②] 清代的丁、陈、郭、张四大家族，各有豪宅大院、良田万亩，开办的店铺不可胜数。东关商业中心聚集了韩、谭、杜、李、王等富商巨贾。商业资本的发展，加快了老潍县商人资本的积累。老潍县商人足迹遍布全国各地，在各重要商埠形成了以“潍县帮”著称的商人集团。其他如晚清状元曹鸿勋之父曹棠文墨平平，经常做些小买卖补贴家用，如上市叫卖烤火烧、煮地瓜，也曾开过售衣小铺，从不以之为耻。

第四，经商致富的示范效应。老潍县很多人家因经商而发家致富，从而

① 叶汉明：《清末潍县的社会经济变迁》，《潍坊市潍城区文史资料》第18辑，第72页。

② 郭重钦：《潍县中药业简述》，《潍坊市潍城区文史资料》第2辑，第83页。

改换门庭，跻身上流阶层，这对于底层百姓来说，可谓是活教材。如老潍县富商田氏家族的创业人田熥，字士行，号南村，祖籍河南。明永乐二年（1404），其先祖迁来潍县，以军功在城南屯田建村，人称南屯。清乾隆初年，又由南屯迁至潍县城南门大街居住。田熥以收购碎铜破铁为生，常到各地串街走巷。在诸城收购时，一老妇把 100 多个元宝当成铅锡卖给了他，田熥由此成为有钱人家。后来他买得潍县官宦之家的一处宅院，在其神主楼中发现元宝数百个，顿成巨富，遂在沂水、诸城等地相继开设当铺 13 处。当铺是一种高利贷式经营，且有当品抵押，只有盈利没有亏损。田熥从此富甲连城。田家在南门里一条街上的住宅就有 13 个大门，宅内建有厅房、台屋、假山、亭台、溪水、小桥，并植有各种奇花异草。这条街道被称为田宅街。田家还在小于河村建有规模可观的花园一座。当时潍县城有句话说田熥的钱能淌出南门去，其富足程度可见一斑。再如潍县范氏，范春清兄弟俩在潍县城开了个古董铺，经常四处收购古董。有一次他们在河南安阳收购到一批龙骨，上面刻有文字符号，兄弟俩搞不清楚是什么古董，就将它们带到京城古董店去碰运气，结果遇到了学富五车的国子监祭酒王懿荣。王懿荣经过一番研究，断定这是古文字，就用 2 两银子一块龙骨的价格购买了范春清兄弟的 800 多块龙骨，兄弟俩由此发了大财。郭沫若在《卜辞中的古代社会》一文中说，最早发现甲骨并把它带到京师的，是一个名不见经传的“潍县范姓估人”，所指就是范春清兄弟。这些经商传奇在老潍县口口相传，激发着一代代老潍县人从事商业的热情，使老潍县的经商氛围极为浓厚，甚至连寺庙的和尚、尼姑也卷入了商海洪流。有些寺庙依靠出租庙产生存，把庙产租给商家营业或做仓库，月租收入相当可观。如当时东门地处繁华闹市，是经商的黄金地带，东门城头关帝庙明心师徒二人，东门大街两边的出赁门市房不下二三十处。坝崖街的龙王庙庙王不但将余房租给商家做门市，而且每逢大集还为赶集者存放货物，收入不菲。有些寺庙的僧道尼姑甚至直接投身商海，为赚钱得利，经营一些小本生意。如东关关帝庙曾开设染坊，观音阁则经营

扎彩，扎糊丧葬、祭奠用的迷信品。①

由于老潍县人经商成风，买卖人居多，周边各县对老潍县人的印象就定格为狡黠、油滑、精明、不实在，并送给他们一个"潍县二哥"的俚称。1925 年 5 月，军阀张宗昌以督办的身份入主山东，网络人才，着手组阁。当时山东教育厅厅长于恩波辞职，厅长一职空缺。张宗昌忽然想到了状元出身又干过湖北提学使的王寿彭，于是派秘书林宪祖驱车赴北平，"亟请王状元返鲁，出任教育厅长"。王寿彭就职那天，张宗昌亲往祝贺。王寿彭出任山东教育厅厅长时的仪表形象，崔德润先生（当年齐鲁大学的学生，见到过王寿彭）有如下回忆："他，上中等身材，眉清目秀，面色红润，常带笑容，对人很有礼貌。但缺少绅士风度，很象潍县城的买卖人……"② 这大概是对老潍县商人最传神的描画。

（二）老潍县手工业的兴盛

明清以来，潍县一直是一座传统工商业发达的城市，民谚中有"金胶州，银潍县"之称。老潍县是手工业比较集中的城镇，达到一定营销规模的几种手工业门类是其标志之一。"二百只红炉"（铁匠）、"三千砸铜匠"（铜首饰和铜件）、"九千绣花女"（刺绣）、"十万织布机"（家庭织布）是对当地几种主要手工业门类的形象概况。

老潍县红炉

老潍县最有名的传统手工业就是织布业，诗曰："垂髫学绩麻，及笄早飞梭；窗前更漏替，天上月圆缺。"老潍县自古以来就有"贫家绩麻纺线，裕户借机而织"的织造传统。"乡民衣衾，悉赖自给，农妇从业，终年操持。"土布业在当地有几百年的历史，城乡百姓几乎家家纺

① 王振纶供稿，李志强整理：《潍县的寺庙和僧道尼姑情况》，《潍坊市潍城区文史资料》第 3 辑，第 183 页。

② 《潍坊状元》（五），王寿彭，新浪网文。

织。织户的收入一般要高于普通种田人，很少有倒闭亏损之患，因为大多数织户并不是弃农从织，而只是将其作为一项副业，可以充分利用农闲时间，且经营方便。因此，凡有条件的农户都织起布来。经过一冬的劳动，其所得加工费，除用于家庭生活外，多有节余，有的织户用不了多长时间就能发家致富。因此凡是纺织布生产较好的地区，都出现了两个明显的特征：一是织布农户有钱购买肥料，地里庄稼长得肥壮，粮食丰收；二是土地价格上涨，买地的多了，卖地的少了。[①]“悠悠潍河水，岸畔杨柳青，林深无啼鸟，盈耳机杼声。”“九千绣花女，十万织布机，不知金鸡早，常伴玉兔西。”老潍县士人留下了这样的吟哦。

“二百只红炉”指的是当地传统手工业之一打铁业的生产规模。打铁即用手工方法将铁锻造成各种日用铁制品。打铁人俗称“铁匠”。打铁时需要一只燃烧的大火炉（俗称红炉），炉边架上一台手拉风箱。风箱一拉，风进火炉，炉膛内炭火滚滚，火苗直蹿，炉内温度急剧上升。铁匠把铁材放到红炉里烧红，然后用火钳把它放到大铁墩上，叮叮当当，轮番锻打，最后将其打制成为各种各样的用品。铁制品有铁瓢、铁勺、铁锤、铁锨、铁钉、螺栓螺母、菜刀、炉条、烧火棍、锛、凿子、斧子、锯条、锉、镐、撬杠、泥板、甩子、瓦刀、锄头、牲口拴具、钎、钳子等。工艺上分为片货、条货、斤货。货品要按照不同地区的具体情况和使用习惯进行制作。大集上铁匠铺或铁匠摊集中的地方就形成铁匠市。每逢县城大集，他们各在门前陈列产品供人选购。这些产品不仅供应当地县城和农村，还远销济南、郯城、惠民（今滨州）、烟台等地。老潍县的北胡住、南胡住、梨园、虞河头、河湾、上虞河等村庄成为打铁的专业村，它们都有自己的主打产品，如梨园专门打钉子，河湾专门打铁勺子，上虞河打斤货、条货，它们相互补充，形成了规模效应，给购货人提供了很大的方便。过去生意人有句俗话：“不是不卖钱，而是货不全。”这就是“潍县铁匠”集二百只红炉于一城，长期共生共存的根本原因，这在全省乃至全国也是少有的。[②]

---

① 陈宽甫：《潍县织布业的发展及对各行业的影响》，《潍坊市潍城区文史资料》第3辑，第123页。

② 丁少清：《潍县铁匠》，《潍城区文史资料》第11辑，第134～136页。

与“二百只红炉”相比，“三千砸铜匠”行业规模的形成至少要上溯到清朝初年。砸铜就是把铜材“砸（打制）”成铜具。砸铜匠以铜板、铜片、铜条为原材料，以专用工具或敲打或焊接，最后将其制成铜具。潍县砸铜匠制作的铜具种类繁多，清代时主要分为小铜件和大铜件两类。小铜件主要有锁、佛像、门窗家具配件、度量衡配件、盒具、车具、打击乐器、酒具、食器、壶具以及小首饰。大铜件则包括盆、水壶、锅、瓢、铲、盘之类的器皿。如果说红炉产品主要供生产之用，供应对象是从事农业的小家小户，那么砸铜匠的产品则多是消费品，而且供应对象多是生活考究的上层官宦人家。随着时代的变迁，砸铜业从业人员出现分化：有一定资金基础的开设银楼，经营金银产品，生产、加工金银首饰；有的从事专业锤金，有的专门制作打击乐器，有的从事专业拔铜丝，也有一些人开办起有字号、有场所的作坊进行规模化生产。锤金是将黄金砸成与普通纸张差不多厚的金片，再剪成一厘米见方，垫着桑皮纸在青石板上用土法锤成金箔，用于贴金修饰，做工精美。锣、钹、铃属于打击乐器，砸铜匠必须精通乐理，其工艺大多是祖传，一般砸铜匠是不能制作的。另外，白铁业、搪瓷业和现代铁加工业兴起后，大铜件器具逐渐为相对便宜的铁件器具和搪瓷器具所取代，但是供应上层官宦之家的铜件制作仍有一定市场。

木匠和锡匠的货品皆因与普通民众的生活联系密切而具有较大的知名度。北沙滩设有两处木货市，即木货市和小木货市。木货市上的货品以原木料、新木器和旧木器为主，各类木制家具占有很大的比例。小木货市上的货品则以棋子、木碗、木制儿童玩具、木梳、木篦子、扁担等为主。大、小木货当时都是赶集人员喜欢购买的生活必需品。

锡匠也是老潍县手工业中的独立门类。锡匠制作的货品与砸铜匠的货品有重合，工艺则与之正好相反。锡匠不是打制，而是刻制石质模具，将锡熔化后浇注铸造。锡匠用高纯度金属锡制作祭祀用品、酒壶、酒杯、餐具和其他用具，也用金属锡浇注加工妇女帽花等小首饰，其货品非常实用，品相又可以与银、铜制品媲美，价钱则更为低廉。因此锡具在老潍县大集上很受欢迎。

老潍县造纸业颇具规模。造纸业最初的兴起主要集中在潍城北的纸房村。纸房村地处虞河岸边，虞河河床深澈，终年流水潺潺，为纸业发展提供了水源条件。手工造纸工艺不算复杂，投资少，收效快，适宜家庭副业，于是很快在纸房村兴起，后逐步扩展到临近的大小辛庄、黄埠、北张氏等村，几乎各家各户都做起了纸业生意。技术熟练的人，每日可生产四至五刀（每刀 120 张）纸。其纸张品种多样，畅销山东各地。有可供墨笔书写和印刷用的毛边纸，有供当地群众糊窗户用的毛尖纸，有供裱糊油漆桶、酒篓用的皮纸，有供民间用的烧纸，有供当时工商户用的记账纸，有供民间医用的黄表纸和绣花用绣花纸等等，它们基本上满足了当时人们的需要。造纸手艺高超的人常被高薪聘请到外地当师傅，纸房、辛庄一带于是成了山东民间造纸业的发散地。①

老潍县的油坊有悠久的历史。当时的榨油工艺较为原始，都是手工操作，用石碾压豆子，用木榨铁锤打油。经营者多为农村财主，他们有粮食、牲畜，农忙种田，农闲榨油。油坊的下脚料豆饼、烂豆子、小豆粒、筛子土等都是庄稼好肥料。油坊是庄户财主买卖，占用资金大，季节性强，周转慢，但稳妥可靠，有赚无赔。所以农村开油坊既可赚钱，又能积肥种地，是一举两得的庄户买卖。经营油坊虽不能成为暴发户，但积累还是很快的。如老潍县有名的复增油坊，从光绪十年（1884）开业，兄弟二人白手起家，到 1916 年即发展到油坊 2 处，磨坊 1 处，房屋 80 余间，家产 10 万多元。②

“有钱没钱，买画过年”。杨家埠的年画名闻遐迩，成为老潍县的一大传统手工业。所谓“收罢大秋就刻版，忙到腊月二十三”，农村“家家会点染，户户善丹青”。清乾隆以前，杨家埠已有公茂、永盛、吉盛、吉兴、广盛泰、万顺等数家画店，乾隆时期又开办了万盛、德盛、义和、万增等十几家。到咸丰年间西杨家埠的画店发展到 60 家左右，东杨家埠也出现了永顺、公盛永两家。同治初年至光绪末年是杨家埠年画的极盛时期，西杨家埠的画店已经达到 100 家左右，东杨家埠 4 家，获利颇多。在利润驱使之下，附近的齐家埠、三角埠、段家沟、王家道、南埠子、纸房、张氏、仇庄、隅里、赵家埠、南北平旺等村庄，也都投入到年画印制中。其中东大顺成为杨家埠的最大作坊之一，每年 20 盘案子印画，产量达百万张以上。年画的产销十分兴旺。一部分资金较

---

① 寒亭区工业志办公室：《我区的民间手工业区》，《寒亭区文史资料》第 1 辑，第 133 ~ 134 页。

② 陈铭章、韩愉庭供稿，蒯兆松整理：《潍县榨油业概况》，《潍坊市潍城区文史资料》第 5 辑，第 94 ~ 96 页。

多的画店，过了正月十五就开始制作半印半画的年画。一过三秋大忙，各画店即开始印制木版套色年画。入冬以后，西杨家埠村整个村庄进入了年画制作的高潮，投入年画生产的达500多人，附近村庄来西杨家埠当画工的也有300多人，全村最高年产量达2万令纸（约5000万份）。①

老潍县爆竹同老潍县木版年画一样，是当地传统民间工艺，历史悠久，驰名省内外。老潍县爆竹的鼎盛时期约在清朝中叶以后，距今已有200多年的历史。爆竹制作有数十道工序，但经过一定训练后，妇女儿童都能掌握，所以鞭炮生产便成了农闲季节当地农民的传统家庭副业。老潍县史志曾经详细记载了鞭炮的生产规模和行销盛况。素称“鞭炮之乡”的齐家埠，历史上几乎家家有字号，户户都生产。这个不足300户的村子，年产爆仗300万盘（每盘100个）。每年冬至月的初五晚上财神会之后，村子里客商络绎不绝，夜里灯火通明，人声鼎沸。老潍县爆竹在市场上享有较高的信誉，畅销于山东各县和东北三省等地。以制作爆竹为生的村镇，在老潍县不下十几处。②

老潍县寒亭的杨家埠是山东风筝的主要产地。从明代杨家埠建村起，就有村民专门从事风筝制作，由自制自放、馈赠亲朋逐渐变为商品生产。清乾隆、嘉庆年间，风筝手工业已相当兴盛。全村十几岁以上的男女都会扎糊风筝，多数成年男子能设计、绘画。每年秋收完毕，家家户户除印年画外，就是印风筝画稿，劈竹篾。过了春节就忙于扎竹架、裱糊、绘画，生产各式各样的风筝。家资雄厚的人家专门到县城开风筝作坊和风筝商店。每年春天一直持续到清明节，都是放风筝的好时节，风筝市场购销两旺，行销山东各地，甚至远销东北、河南、安徽等地。近代诗人裴星川在咏潍县的竹枝词中云：“风筝市在东城墙，购选游人来去忙。花样翻新招主顾，双双蝴蝶鸾成行。”③

老潍县猪鬃加工业颇负盛名，是全国猪鬃的主要产地之一。早在清同治年间，潍县城北的阙庄一带就开始加工猪鬃，后逐渐发展到临近的双杨店、高里、马家等20余个村庄，形成了以阙庄为中心的猪鬃加工业基地。商户雇佣

---

① 寒亭区年画研究所：《杨家埠木版年画》，《寒亭区文史资料》第1辑，第64~68页。

② 孙书朋：《潍县爆竹》，《寒亭区文史资料》第1辑，第101~102页。

③ 刘之堂：《潍县风筝》，《寒亭区文史资料》第1辑，第72~73页。

工人将收购来的乱鬃进行整理，再经过分路、弹毛、吹绒、水洗、箩筛、分尺、整根、装盒、水煮、合把、检验、包装等 10 多道工序，然后按成品长短、等次分装成箱，每箱约千余捆，60 箱为 1 票。老潍县猪鬃因具有质量稳定、分路均匀、尺码标准、色泽光洁、毛锋好、挺直度高、不易变形等优点，颇受市场青睐，产品远销欧美。鼎盛时期，老潍县境内有鬃行商号 25 家，大小鬃行、作坊 100 余个，从业工人 3500 多人，年产猪鬃 50 万公斤。据铁路运输统计：1932 年运往青岛的猪鬃成品 525000 公斤，每年出口总值在百万元以上。①

老潍县草辫业是近代兴起的家庭手工业。草辫是编织草帽的原料，由麦秆织成，主要用来出口。老潍县及周边地区是小麦产区，原料丰富，农村闲置劳动力众多，具有发展草辫业的有利条件。老潍县草辫业初由烟台传入。清末，草辫业在登、莱、青三府广大农村迅速发展。当时"洋行收购日增"，出口量年有增加，草辫生产规模不断扩大，以至登、莱二府的四乡农民"几无户不兼操斯业"。清末民初，草辫业已成为"山东省北部和中部大部分人民收入的主要来源之一"。莱州府属的潍县、沙河镇两地成为山东最大的草辫生产中心，其产量约占全省产量的三分之一。草辫生产主要为家庭手工劳动。"草辫之原料由农民种植而来，其编织之手工，亦即由其家人妇孺自为经理。"20 世纪初叶，部分绅商投资兴办起草辫加工场。1906 年潍县商人创办了合丰草辫公司，年产草辫 1000 箱，产量和效益较前都有提高。编织草辫成为当时不少农家的主要副业，农民从中获益颇多。各地生产的草辫通过烟台、青岛等地的港口出口国外，成为重要的外销商品，最盛时年平均出口 12 万担。

老潍县的中药业也很发达，老潍县城里有十多家中药店，其中比较有名的如颐和堂孙家老药铺、王万春堂、裕仁堂药店、同兴堂药庄等。最有名气的是同兴堂药庄，它一度是行业的翘楚。同兴堂药庄是一个章丘人开办的，大约在同治年间，潍县郭宅街刘鸿翱的后人注入资金，扩大其规模，并将之改名为同兴堂泰记。它成为潍县的第一家大批发商，影响力和号召力很大，并左右了华北地区的中药材交易市场。据说当时河北省安国县祁州药材会，如果潍县同兴堂代表未到会，就不能开市成交，因为同兴堂左右着中药材的价格。同兴堂在

① 政协寒亭区文史委：《寒亭区文史资料》第 7 辑，第 2 页。

行业中的分量之所以如此重，原因就在于它财大气粗，基本上垄断了华北的中药材市场。据说当时其他药店购买大片砂（朱砂上品），都是按小木盒计算（每盒5至7两不等），一般一次只能买10至20盒。而同兴堂则是大手笔，每次可购买一二十箱（每箱可装50盒以上）。羚羊角是名贵中药材，具有平肝息风、清肝明目、凉血解毒的作用，国内货源很少，多靠从俄罗斯进口，价格昂贵，同兴堂员工却用它来悬挂衣帽。传说同兴堂长年在安国县租用栈房，最后回潍县，从房内四围墙上拆下挂衣帽用的羚羊角就有二三十支，[①] 其财大气粗可见一斑。

老潍县手工业的繁盛，充分反映了商品经济的繁荣，这也是老潍县人民勤劳智慧的具体体现。1905年，时任知潍县事的宋朝桢为总纂，陈传弼、张兆恭等八人担任分纂修成了《潍县乡土志》，它详细记载了潍县的户口、氏族、宗教、实业、地理、山、水、道路、物产、商务等方面的情况。其中提到潍县的职业人口数，有士（读书做官的士大夫阶层）12400余人、农231300余人、工9800余人、商17400余人。《潍县乡土志》也记载了货物流通贸易的情况。当时潍县兼办昌乐的盐务，乾隆年间四季领盐票6252张，春夏两季课款银6300两，秋冬课款银3500两。潍县年销盐票3252张，昌乐年销盐票3000张。烧酒作坊全县城乡共有135家，在本地及烟台每年销售各50万斤。油与豆饼，在本地、盐城销售各50万斤。烟叶销售给登州、胶州客商，每年100多万斤。阑干销往直隶、河南、奉天，每年达50万两。梭布销往京都、周村，每年达10万两。铜货销往济南、泰安，每年达10万两。另外每年从黄县、青岛贩来的洋布、洋线、洋油、洋广杂货，从山西贩来的铁器，从冀州贩来的绸缎，等等，数量也都很可观。可见当时潍县不但手工业产销旺盛，而且是大宗商品的集散地。[②]

在近代以前，潍县的手工业和商业受交通运输方式和当时条件的制约，多数是满足本地及附近地区消费，流通范围有限，具有自给自足的性质。农业和家庭手工业、店铺工业、作坊工业相结合的自给自足的自然经济在社会中占着

① 郭重钦：《潍县中药业简述》，《潍坊市潍城区文史资料》第2辑，第82页。

② 庞黎黎、陈瑞曾：《潍县志书》（三），潍坊新闻网，2011－12－02。

主要地位，与后来的潍县经济是不能相提并论的，不过它为清末民初潍县经济的繁荣准备了思想与物质基础。

二、老潍县工商业发展的时代背景和条件

就山东而言，进入近代以来，由于大运河漕运终止，黄河改道，临清与济宁间的一段运河淤塞。鲁西济宁、德州、临清等城市昔日的繁华渐失光彩，运河区的经济重心地位渐为鲁东所取代。然而，直至青岛开放成为商埠，胶济铁路建成，山东的经济地理版图才发生实质性的变化，鲁东的经济地位开始跃升，并逐渐成为全省经济的核心。老潍县位于鲁中山地以北与莱州湾以南的山前平原地带，是鲁东和鲁西之间以及山东半岛南部与北部之间陆上通道的汇合点，为山东半岛通往中原地区的必经之地，也是它们之间经济文化交流的走廊地带。在 19 世纪末铁路系统建成之前，鲁东与鲁西间的主要通道除了由羊角沟经小清河到济南的河道之外，便是由烟台（时称芝罘）经潍县到济南，或由胶州经潍县到济南的陆上通路。这两条路线都以潍县为中心，后来成为青岛与济南间的现代铁路网基础、烟台与潍县间公路系统的基础。随着沿海烟台、青岛等通商口岸的开辟，山东境内由沿海通往内陆的交通线路逐渐取代京杭大运河的地位而成为省内主要商贸线路，与此相联系的是鲁东经济重心区逐渐形成，并取代了鲁西运河经济重心区的地位。在这一过程中，烟潍贸易线、胶济铁路、潍烟公路、潍台公路等先后得以开辟和建成，新的商路格局形成，老潍县正好处在数条商路的交汇处，成为山东烟台、青岛、济南三大商埠的连接点，这便为老潍县区域性商贸中心的发展创造了条件。1904 年，胶济铁路全线通车，潍县正式开埠，这两件大事可以说是潍县古代经济和近代经济的分水岭，使潍县近代工商业得到了前所未有的大发展，其辐射范围之广泛，市场聚散功能之强大，工商百业之繁荣，在山东其他同级城市中

老潍县火车站

罕有匹敌者。

（一）老潍县交通运输条件的改善

胶济铁路的建成通车标志着近代山东交通运输格局发生重大变化，对老潍县工商业经济发展产生了重要影响。胶济铁路连接济南、青岛两大城市，是横贯山东的主要运输通道。1898 年 3 月 6 日，德国强迫清政府签订了《胶澳租借条约》，不仅租借胶州湾 99 年，而且取得了在山东修筑胶济铁路及开采沿线矿产等特权。条约一签订，德国政府迅速发布《特许山东铁路公司建筑铁路及营业条款》16 条，要求 5 年内全部建成青岛至济南间的铁路。德国 14 家大银行立即注资成立德华银行、山东铁道公司和矿务公司等机构，投资兴建胶济铁路及开发沿线矿业。

全线采取分段施工分段通车运营的方式。1899 年 9 月 23 日胶济铁路开工，1901 年 4 月，青岛至胶州段建成通车，1902 年 6 月修至潍县并先行通车，1903 年 4 月修至青州，9 月又修至周村，1904 年 6 月，修至济南，胶济铁路全线建成通车。干线全长 395 公里，沿线共设 55 座车站，建成大小桥梁 351 座。①

全线通车后当年获纯利 30 多万马克，1905 年获利 116.6 万马克，1909 年获利 222.1 万马克，到 1913 年则达 293.9 万马克。据统计，1905 年至 1913 年 9 年间，胶济铁路载运旅客 812.7 万余人，载运货物 556.7 万余吨，共获纯利 1950 多万马克。1913 年的旅客发送量比 1905 年增长 63%，货物发送量增长了两倍，利润增加了 1.5 倍。

胶济铁路的修建与通车，对山东的经济社会产生了极其深远的影响。从客观上看，胶济铁路为山东的旅客与货物运输提供了方便，促进了货物流通，推动了铁路沿线一些城镇商业经济的发展。首先，铁路的修建与通车，大大缩短了人们的旅行时间，给人们的生活带来了极大的便利。"向者由青岛至济南，须九日或十日，火车通后，则仅十二小时而已足"②。一德国殖民者曾称：循铁路由北京搭车来青岛，再坐公司轮船径赴欧洲，"涉风涛而不惊，历风尘而不

① 《胶济铁路的修建》，山东省情网，发布时间：2007－08－01。

② 《山东近代史资料》第 3 分册，山东人民出版社 1961 年版，第 134 页。

倦”，“交通之便，不亚西欧”。[①]

其次，胶济铁路的开通，极大地推动了沿线城镇商品经济的繁荣。1902 年 6 月 1 日胶济铁路筑到了潍县，在短短 7 个月的时间内，由青岛运至潍县的货物价值即达 219 万两。[②] 一些乡镇如坊子、二十里堡、南流、蛤蟆屯、大圩河，“皆以接近铁路，顿成商业中心”；寒亭、眉村、杨家埠、望留、固堤、马思等村镇，“虽僻处乡曲，亦各有其重要地位”[③]。又如益都的杨家庄，铁路未通前乃一偏僻小村，“固无商业可言”。修通铁路后，这个仅有 60 余户的村庄，就兴办了大小商号 20 家。[④]

1911 年，津浦路全线通车，两大铁路在济南会合，把山东南北连接起来，并使之与北部的河北和南部的江苏相贯通，从而将山东纳入全国的交通网络之中，极大地促进了山东与全国各地的经济与人员往来。

胶济铁路的建成，便利了山东中东部地区的货物运输，改变了山东原有的经济格局，使山东的经济重心东移，即由运河沿岸转移到胶济铁路沿线。老潍县正处在济南和青岛之间，距青岛 183 公里，距济南 207 公里，胶济铁路的通车成为近代潍县商业贸易繁盛的催化剂，大大促进了潍县这一商业城镇的兴盛和发展。

青岛成为山东重要的海港和铁路终点站以后，烟台的经济地位便迅速为其所代替，以渤海南岸为中心的贸易体系也被较大的青岛贸易网所取代。结果，烟台与老潍县间的商业往来渐为青岛与老潍县间日趋密切的经济联系所排挤。烟台与老潍县间的道路系统远不及青岛与老潍县间的铁路线。作为胶济线商货运输的必经之地，老潍县的贸易随之改为以青岛、济南为主要输入和输出市场。老潍县也逐渐成为胶济铁路沿线重要的土货、洋货集散市场。胶济铁路和津浦铁路通车后，山东原有的商路发生了明显的改变，传统商路如陆运商路、运河商路的作用渐趋衰微，而铁路商路的作用日趋突现。至此，全省基本形成了以二路（胶济铁路、津浦铁路）、三河（黄河、小清河、卫运河）为框架的

---

① 《帝国主义与中国铁路（1847 - 1949）》，经济管理出版社 2007 年版，第 593 页。

② 《光绪二十八年通商各关华洋贸易总册》下卷，胶州口，1903，第 15 页。

③ 《胶济铁路经济调查报告汇编》，第 3 册《潍县》，第 15 ~ 16 页。

④ 《胶济铁路经济调查报告汇编》，第 4 册《益都县》，第 15 页。

商路网络。

老潍县近代化公路的修建是从烟台至潍县公路开始的。烟潍公路的前身是济南到登州古道的一部分，这条官道受战争破坏，洪水冲刷，每况愈下，不能适应时代的需要。1861 年烟台正式开埠，成为山东省第一个通商港口。随之，烟台与内陆的商品交流日趋活跃，1911 年烟台港进口的货物总值已经有 2215. 9 万两，出口 1391. 7 万两。1916 年烟台人口达 6. 48 万，其中外侨 1289 人，到 1921 年全市人口增至 89326 人。这一年进出烟台的船只达 2276 艘次，显示了海上交通的发达；而烟台与内陆的交通却依然是老旧的官道，满足不了经济发展的需要，因而修建烟潍路的呼声日益高涨起来。烟台、潍县一带的商人提出修建烟潍铁路与胶济铁路连接的要求。1920 年秋北方五省发生旱灾，山东、河北两地特别严重，饥荒遍地。当时的民国政府考虑到解决灾民和社会安定问题，决定采取既建筑公路又安抚灾民的两利之策，实行以工代赈的办法，从交通附加税中拨出 200 万元，先修筑烟潍公路，适当时候再将其改建成铁路。

1920 年 10 月 17 日烟潍公路正式动工，1922 年全线竣工，历时两年，共耗资 1379000 元。烟潍路全长 295 公里，有木桥 87 座，石拱桥 206 座，漫水桥 83 座，共计 366 座，总长 5680 米；另外还有涵洞 71 座，管涵 152 座。当时公路的路基是以铁路路基为标准，路面宽度为 18 至 20 市尺，路基以碎石沙土填成，路面坡度最大为 8%，最小弯道半径 100 公尺，以备后来改建铁路。1922 年开始在公路两旁栽植行道树，在边坡上栽上了山草，防止山水冲刷路面。[①] 烟潍路可谓是当时全省质量最好、最长的公路。

除了烟台至潍县的公路外，还有一条重要公路也在民国时期得以兴建，这就是潍县至台儿庄的公路。台儿庄是山东省西南门户，原有铁路（枣庄铁路）与津浦铁路衔接，京杭大运河贯穿其中；而临沂则是鲁南政治、经济、军事、文化中心。由于其地理位置重要，1919 年 11 月 22 日“山东省议会”决定修建经过临沂的台儿庄至潍县公路。1923 年省路政总局计划在全省修建重要公路 8 条，把台潍公路列入。原来打算从峄县修至潍县，后改从台儿庄修至潍县，故称台潍路。

---

① 山东省交通厅编：《当代山东的公路建设资料》，1985 年，第 87 ~ 88 页。

台潍公路由原有的邮路、官道改建而成，南起台儿庄，中途经过兰陵、向城、卞庄、柞城、临沂、汤头、莒县、诸城、景芝、安丘，到潍县止，全长383公里。台潍公路全线完成后，由于与胶济、津浦两铁路贯通，鲁南商旅赴山东半岛各县，可从该路直接到达，无需经由铁路从济南绕道前往。同时，台潍公路与大运河交叉，南通陇海铁路，与当时的石臼所至莒县、诸城至高密、益都至新沂、临沂至滋阳等干线公路相交叉或连接，从东北到西南，把铁路、公路、运河连接在一起，沟通省内外交通，地位十分重要。所以当时这条重要的公路被定为汽车专用路，严禁其他车马通行。① 此外，1927年建成潍道公路，该路起自潍县，途经寿光、广饶、博兴至蒲台县境黄河东岸的道旭镇，也是胶东各县南通京沪、北通平津国道的重要线路。

公路运输相对于铁路运输来说，虽然运输量小、运费贵，但是具有速度快、调度方便、机动灵活的优点，也是长途运输的重要方式之一，在铁路和水运不通的地区，其作用是显而易见的。时人评论说，“自胶济通车，烟潍台潍筑路，形势顿为之变。沿胶济路可东抵青岛与海运衔接；西至济南，与津浦联络。经烟潍路可抵莱州、龙口、烟台，与半岛各县相沟通。历台潍路而至安丘、莒县、沂水、临沂、台儿庄，与津浦支路及大运河连贯”②，形成了四通八达的近代化交通运输网络。“十一条贸易线路在此汇合”③，其形势“上通济南府，下通青岛（和烟台），居三大都会大道会合之点……又当铁道之中枢，为上下必由之道”④。这些现代公路网络的构筑，加强了潍县与鲁西北和鲁西南之间的联系，扩大了以港口为中心以潍县为枢纽的商贸网络的覆盖范围。与此同时，现代交通工具逐步取代肩挑驴驮等古老运输方式，扩大了运输量和货物交流的范围。据统计，当时在烟潍公路上行驶的汽车为119辆，载重达177.25吨；在台潍路段行驶的车辆共80辆，载重为115吨。

---

① 《山东公路史》，第35～36页。

② 胶济铁路管理委员会：《胶济铁路经济调查报告分编三·潍县》，青岛文华印刷社1934出版，第15～16页。

③ 引自汪敬虞主编：《中国近代经济史（1895～1927）》（下），经济管理出版社2007年版，第1591页。

④ 王茂军：《中国沿海典型省份城市体系演化过程：以山东为例》，北京科学出版社2009年版，第685页。

（二）老潍县开埠

在老潍县开埠之前，老潍县经济已经与海外有了往来，这种往来是与烟台、青岛的开埠联系在一起的。

1861 年烟台被正式开辟为商埠，烟台港对外开放，成为山东境内最早的约开商埠。从此，烟台港口“船舶往来，四时不绝；帆樯林立，货物辐辏，买卖极盛”[①]。到 1905 年，烟台的对外贸易额达到 1420 万海关两，其中洋货进口 960 万海关两，土货出口为 460 万海关两。外国货物和本省土货源源不断地通过烟台流入内陆，潍县逐渐成为烟台在内陆的洋货和土货转运中转站和集散中心。由于潍县与烟台贸易联系的加强，在烟台与潍县之间就形成了一条重要的贸易线路——烟潍商路。烟潍商路长约 300 华里，从 19 世纪晚期到 20 纪初，它一直是山东东部地区与西部地区商品流通的最重要的一条商路。进口洋货经过此路运往内陆，同样内陆土货也经由此路运往烟台，每天进出烟台的上千头驮畜，大部分都是沿着这条商路运输货物。通过烟潍贸易线，烟台市场的影响力不仅达于登、莱、青地区，而且还扩及到河南、山西等黄河中游地区。[②] 因此，潍县成为山东中部和东部地区贸易的重要商品集散地和转运地。据统计，19 世纪末通过这条商路，每年约有 13.5 万吨货物由驮畜驮进烟台，有 7 万吨以上的货物从烟台经潍县运往内陆。1904 年胶济铁路通车以后，烟潍商路的货运规模受到严重影响，许多原先运至烟台出口的土货大多改由铁路运往青岛出口。[③]

1898 年，德国侵占胶澳，开始把青岛建成一个自由港。1904 年 6 月，胶济铁路建成通车，打通了青岛与内陆腹地的联系，青岛对外贸易额迅速上升。1900 年，青岛的贸易总值为 395 万海关两，到 1913 年发展到 5916 万海关两，

---

① ［日］日清贸易研究所编纂：《清国通商综览》，1892 年在日本出版，第 228 ~ 229 页。

② 庄维民：《论近代山东沿海城市与内地商业的关系——以烟台、青岛与内地商业的关系为例》，《中国经济史研究》1987 年第 2 期，第 83 ~ 96 页。

③ 仕治余、战玉琴：《交通运输对近代潍县经济发展的影响》，《商业经济》2008 年第 16 期。

13 年中增长了 15 倍，发展速度在全国通商口岸中首屈一指。① 1906 年，青岛海关税收总额超过烟台，在全国 36 个海关中居第 7 位。1910 年，青岛又在贸易总值上超过烟台，在全国居第 6 位。青岛进口洋货和出口土货各有 10 大类：布匹、棉纱、煤油、金属、火柴、涂料、糖、针类、纸卷、丝绸为进口 10 类，草编、茧绸、丝、花生、花生油、牛皮、铁、小麦、煤炭、烟叶为出口 10 类。其他出口土货还有猪鬃、棉花、牛肉、干鲜果、鸡蛋、铜等。

1904 年 3 月胶济铁路修筑完成以后，潍县与青岛之间的经济联系逐渐取代了潍县与烟台之间的商贸往来，因为无论是交通费用还是在效率方面，烟潍商路都远不及胶济铁路。按照青岛与潍县之间装载重件的成本进行测算，铁路每吨公里的费用是 2.5 分，仅为传统运输方式价格的四分之一。从时间上来看，通过烟潍商路从潍县到烟台需要 4 天左右的时间，而从潍县乘火车到青岛只需 12 个小时。这样一来，大部分由潍县经烟台转口的货物开始经青岛转口。同时，外国纺织品运入中国内陆的时间缩短，这使得洋纱洋布在内陆的销量进一步扩大。1905 年由青岛经铁路运入潍县及其附近地区的棉布就达 403321 匹，价值 1194342 海关两；棉纱 71567 担，价值 1859013 海关两。

山东自开商埠始于 1904 年济南、周村、潍县三地的同时开埠。潍县开埠，既是其经济地位重要性的反映，又对其经济发展产生了重要影响。

山东自开商埠缘起于清政府商约大臣吕海寰等人的倡议。1903 年，吕海寰等上奏清廷，提出广开商埠的建议，得到清政府的支持。山东自开商埠的直接动力是胶济铁路建成通车。1904 年，离胶济铁路预计通车时间仅剩两个月时，北洋大臣袁世凯与山东巡抚周馥联名上奏清廷，请求在济南、周村、潍县三地自开商埠，“至省城迤东之潍县及长山县所属之周村，皆为商贾荟萃之区。该两处又为胶济铁路必经之道，胶关进口洋货，济南出口土货，必皆经由于此。拟将潍县、周村一并开作商埠，作为济南分关，更于商情称便，统归济南商埠案内办理。”② 外务部很快对此事表态，同意山东自开商埠。

---

① 烟台港务管理局编：《近代山东沿海通商口岸贸易统计资料》，对外贸易出版社 1986 年版，第 6～7 页。

② 天津社会科学院历史所编：《袁世凯奏议》（中），天津古籍出版社 1987 年版，第 929～930 页。.

1906年1月10日，济南、周村、潍县三地同时举行开埠典礼，正式开放为“华洋公共通商之埠”。

潍县开埠后，特地将南至铁路车站，北至坝崖，西至擂鼓山马路，东至白浪河，共计1000余亩的地方划为商业区，以方便商业发展。不久，德国在潍县设立领事馆，外资也陆续进入潍县。各外资机构主要集中于商埠区内，有日本的南信洋行、小板洋行、山东商行、瑞祥公司，美国的美大公司、东方烟草公司以及英国与荷兰合办的亚细亚油栈等。洋行经销产品范围十分广泛，涉及机器、五金、煤油、烟草、棉布、砂糖、火柴、医药品等，同时还收购出口农产品、手工业产品和其他原料。潍县的原料和土产也向外国市场输出。外国商业资本的大量涌入，表明潍县已被纳入到资本主义世界市场体系之中。

潍县自开商埠后，依托烟潍商路和胶济铁路，商业发展日趋兴旺，当年从烟台、青岛输入的洋杂货即达400万海关两左右，[①] 其中仅棉纱、布匹两项价值350万银两，这些棉纱、布匹由15家洋布庄分销，行销范围远达沂州（今临沂市）、营州（今朝阳市）、泰安、临朐、蒲台、泗水等地。[②]

潍县开埠进一步加快了农产品商品化的进程，推动了潍县周边农村商品性农业的发展，促进了潍县商业的发展和繁荣。近代交通运输方式使潍县的商品集散能力也大大提高，集散的物品主要有棉纱、棉布、烟草、花生、草辫、茧绸等。市场的辐射力也远远越过了县界，潍县的贸易网大为扩张，潍县成为烟台、青岛等港口城市在内陆最大的中转市场，开始从经营地方性或省内贸易发展到经营区域性、全国性甚至海外贸易，经济地位更加重要，加快了山东经济重心从鲁西运河一带向胶东半岛地区的转移。据统计，1906年前后，由口岸城市运至潍县的洋杂货大致在400万海关两左右，到1932年，单是从青岛、济南流向潍县的棉纱、洋布、火柴、煤油、染料、纸烟、糖、西药八类洋货，价值即达1178万元。[③] 通过开埠，潍县经济结构发生了巨大的变化，商品集散的市

① 胶济铁路管理委员会编：《胶济铁路经济调查报告汇编》（第3册）《潍县》，青岛文华印书社1934年版，第15～16页。

② 庄维民：《近代山东市场经济的变迁》，中华书局2000年版，第169页。

③ 仕治余、战玉琴：《交通运输对近代潍县经济发展的影响》，《商业经济》2008年第16期。

场功能得到加强，潍县在胶东地区的商业地位也得到进一步巩固。[①] 其地位的重要性，在胶济铁路沿线首屈一指，在山东省内除济南、青岛、烟台三城市外，其他各城镇，“工商各业，实无出其右者”[②]。进出口贸易的发展，使潍县成为鲁中地区商品流通中心。

开埠及对外贸易的发展，促进了潍县现代工业的兴起。受进出口贸易的影响，潍县原有的工业基础发生了根本性变化。传统手工业如土布业、土纱业因洋货倾销而趋于没落，一些新型手工业如草辫业、花边业、发网业等则适应对外贸易的发展而迅速崛起；一部分家庭手工业受出口贸易影响，在经营方式、原材料、技术等方面逐步向机器生产过渡；还有部分商人投资新式机器工业。不仅如此，在对外贸易“增长引擎”的推动下，现代商业、现代金融业开始发展起来，传统的城市封闭格局被打破，城市发展呈现出现代气息，潍县城市化进程迈入新的阶段。

（三）工商业街道体系的形成

市政基础设施建设是工商业发展的物质条件之一，是工商业发展的依托。

老潍县在战国时期始有行政建置。明洪武十年（1377）撤州改县，明崇祯十二年（1639）改砌为石城，面积约 1.3 平方公里。老潍县故城的主城，也可称之为西城，设有四门，东为“朝阳门”，西为“迎恩门”，南为“安定门”，北为“望海门”。全城 48 条街巷多以姓氏、名胜、地貌、景观、署衙等命名，如郭宅街、胡家牌坊街、南寺前街、增福堂街、县治前街等。县城内人口密集，政府机构和重要的文化教育设施分布于各条主要街道上。城内建有贸易市场，据明《万历志》“市二”记载共有两处，一处在城内大街十字口，一处在东关大街十字口。县城周边东、南、西、北和西南、东北六处关厢，在历史发展演变中，都有工商经贸行业的分布。

与老潍县主城隔白浪河相对的是东关坞，也称东城，早在元代就有人临河

---

① 仕治余、战玉琴：《交通运输对近代潍县经济发展的影响》，《商业经济》2008 年第 16 期。

② 胶济铁路管理委员会编：《胶济铁路经济调查报告汇编》（第 3 册），《潍县》，青岛文华印书社 1934 年版，第 15 ~ 16 页。

而居，人烟逐渐繁盛。明代潍县隶属莱州后，东关坞成为县城东去莱州的必经之地，逐渐发展为重要的商贾聚居区。各住户从白浪河东岸向东扩展，占地为街，沿街成市，鱼市街、估衣市街、米市街、地瓜市、针巷子等行业性街市逐渐形成。居民越来越多，人气越来越旺，逐渐地形成了较大的居民区，街巷纵横，屋舍鳞比，人烟稠密的市井乡关面貌逐步显现。明成化年间东关坞四周又筑起土围墙，各通道口建起许多阁子，上设神庙，下设阁门，昼开夜闭，俗称“八阁围子墙”。同治六年（1866）东关坞面积又扩大了三分之一，此时的东关坞被称作“七楼、八阁、九街、十八巷”，规模接近潍县城。“七楼”是指奎文门城楼、庆成门城楼、通济门城楼、耀武门城楼、游麟门城楼、升曦门城楼、鸣凤门城楼；“八阁”指旧围墙时期各通道口建的阁门（下门上阁），具体是三官阁、镇武阁、关帝阁、白衣阁、绿瓦阁、观音阁、玉帝阁、王母阁；“九街”指的是东关大街、李家街、南大街、鱼店街、后门街、四平街、南下河街、北下河街、北大街等主要街道；“十八巷”指的是安邱巷、观音巷、豆腐巷、九曲巷、水巷子等18条主要小巷。清光绪十三年（1887），在东关北大路附近，已经有了衣局、帽庄、皮铺、花店、茶斋、纸坊、炉房、扒店、油坊、烟店以及货栈、旅店等经营厂家。这里既有综合的商业街，又有专业的商业街；既有集中的集市，又有分散的摊点。这时的东关已是集市繁荣、商铺林立、人烟稠密、客旅云集的一座商城。从此，以白浪河为界，老潍县形成潍县城、东关坞两城并立格局。

开埠和工商业发展以及现代交通网络（尤其是铁路）的形成，成为老潍县城市化发展的牵拽动力，传统的城市空间格局被打破，新的商业区形成，城市

朝阳桥

面貌发生显著变化。老潍县对城市经济产生支撑作用的工商业街道体系的真正形成则是在20世纪20年代初至七七事变前的城市经济繁荣时期。为适应现代工商业发展的需要，城市交通、通讯、照明、排水等现代设施陆续开始出现。

老潍县城市化建设的重头戏是在厉文礼主政时期展开的。1932年，潍县县长厉文礼为综合治理城东门外与南坝崖地区，筹划了四项互相关联的建设工程：一是建造了朝阳桥；二是拆除东门瓮城，利用拆下的土石改造扩宽南坝崖；三是修建向城里供水的蓄水池、泵房、管道、城上水箱和城内东马道配水设施；四是开发建设南坝崖商业街的基础设施。四大工程的资金来源，一是省政府发还1930年晋鲁战争期间县保安会垫借给韩复榘部五十九旅的军费，二是拍卖南坝崖"期地"所得的收入，三是城厢门市房的房东捐款。

老潍县所辖地域主要是潍县县城和周围六个关厢，其中县城和东关人口最集中，经济最发达。县城与东关有白浪河水相隔。县城的朝阳门（东门）与东关的庆城门（东关西门）之间原来先后有石桥和木桥相通。据《潍县志稿》记载，早在金大定六年（1166）朝阳门外就有一石桥。潍县人陈调元又倡建石桥30余孔（《潍县旧志》），名青龙桥。康熙二十七年（1688），此石桥被拆除，改立木桥，桥石被移建东关耀武门外的万年桥（大石桥）。木桥横跨河面，全长20余米，宽2米左右。为避免汛期冲毁，每年端午节前拆除，中秋节筑成。到20世纪30年代，潍县经济逐步发达，木桥只供行人往来，已不适应社会发展的要求。1933年8月，连接县城东门和东关庆城门、横跨白浪河的钢筋混凝土大桥动工。当时县政府就建桥工程实行招标，由在青岛的德国建筑商设计承包，后又转包于潍县云亮包工局承包施工，所需的水泥、钢材分别从比利时、荷兰进口。工程历时一年，1934年8月落成。大桥长102米，宽6.6米，高12米（水下4米），三孔，钢筋混凝土筑成。桥南侧中上方刻有县长厉文礼监造字样，取名朝阳桥。建朝阳桥所用费用，建筑费共49800元，桥头两端涵洞建筑费10555元，设计、监工津贴各费4000元。资金来源除了山东省政府发还的保安费垫借59旅军费41328.9元外，其余由城厢市房的房东捐款。县里还举行了隆重的落成通车典礼，县长厉文礼、驻军师长及绅商各界组成游行队伍，乐队前导，军警随后，步行通过了大桥。城乡居民扶老携幼，万人空巷，争往观看。朝阳桥的修建，既便于行人，又利于运输，汛期到来，畅通无阻，

群众无不称便。大桥的建成沟通了东西两城，使两城合二为一，扩大了城市规模，对推动老潍县的经济交流和发展起了很大的作用。

最大的城市建设项目是对南坝崖的改造。南关在“清末是一个郊区……除几条街巷外，四周仍是农田、菜园、坟茔墓地”①。老潍县南关被规划为商埠后，南关大马路成为交通枢纽，南关经济逐渐繁荣起来，新修建的连通火车站与县城的大马路两侧汇集了众多工商户，为经济注入了新的活力，带来地价的飞涨。地处大马路与北坝崖商业中心连接线上的南坝崖因地理位置的重要而显现无限商机。但因地势低洼狭窄，屡遭水患侵扰，雨季河水泛滥，南月河水常涌到南坝崖路面上，故南坝崖又俗称“水大路”；北坝崖则是一片无主墓地，俗称“野墓田”。厉文礼先令拓宽白浪河新坝，将坝崖平整后当作房基出售，所得现金用于扩建坝崖街。街的北段路面加宽后铺设了花岗石，南段即“大马路”，铺以沙、石、灰土。沿路两侧多建为商肆与工厂，建成部分随即开业。整个工程的建成启用在全县引起极大轰动，城乡居民扶老携幼成群结队前往观看、体验，盛况空前。南坝崖全长 544 米，花岗岩条石铺砌的平坦街道两旁，商铺楼房鳞次栉比，白天人流如潮车水马龙，晚上霓虹闪烁眼花缭乱，“洋车”（人力车）来往鸣叫，流行歌曲回荡。南坝崖集购物、餐饮、娱乐、商旅、服务于一街，喧嚣而张扬，成为全城工商业发达区域的中心地带。走进这条街，感觉就像进了上海滩的十里洋场，人们戏称它为老潍县的“小上海”。

此外，老潍县城区的其他地方也发生了日新月异的变化。据老潍县人考证，此时潍县工商业街道体系的主体结构可用“两纵两横”概括。两纵按照从南到北的顺序，首先是大马路、坝崖大街南段一线，坝崖大街在朝阳桥西端岔出两条街道：一条是坝崖大街北段，略呈西南东北走向，目前已无迹可循；另一条是保安街，大致南北走向。两横街道按照从南到北的顺序，南边的为南月河崖街及以东，北面的横向街道按照从东到西的顺序是东关大街、朝阳桥、东门大街、大十字口（街）一线。两横整体上是东西方向平行。两纵南端接老潍县火车站，北端接沙滩城集的东北关部分，中间与两横交叉；两横中的南月河崖街与南门早市连接，东关大街、朝阳桥、东门大街、大十字口（街）一线以

① 李子琇：《县南关史话》，《潍城区文史资料》第 12 辑，第 197 页。

朝阳桥为节点与庆成门早市、沙滩城集相接。沙滩城集、庆成门市集、南门市集都是老潍县大集的主体市场。除了两纵两横，东关坞城内的下河街是东关大街商圈的组成部分。老潍县南门外的南关大街是南月河崖街商圈的组成部分。可见，老潍县两纵两横工商业街道与构成老潍县大集的各家城集、市集连接为一体。工商业街道与老潍县大集的各个部分不仅在地理位置上紧密相连，在集聚人气、创建繁荣景象方面也是互相促进、相辅相成的。工商业街道上的工厂、作坊、商号和店铺需要的基本生产原料、生产工具等，多就近到潍县大集上采购，加工好的产品也多就近到大集上出售。周边各地的农民到老潍县大集卖掉农副产品，然后就近在大集上和工商业街道店铺里买回生产生活用品。各地的购货商及普通消费者到老潍县赶集，工商业街道与老潍县大集一块儿逛，需要什么买什么，非常方便。

工商业街道与老潍县大集既各自独立又整体相连，购、销一条龙的格局让这个特色独具的城市经济流通系统具有很大的吞吐能力。以棉纱为例，老潍县大集上棉纱日销量最高可达 300 件（每件重 100 公斤）。便利快捷的集散能力让民国时期的潍县赢得了“买不着上潍县、卖不了上潍县”的名声。

老潍县新兴市区的发展最典型地反映在坊子镇（今潍坊坊子区）的兴起上。坊子位于老潍县南 15 公里处，是一个因矿而兴的新市区。老潍县开埠前，德国人便在此开采煤矿。胶济铁路建成后，又在这里设火车站。随着煤炭的大量开采，这里的人口渐聚渐多，人们开始在这里摆货摊，开商店，以至形成集市。火车站前发展成茂林街（一马路），后来又发展到二马路、三马路、四马路……清光绪三十年（1904），地方政府开始在这里设立行政管理机构，这里始称坊子镇。德国占据坊子长达 17 年之久。第一次世界大战期间，德日交战，日本人占领坊子，直到 1945 年日本投降，德日共霸占坊子长达 48 年。在这近半个世纪里，出于殖民利益的需要，殖民者在这里建设了各种工业和生活设施，形成了坊子“南北三条马路，东西十里洋场”的畸形繁荣局面。德日帝国主义在坊子设立了德国领事馆、德军司令部、德军北大营、德建火车站、德军医院、德军礼堂、铁路大桥、天主教堂、修女院、日本领事馆、日本宪兵队、德日矿务公司、德国电报大楼、发电厂、电灯公司、日本国民学校、日本农场、运兵站、物资仓库、德军豪华官邸、日本正金洋行、横田旅馆、鱼鲜大烟

馆、风月妓院、红房子水牢等，坊子俨然成为殖民主义统治下的“袖珍国”。数十年间，坊子由一片乡间僻壤一跃而成为颇为繁华的现代市镇。除去其殖民地色彩不论，它还是潍坊现代城市发展的产物。1948 年 4 月，潍县城解放后，在潍城、坊子及二者毗连地区置潍坊特别市，次年 6 月易名潍坊市。

与城市功能相配套的其他设施也陆续兴办。民国初年潍县开始设电话，30 年代，山东省建设厅长途电话潍县分局成立，设立商办电话公司，设有交换机 1 台，电话 300 台。清末潍县开始有电报机，开埠后电报业务得到较快发展，1926 年电报局“有莫尔斯电报机 8 部，人工听录报机 1 部”①。老潍县邮政业务初为日本人控制，地方邮政业务在 20 世纪 20 年代也有较大发展。

根据厉文礼提出的综合性计划工程，县政府实施了潍县最早的自来水工程。潍城居民，自古以来即饮用白浪河水。在自来水和城内压水井修建以前，居民吃水多以车推、肩挑为主，也有买水吃的。外乡人逃荒来潍，仓促间无以谋生，多以卖水为业。他们卖的水，有从白浪河挑的，有去东关米市马道一甜水井挑的，也有去南河口东面一水泉挑的。城里大户人家皆以大车拉水，有三四头骡马驾驶。商号用水多为伙友自挑，总之用水很不方便。1934 年，县里先在白浪河畔建蓄水池两个，又在东城墙上安装水柜，水柜与东马道靠城墙的许多水龙头相接。池水用水泵抽入水柜，水柜之水即通向各水龙头。自来水的建成，解决了人们出城取白浪河水饮用的麻烦，也保证了水质。但自来水供应的居民有限，仅是县城东马道附近的居民。有时引上来的水不干净，同时导致路面泥泞，整个县城的饮水问题未得根本解决。1935 年至 1936 年，由县政府倡导协调，潍县的同和诚银号总经理张舆忱、华丰机器厂滕虎忱、信丰染印公司武伯平等人出资，在南门外设爱丰打井厂，由戴礼贞负责，雇用季节工，在潍县城里、东关、西关、南关、北关、东北关及沿河村庄打了很多压水井，从此较好地解决了潍县居民的饮水问题。②

人口标志着城市发展的速度和规模。随着城市工商业经济的发展和市政工程的建设与完善，老潍县城市人口增加。光绪三十二年（1906）潍县县城人口

① 潍城区史志编纂委员会编：《潍城区志》，齐鲁书社 1993 年出版，第 364 页。

② 王学坚：《厉文礼在潍县》（上），

为4.97万，其中，从事工商业的约2.7万。“邑中工商两业均极发达，故人民职业，除农民占最多数目外，工商两界人数，实较各县为多。”[①] 由于城市经济的发展，愈来愈多的农村人口来到城市从事工商业或成为城市劳动力，从而造成城市人口的快速增长。1932年，潍县城区有12576户，82781人，显然已是颇具规模的城市了。[②]

（四）老潍县金融业的兴起与发展

金融是商业的血液，商品的流通就是货币的流动。现代金融业成为支持民族工商业和沟通城乡经贸发展的有力支柱。长期以来，老潍县的经济命脉掌握在封建官僚和乡绅、财主们手中。他们拥有大量土地和财产，为了以钱赚钱，他们多数用开当铺的办法，在社会上投放了一些资金，谋取了较多的利润。这种活动已具有金融活动的雏形。老潍县开为商埠后，其金融业随着商品经济的发展和货币流通的需要而兴起发展起来。

清末民初，币制混乱，先是现银、制钱、银元，“废两改元”后是银元、钞票、铜元在市面上共同流通。银元有本国的、外国的，钞票有中央的、地方的，同样面值的银元和钞票，其市场币值也不相同，并有流通区域之别。这些货币的相互兑换，无固定比价，不同的货币在社会上的信用度和流通范围也不一样，这就给货币流通、城乡贸易、异地通商以及人民生活造成了极大不便。为了流通携带方便，现洋、纸币、铜元的相互兑换，成了商品生产、流通中一项重要业务。经营货币汇兑主要由钱庄操作。老潍县的钱庄在东关交易市场“出桌”从事兑换业务，后来又有钱庄设点记账和出纸帖挂账结算，叫“写山账”和“出长帖”。当时潍县这些金融活动基本上掌握在“东乡帮”商人手中，如瑞丰祥、瑞成祥、德聚泰、德增祥、同聚恒、同祥泰、恒源祥等商号，他们资金雄厚，又结成团帮，彼此援手，互相周转。这些商号开出的长帖，可用以支付大宗购买银元的价款，类似于今天的支票，可以到处兑换资金，信用

① 胶济铁路管理委员会编：《胶济铁路经济调查报告汇编》，第3册，《潍县》，青岛文华印书社，1934年版，第15～16页。

② 王茂军：《中国沿海典型省份城市体系演化过程：以山东为例》，科学出版社2009年版，第58页。

很高。而县城财主们开的钱庄如义昌德、义德泰、颐寿昌等发行的长帖则没有这样的信用，原因为他们各自经营，互不通融，势单力孤，信用度低，经常受到“东乡帮”的挤压，在金融市场上不受欢迎。由于银元与铜元的比价时涨时落，形成很大的投机空间，不利于资金流转和商品流通。为保持金融市场的相对稳定，经商会与县政府协商，明确规定铜元七千六百文（俗称七吊六）兑换银元一枚，通称“七六作洋”，由商会刻印盖在长帖上端，使银钱兑换上无空可钻，金融市场比较平稳。以后长帖逐渐淘汰，市面流通统一使用银元。

1916 年以前，潍县钱庄主要经营京钱票（即清末发行的纸币）；1921 年后，随着京钱票业务的日见消减和土布业的发展，潍县钱庄业开始以存放款为主要业务，尤其以放款为主，与银行的业务范围基本相同，这样钱庄也就变成了具有现代银行性质的金融机构。据统计，30 年代初，潍县共有钱庄 25 家，年存放款及汇兑总额达 640 余万元货。① 其主要业务为土布业存、放款，以月息一分吸入，以一分二厘贷出。据 1934 年的统计，潍县 25 家钱庄中，资本最大的 2.5 万多元，以 5000 元左右者居多，资本总额约 11.28 万元。各钱庄吸入存款总额约 160.5 万元，放款额约 117.7 万元。放款最大的主顾是布商和猪鬃商，土产、烟草次之，染厂、铁厂等又次之。钱庄的汇兑是代上海、天津、青岛、济南、烟台等商埠之连号收换汇票，每汇票千元收手续费 5 角。②

随着工商经贸的发展，到 1930 年前后，银钱业和棉纱业成了潍县最大的行业，两者的关联也最密切，多半是钱纱兼营，钱庄多与土布业交易，等于土布业的资金蓄水池，两者彼此促进，两业的实力几乎能控制全县的经济命脉，这可谓老潍县金融史上的一大特色。潍县钱庄、线庄的金融来源，先是仰仗于昌邑柳疃以及黄县、沙河镇等处。其资本与存放款数额都比钱庄业多，范围也大，资本多来自昌邑柳疃。存放款以城乡布商为主，以支单过账，并不提现，非常方便。汇兑也是为布商代办。各钱庄合资者多，独资者少，资本总额约 42.6 万多元。1930 年后，烟台的资金开始流向潍县，每年达百万元左右，占

① ［民国］实业部国际贸易局编：《中国实业志・山东卷》（丁），南京实业部国际贸易局 1934 年编印，第 115～118 页。

② 王季敏：《潍县金融市场的发展》，《潍坊市潍城区文史资料》第 4 辑，第 99～101 页。

当时金融来源的最大部分。

在工商业的带动下，老潍县金融业获得了迅速发展，并呈现出现代化趋势。一方面新式金融机构——银行出现；另一方面传统的钱庄部分蜕变为“银号”，传统与现代金融业并存。银行介入老潍县金融市场，最早的是1914年中国银行来潍县设立办事处，到七七事变前，先后有山东银行（1922年，商营）、中国交通银行（1925年，官营）、山东省银行（1926年，地方官营）、中国实业银行（1930年，商营）、上海商业储蓄银行（1932年，商营）、平市官钱局潍县分局（1932年，地方官营）、中鲁实业银行（1933年，商营）在潍县设立分行。这些银行办事处大都位于东关大街及其附近。除中国、交通、山东省行、平市官钱局发行纸币外，各行都经营存放款、储蓄、汇兑业务。它们有的和本县各钱庄、银号建立了同业往来关系，钱庄的“通用洋”因而被淘汰。银行放款分抵押、信用两种。从业务量上来看，交行放款最多，中行次之，官钱局又次之。据统计，1932年各银行共放款75万余元，全年汇兑总数更达到499万余元，分信汇、电汇、票汇三种，各商埠皆通汇。

老潍县的金融在山东占有一定的分量。据1933年9月实业部国际贸易局的统计，按照地域来分，这一时期各银行存款业务，济南最多，占总数的45.5%，青岛次之，占35%，烟台占11.8%，潍县占3.5%，其他地区合占4.2%；放贷业务，济南最多，占总额的38.8%，青岛占35.9%，烟台占15.6%，潍县占3.2%，其他地区合占6.5%；汇兑业务，济南最多，占全额的42.3%，青岛次之，占29%，烟台占5.6%，威海卫占5.4%，博山占4.6%，潍县占3.1%。① 由此可见，当时潍县在银行业中所占的分量是很重的，也可看出当时潍县金融和商业的实力。②

三、清末民国时期潍县经济的繁荣

老潍县开埠后，其工商业发展步入快车道，出现了百业兴旺、欣欣向荣的景象。交通运输便捷，各类物产丰富易得，当地具有历史悠久、特色鲜明的传

---

① 山东省情网：《山东民生银行的设立与地方金融》，2008－11－17。

② 王季敏：《潍县金融市场的发展》，《潍坊市潍城区文史资料》第4辑，第97～108页。

统工商业基础，外国资本以及由此带来的先进的商品、技术工艺、管理运作方式产生潜移默化的示范和影响作用，这些因素或直接或间接地推动潍县城市经济由传统经济迅速向以商埠经济为主要特征的现代市场经济转变。1934年，潍县的城市经济拥有118个自然行业、近三千家各类工商实体，形成特色鲜明的产业体系。这股经济发展势头一直持续到七七事变，这段时期可谓老潍县工商业发展的黄金时代。

（一）新式现代工业的兴办

近代潍县经济最大的亮点是新式工商业的陆续开办。老潍县的有识之士充分利用老潍县已有的传统手工业基础、社会人文环境、商业聚集、人脉兴旺、交通便利以及发展空间等优越条件，纷纷投资，努力引进西方先进技术，利用地方资源和市场优势，逐步建起了织布、印染、机器制造、化工染料、医药、印刷、面粉等各种现代化的工厂。

老潍县现代工业的发轫是从织布业开始的，并形成了以织布业为轴心的工业格局。织布业一向是老潍县的传统产业，在民间有着坚实的社会基础，拥有较多的资金积累和产业优势。老潍县百姓使用的织布机是一种全木结构的投梭机，工作时不仅要两手同时投接梭子，而且在打纬、送经、卷布等工序时，必须停止打梭。由于投梭腕力所限，布幅宽度多在1米左右，最多达1.4米，工艺很熟练的织工每天最多能织布30尺。20世纪初日本产的铁轮织布机开始传入中国，不久上海、天津等地的厂家就开始仿制。这种织布机用脚踏板启动机关，全机各部即协调运转，而且不需要用双手投梭，每天能织出2尺宽、100尺长的洋绒布，效率大大提高。1912年，山东潍县东乡人购进铁轮机数台，开工织布，由于出品精良，效益极佳。厚利之下，追随者众，于是机器织布在潍县风行起来。1915年至1916年潍县有铁轮机500台左右，到1923年达到50000台以上。30年代初全县有脚踏织布机6万台，1934年猛增至15万台，年产白布412万匹。每年经铁路运出的土布7200吨，经邮局寄出的布匹包裹12~13万件，品种包括原白坯布、色布、斜纹、线呢、哔叽、府绸等几大类150多个品种，远销云南、甘肃、内蒙古、陕西、河南、山西等地。1934年全县布商400家，年交易额1300万元，棉纱商45家，年交易额850万元。[①] 纺织业成为老潍县经济的支柱产业。当时潍县号称“十万张布机”，从业人员20多万，日产布数万匹，年产棉布6000万米。所产土布占山东全省年产量的60%。[②] 一业为主，百业兴旺。老潍县织布业的发展推动了机器工业、漂染、轧布、颜料等加工工业的兴起，并逐渐形成以布业为龙头的织漂染一体化产业链。

1920年，滕虎忱在潍城创办了华丰机器厂，这是潍县第一家近代化的机器工厂。他看准了当时社会上兴起的织布生产热潮，于1924年左右，仿照天津织布机并加以改进，试制成功了铁木合制的织布机、弹花机、压花机，并在四乡广为宣传推广。这种新式机器可以生产出与洋货同样规格的产品，很受织布业户的欢迎。一场换机热、织布热席卷全县，并蔓延到昌邑、寿光、安丘等地。

新式织布机的大批量投产，进一步推动了老潍县织布业的迅猛发展，从事织布业生产的作坊大量增加。潍河两岸的穆村、邓村、石埠、驸马营、眉村等地，几乎家家以织布为生。七七事变前，潍县织布业发展到鼎盛时期，短短十余年的时间，颇具规模的“聚祥永”“德信亨”“惠祥”“华胜”等十余家织布厂相继开业。其中城里及四乡有布机5万余台，穆村、眉村周围2万余台，寒亭、固堤等地也有布机2万台以上，布机总数近10万台，从事本业者约有15万人，年产布料200余万匹，6000余万米。其品种繁多，有白布、色织布、条布、斜纹布、蚊帐布等150多个花色品种，产品远销云南、四川、贵州、福建、河北、河南、绥远等省。“潍县土布年产量达二千万元，与其他主要产品烟草（年额一千万元）、猪鬃（年额一千万元）等合在一起来说，则他们在潍县全部产业中约占百分之五十，地位非常重要。”[③] 织布所需的大量棉纱，基本依靠青岛的日本纱厂供给，老潍县成为棉纱、棉布的集散中心，也是华北最大的纱、布市场。1935年以前，经营棉纱棉布的布庄有257户。经营棉纱需要大量资金，多数由钱庄兼营，或线庄兼营钱庄业务，人们通称其为“钱线两业”，

---

① 从翰香：《近代冀鲁豫乡村》，中国社会科学出版社1995年版，第173页。

② 王守中、郭大松：《近代山东城市变迁史》，山东教育出版社2001年版，第574页。

③ 《中国近代手工业资料》，第4卷，第11页。

其经济实力十分雄厚，几乎能左右整个市场，织布业和银钱业成为全县两大支柱产业。

得益于织布业的繁荣，滕虎忱创办的华丰机器厂业务繁忙，1921 年又集资 7000 元在东门外购地建新厂房，第二年就生产织布机 150 台，水车 60 部。1927 年又购地 36 亩扩建了厂房，职工增至 150 人。1932 年建立了华丰二厂，相继试制成功了 15 马力、18 马力、25 马力、40 马力柴油机。到 1936 年，华丰机械厂的资产已达40 多万元，投资入股的绅商及各界人士300 多户。华丰的成功带动了潍县工业的发展。据统计，从 1918 年到 30 年代初，潍县先后创办的机械工厂 34 家，其中生产织布机的工厂有 11 家，生产轧布机、弹花机的工厂 7 家。

织布业的兴旺，也带动印染业的发展。线业公会主席康子周等投资兴建了信丰染厂。1914 年李树俊、王世荣、朱亮之合资在北下河创建三盛永碱庄。1929 年，省立工业专校教师张干臣（曾经到日本留学）返回潍县，在东关后门街开办潍县大华染织工厂，从青岛购进全套日本产染色机械，1931 年投产，每天产出 500 多匹色布。潍县大华染织工厂是老潍县第一家机械染布工厂。与传统土法染布相比，该厂的产品色泽光洁，鲜艳均匀，很快便畅销全国 70 多个大中城市。该厂的色布品种众多，公认的市场畅销货就有十大名牌，其中的“阴丹士林”布料为首创。后人曾经评价说，“阴丹士林”的畅销改变了老潍县城乡居民以粗布青衣为主的千年习惯，爱美的大姑娘小媳妇们可任选自己所喜爱的色布做衣裳。由于老潍县本地产坯布价格低廉，产量大，新兴印染业的成本不高，色布颇具市场竞争力，为印染业提供了广阔的发展空间。1930 年，李惠之、李骏声投资，在东关王母阁下创办了惠祥染织厂，其生产的花格布、花素哔叽轰动一时，产销两旺。1935 年陈孝禄、魏新泉等在南大街等地相继开办德聚、隆丰、大丰三家染厂，均以染硫化蓝、硫化青等色布出名。创建于 1933 年的潍县信丰染印公司后来居上，跃居全县印染业的“龙头老大”。[①] 不到十年的时间内，全县印染企业发展到七家之多，年产色布 1200 万米，在市

① 刘督宽、陈瑞曾：《潍县历史上的经贸中心——东关》，《潍坊日报》，2010 年 12 月 10 日。

场上占据了主导地位，“洋布”完全无法与之竞争。[①]

印染需要大量的染料，染料工厂也开办起来。1923 年张荆芳创办裕鲁颜料股份有限公司，这是老潍县最早的化工企业。1924 年 6 月投产，制造硫化青膏，年产量可达 1000 箱（每箱重 60 公斤），还兼产苦味酸。该厂所用的生产原料全部向外商购进。随着生产的发展，销售市场逐步扩大，由潍县向外辐射到烟台、周村、济南，扩展到滕县、兖州、大汶口、濮阳、聊城、大名府、济宁、菏泽、徐州、商丘、开封、新乡、郑州、洛阳、灵宝、宝鸡、潼关、南阳、许昌等周边地区，最远的业务拓展到成都等地。为了便于业务开展，张荆芳还在业务量大的城市设立分庄，就近供应产品，以满足市场需要。1935 年该公司发展到鼎盛时期，职工增加到 100 多人，年产青膏 2 万箱，盈利达 10 万元，资产总值 56 万元，担负潍县商会全部经费的 32%，成为当时潍县首屈一指的大企业。潍县的华德颜料公司也设厂生产松梅牌青膏，扩大和促进了国产颜料的生产与发展。[②] 机械、织布、印染业逐渐成为老潍县现代民族工业的支柱产业。

1931 年，毛寄尘等合资兴办和记印刷局。和记印刷局原是一家成立时间较早但规模不大的私营企业，后来利用集资，实行股份制，扩大经营。丁锡纶任董事长，总经理毛寄尘，正、副经理陆寿臣、陈海光。在东段路北新建二层标准厂房，购进日本最新式的印刷机，从上海聘请技师进行指导，印刷品质量可与上海大印刷公司媲美，开了山东印刷业的先河。市场上常见的老潍县广告和布标绝大部分是和记印刷的。

潍县的新兴行业还有电力工业。1918 年日照的马惠阶等人集资 3 万元，在坊子二马路西创办“坊子电灯公司”，安装蒸汽发电机 2 台，后改成 5 千瓦柴油发电机，供坊子商号和居民用电。1921 年，马惠阶再次筹集 10 万元（大部分是从中国实业银行贷款），在潍县城南关后伙巷创办了“坊潍电灯公司”，建有发电厂房 2 幢及营业房 17 间，有 75 千瓦柴油发电机 1 台，电压 110 伏，日发电量 500 度，供城区商业户等照明用电，从此城区街道和居民开始了用电灯

---

① 《一业为主百业兴旺景象现》，《潍坊晚报》，2012 年 12 月 31 日。

② 王中廷：《潍县裕鲁颜料股份有限公司概况》，《潍坊市潍城区文史资料》第 2 辑，第 1～5 页。

照明的历史。1927 年该公司将产权转让给中国实业银行。中国实业银行接管后，改名为“中国实业银行潍县电灯公司”。这时正赶上潍县工业发展的黄金时期，很多新式工厂如铸铁、颜料、面粉、火柴、染织、轧布、印刷等行业迫切需要电力作为动力或用来照明。中国实业银行潍县电灯公司为适应形势，抓住有利时机，进一步扩大规模，增添了蒸汽机 1 台、锅炉 2 台、发电机 2 台，发电容量 3000 千瓦，年发电量 14.28 万度，获利颇丰，年收入达 20 余万元。①

老潍县开埠后，烟草业成为它的支柱行业。1914 年英美烟草公司租用坊子煤矿西侧土地 180 亩，利用中国资源和廉价的劳动力种植黄烟。1914 年烟草产量只有 10 多万公斤，1917 年达到 360 多万公斤，到 30 年代收购量猛增至上亿斤，业务量的增加呈现几何级数增长，也获得了超额的利润。如廿里堡村原是一个僻陋的小村，人口只有 600 多人，随烤烟厂的建立而繁荣起来，成为一个新兴的城镇。

总之，到七七事变前，潍县工商业以股金丰厚，经营有方闻名于世，如左右工商界、医药界的潍县“八大祥、七大东、八大丰”一直是行业翘楚。“八大祥”是闻名遐迩的福聚祥茶庄、同祥绣货庄、德聚祥绸庄、兴祥绸缎庄、瑞祥织布厂、惠祥织布厂、隆祥钱庄、蚨祥银号。“七大东”是指泰东商行、山东商行、大东商行、福东号、华东制革厂、惠东药房、亚东大药房。“八大丰”是华丰、信丰、大丰、惠丰、阜丰、洪丰、天丰机械厂等。上述厂家囊括了各行各业，都是各行业的领军企业。

（二）商业贸易的繁荣

随着工业的发展，老潍县的商业贸易也日趋兴旺。1919 年，潍县大小商号 910 家，发展至 1932 年，全县商号约达 3000 家。仅经营土布的布庄全县共有 257 家，年产值达 7000 多万元。抗日战争前夕，潍县织布业达到最盛期，一个集市日销棉 4500 匹，线 7500 公斤，成交额突破 10 万银两。

老潍县的对外贸易也发展起来。由于老潍县直接与国际市场对接，因而国际市场的需求成为老潍县经济的方向标和调节器。在外贸经济的刺激下，老潍

---

① 穆锡罡：《潍县电业史略》，《潍坊市潍城区文史资料》第 18 辑，第 100 ~ 101 页。

县当地的皮革加工业、草辫业、发网业、猪鬃业先后兴起。皮革加工产品除销售给邻县外，洋公司在潍坐庄收购。天津、上海的商人也来潍办货。如草帽辫一度是国际市场上的畅销货，成为山东中部和北部大部分地区人民收入的主要来源之一。1904年出口值约为150万两，1905年约为340多万两，1906年约为430多万两，1910年约为1300多万两，大部分销往英、法、美、日等国。[①]山东草帽辫生产普遍采用的是家庭劳动形式，从原料种植到手工编织，皆由农民在家中完成，农村妇女编织草帽辫呈现了“坐立不离手”的情景，农闲时男人也和妇女儿童一同编织。产品通常在定期集市上出售。

制鬃业也是农民收入的大宗，老潍县制鬃业始于清同治末年。1919年有商号的鬃行增至13家，大的作坊20多个，从业人员2050人，年产鬃50万公斤。1932年运往青岛的猪鬃成品52.5万公斤，年出口总值达百万元以上。

民国初年山东发网业开始兴旺起来，有济南、青岛、烟台三个中心地。20年代，出口销路畅盛，每月输出达60万罗，洋行收购每罗15元。三地发网厂增加到70余家，并向周围各县扩散。老潍县城关经营发网业者达40余家，全县达300余家，后来居上，超过了济南等地。

老潍县的日用百货也走向了繁荣。较早的百货店有新新百货店、山东商店、大东商店、承德堂、天顺和、福履斋、聚成益、泰东商行等。老潍县最高、最大的百货商店是东关大街路北的四层楼山东商店，20世纪20年代初由丁子明创建。泰东商行是老潍县最时髦的百货公司，该店内部设施和装饰，在当时的潍县可谓首屈一指。所以开业之初，曾引起全县民众的注意，每天前往参观游逛者络绎不绝。[②]

总之，在这一历史时期，潍县百业兴旺，商品交易购销两旺，这时的潍县已经成为中型的工商业城市了。

四、老潍县工商业经济的现代底色

鸦片战争特别是老潍县开埠以后开始的经济现代化给老潍县的经济结构、

---

① 《山东草辫调查记》，《东方杂志》第8卷，第2号。

② 张冠群：《简述潍县百货业》，《潍坊市潍城区文史资料》第4辑，第118页。

阶级结构、社会生活、流通体系、价值观念等带来了一系列深刻的影响，改变着老潍县社会生活的方方面面，角角落落。

（一）工商业经济发展的新气象

首先，老潍县的工业现代化已经开始起步。清末民初以来，随着老潍县开埠，老潍县建立了机械制造、印染、化工、织布、电力等新式的现代工业企业，这些企业普遍采用机器生产，建立了比较完善的企业管理制度，实行股份制管理。在一个封闭的农业社会里机器工业从无到有，它所产生的社会影响是不言而喻的，促进了老潍县由自然经济向商品经济的发展，由落后的生产方式向现代化生产方式的转变，给老潍县提供了前所未有的工业产品，改变了老潍县商品市场的走向，在某种意义上改变了原有的经济格局，推动了产业结构的升级换代。这是在短短几十年里对千百年来所形成的经济体制进行的一次全方位的初步改造。尤为重要的是，它们作为新生事物，已跳出了传统经济长期低水平重复的怪圈，自身蕴含着可持续发展及引导社会迈上新台阶的因素，并且昭示了经济现代化的未来方向。

其次，对外贸易改变了老潍县原有的经济结构。在对外贸易和近代交通运输方式铁路、公路等因素的影响下，老潍县传统自给自足的社会经济逐渐解体，开始了适应对外贸易需求的变化过程，大量的洋货输入和土货输出，进一步促进了当地商品经济的发展。老潍县开埠不久，英、美、日的布匹陆续运到潍县，经营布匹的布庄就有 14 家之多。另一方面，原料和土产也向外国市场输出。在加速商业化的趋势下，为应付现金的需要，农家再不能满足于传统自给性的手工生产。老潍县的皮革加工业、草帽辫业、发网业、猪鬃业等的兴起，一方面贴补微薄的农业收入，另一方面也是因外国市场的刺激所致。这些产品成为商品，已经不再仅仅满足本地的需要，而且提供给国内其他商埠或者国外市场。再如烟草种植业，从民国初年开始，英、美烟草公司就在胶济铁路沿线潍县坊子等地推广洋烟种植。到 1934 年，潍县全县烟草种植面积有 7 万余亩，年销售量达 16 万担，产值 315 万元，几乎与该县小麦产值相等。美种烟叶

1910 年开始引进，到 30 年代中期产量达到 80 万担，年产值 2500 万元。[①] 据统计，20 世纪 30 年代前后潍县每年经铁路运入的棉纱有 2800 ~ 9000 吨，运出的布匹 5000 余吨，烟叶 1.3 ~ 1.9 万吨，鸡蛋 1617 吨。土布业和烟草种植业成为老潍县经济的两大支柱产业。[②]

再次，在经济发展过程中，老潍县逐渐从一个鲁东商业区上升为华北区的商业中心和运转中心。老潍县经济地位上升之后，该县的贸易网大为扩张，从地方性或省内贸易发展到区域性、全国性甚至海外贸易，大出大进，购销两旺。以皮革业为例，老潍县的制皮者散处城关及文家、邓家、小庄、庙埠等村。其产品除销售给邻县外，尚有出口。洋行公司在县坐庄收买，天津、上海的商人也到县办货。附近各地的制品则由零散小商贩分头收集，而以潍城为集散市场。至于草帽辫的生产技术则源自欧洲，通过烟台的法国传教士或英国公司传入山东。后来的主要产地包括莱州、沙河、平度、寿光、昌邑、阳信等。产品先集中于沙河，再运至潍县，最后输往天津或青岛。无论是草帽辫业、发网业还是猪鬃业，都是以农民家庭为生产单位，生产者均未完全脱离农业；而在市场的联系方面，商人扮演的角色则愈发重要。这种农业与手工业、商人与小农生产者的结合到了 20 世纪仍然存在，且愈加复杂化、精致化。可以说，民国后老潍县的地方体系是一个在生产和流通过程上，小农与商业资本互相依赖性强化后所形成的高度商业化关系网络。在这个发展过程中，仅铁路方面统计，老潍县及境内的坊子、廿里堡、虾蟆屯、南流、大圩河五个车站主要货物的运输量分别是：1928 年为 113704 吨，1929 年为 133591 吨，1930 年为 110191 吨，1931 年为 109430 吨。这四年的出口或发送吨数分别为 67209 吨、66953 吨、91807 吨、73980 吨，这些货物以数十万吨的交换，贸易额自然不少。

最后，随着经济的发展，专业批发市场出现，催生了集镇经济。这时期，集镇经济发展出现了一个极为突出的新现象，即在其经济功能普遍有所加强的基础上，一些集镇的职能开始趋向专业化，且其商贸活动与区域内外市场密切

---

① 实业部国际贸易局：《中国实业志（山东省）》，1934 年（戊），第 3—9 页。

② 仕治余、战玉琴：《交通运输对近代潍县经济发展的影响》，《商业经济》2008 年第 16 期。

相连，凭借有利的经济环境，它们发展成为商工并茂的都市型大镇。有的凭借接近产地和良好的销售渠道及较大的销售市场等有利条件，发展成为以大批量集散农产品为特色并具备地域性市场功能的商业贸易型集镇，如烟草集散中心潍县县城及廿里堡。有的凭借较丰富的原料来源和良好的产品销售市场，发展成为以成批生产和大宗集散手工业产品为特色的手工业型集镇，如以生产、集散土布为主的集镇潍县织布区。其中，以眉村、穆村为中心的潍河西岸，南起大岭、昨山，北到宋庄、寒亭、固堤，大有人人弃农就织之势，每当一、六市集这天，布商、线贩，头天即云集而来，三里长的市街两旁，线布堆成小山，人流潮水般拥挤。一个集日布销售量达4.5万匹，线750件（每件100公斤），成交额经常突破10万元银币，这在一般城市中也是少有的，[①] 从而留下了“眉村十里街，匹缕堆银台；贾人旧事改，五更驱车来”的诗句。坊子、二十里堡、南流、蛤蟆屯、大圩河，“皆以接近铁路，顿成商业中心”，寒亭、眉村、杨家埠、望留、固堤、马思等村镇，“虽僻处乡曲，亦各有其重要地位”。大量集镇的出现，有利于促进农副产品商品化程度，从而又促进了老潍县各地城镇贸易的发展。[②]

（二）新兴工商业阶层的形成

在阶级关系上，工业发展在当时的情况下意味着引进了一种迥异于封建经济的生产力和生产关系，意味着产生了一种改变传统社会的根本性物质基础，新的社会阶级由此发展、壮大，并日益影响着老潍县社会。

“连云甲第尚书府，带宅园林太守家。”传统的老潍县社会文风昌盛，科甲蝉联，清代就有举人296人，进士81人，其中翰林20人，还有状元2名。学而优则仕，依靠科举跻身上流社会的豪绅大户颇多，明代刑部尚书刘应节，户部尚书郭尚友，兵部尚书张尔忠，清代吏部尚书、协办大学士陈官俊，闽浙总督刘洪翱，两广总督张兆栋等皆出于潍县。因此，老潍县的官绅势力十分强大。这些上层官绅富贵不忘乡梓，承担着修桥补路、赈济灾荒、沟通官府等诸

---

① 王俊卿、栾云洲：《潍县纺织业发展史话》，《寒亭区文史资料》第5辑，第163页。

② 仕治余、战玉琴：《交通运输对近代潍县经济发展的影响》，《商业经济》2008年第16期。

多地方事务，享有崇高的威望和社会地位，完全掌握着老潍县的话语权，制约着民风社俗的走向。整个老潍县社会结构符合传统社会的社会秩序，构成了稳固的社会结构。

日后在老潍县呼风唤雨的工商阶层此时一直处于社会末流，从事着“引车卖浆”的低贱行业。如日后从事工商业者最多的东关，居民多为小商小贩，成为各种行业集中地。72 行都有行头，包揽说合买卖、过秤、打价，以赚取佣金，人称这种人家为“行头人家”，他们主要在鱼市街讨生活。相传在元末明初，老潍县的白浪河尚能行船，河东岸就是码头。码头周围商贾云集，形成了偌大的市场。在一个集中卖鱼的地方建起了一个城阁，叫绿瓦阁，老百姓俗称鱼店阁；这条以卖鱼为主的街道称为鱼店街（也叫鱼市街）。从明清到解放初，鱼店街买卖十分兴隆，北口货（指渤海莱州湾的水产品）、南口货（指黄海日照一带的水产品）以及淡水货都汇集在这仅百余米长的鱼店街上来经营。每天天不亮，市场上就人头攒动，车水马龙，过秤声、吆喝声不绝于耳。别小看这个不起眼的鱼市，它可是整个鲁中地区的水产品集散地。鲁南、鲁西、淮北、豫东以及石家庄等地的商家都来上货，每天交易量都在几万斤。

买卖好，当地人自然受益。很多人就成了行头，即为市场管理者、经纪人，可收取落地费、中介费、过磅费等多项费用。附近韩、谭、杜、李、王等人家群居，人户多，势力壮。旧时东关有“韩、谭、杜、李、王，打煞人不抵偿”的说法，其中家族势力最大的谭、李两大姓，人称“鱼店谭不是玩，下河李惹不起”。咸丰年间，谭、李两族因争夺鱼市主导权时常发生大规模械斗，难解难分。官府出面干预，但想不出什么好的办法。最后县太爷想出了一个损招，他在鱼店街中间设立公堂，摆上一口油锅，烧开了油后放上了一个秤砣，召示众人：“谭李两家谁敢把油锅的秤砣用手拿出来，鱼店街的行头就归谁！”李姓族人面面相觑，无人敢去。谭姓有个叫谭万清的人，脱去上衣，弯下腰，急速把秤砣从油中捞起，掷于地下。伴随着浓烟和皮肉的焦臭气，谭万清的胳膊当即成为焦炭，围观者为之掩目。知县当即宣布：“鱼店街由谭家当行头！”并立即发了鱼帖（即类似营业执照的文书）。从此，鱼店街就由谭氏家族当上了行头。不久，谭氏家族的义记鱼行、志成老店、协同新店、通和鱼店开张营

业。李氏只好到下河街另辟蹊径。[①] 这些东关大姓民众为了谋生，好勇斗狠，颇有地痞光棍作风，在东关一带很有号召力，但也被城里大户人家瞧不起。

老潍县开埠后，随着经济的发展，其社会阶层结构发生了天翻地覆的变动，标志是新型工商业者的兴起。

老潍县新式企业的创办人或者经营者出身各不相同，既有旧式商人、手工业作坊主，也有官僚、地主，还有出身于洋行的买办；既有科举出身的秀才、举人，又有新式学堂培养的学生，还有学有所成的留学生，可谓鱼龙混杂。如王雨亭、崔锦堂他们都出身于农民，能吃苦耐劳，办事可靠。二人合伙开设了聚祥永小铺，经常跑到东北和中苏边界一带进货，然后到处销售。经过十几年的工夫，都挣下了不少钱。1922 年，王、崔等人在潍县合股开办了聚祥永织布厂。该厂初设时，只有资金六千四百元，到 1936 年前后，聚祥永已发展到全盛时期，资金达八九万元。[②] 老潍县寒亭镇人张瑞芝 20 岁即东渡日本留学，受日本工业发达之影响，立志攻学染织专业，以实现实业救国之志向，振兴民族工业。学成归国后，1907 年他征得家人同意，卖掉部分家产，筹集资金，从日本购进 6 台铁木结构织布机（俗称铁机），与张伯言等人一起试织宽幅棉布，获得成功。其产品质地好，光滑均匀，纹理成色紧密，手感柔软，而且幅宽可达 2 尺 6 寸，被人们称作“白洋布”。他将新产品命名为“爱国布”。其他人闻风而动，纷纷购买机器开工生产，从此老潍县的织布业一发而不可收，成为它的支柱产业。

张执符的父亲张连元是清朝贡生，早年移居潍城附近的乐道院。张连元有四子，张执符排行第二，1916 年就读于山东济南齐鲁大学，又获得多伦多大学博士学位，1926 年任潍县乐道院医院第一任华人院长。张同信对建工厂、办企业都有兴趣，与潍县的几位企业家成立了东丰集团，集团的实体有惠东药房、惠东制药厂、大东百货、福东货栈，实体中还有华丰机器厂、信丰印染厂（尹焕斋为经理，后为武伯平）、惠丰火柴厂、电机制造厂等。惠东药房是 1920 年

---

① 谭福先、刘秉信：《东关鱼市街史略》，《奎文区文史资料》第 1 辑，第 156 ~ 157 页。

② 孙夒臣口述，谭绪德整理：《潍县最早使用铁机织布的聚祥永织布厂》，《潍坊市潍城区文史资料》第 2 辑，第 30 ~ 35 页。

开办的，张执符与大嫂张纫秋（北京产校毕业）、外甥魏子宜（齐鲁大学护士系毕业）三人合资600元，在潍县东关沙岭子路北购置房产一处，创建了惠东大药房（张执符任总经理），后来成为老潍县有名的大企业。“惠东”是老潍县知识分子荟萃之地，大学生不乏其人，如张执符、魏子宜、张同和、韩立民、张中行、韩炳南、李温仁、陈跃亭、张斟滋、徐模之、冯宪章、崔洪勋、孙升堂等人大学毕业后，都先后在“惠东”任职。[①]

信丰当家人滕虎忱出生于老潍县一个走街串巷锔锅锔盆的轱辘匠家庭，他从小跟着父亲学轱辘匠手艺，曾经为乐道院修理锅碗缸盆等生活用品以及机器设备和仪器。在此期间，滕虎忱父子先后受洗入教，成为基督教长老会虔诚的教徒。1902年，滕虎忱考入德国海军的青岛船坞工厂，在锻工车间当学徒工。为全面掌握机器制造技术，他还刻苦钻研车工、钳工、铸工和电工技术，经过坚持不懈的努力，成为技术精湛且全面的能手。1920年，家境贫寒的滕虎忱变卖家中仅有的3间住房和几亩土地，拿出500元与尹焕斋等人共集资3000元，在东关大街租用草房数间作为厂址，成立华丰机器厂。到1936年，华丰事业发展达到了高峰，在民营机械行业中有“华北最大机器厂”和“长江以北第一厂”之称，成为江北第一家动力机械生产基地。

老潍县金融界的核心人物张舆忱出生于老潍县东北关大过道一个贫民家庭，因家中无力供其读书，13岁时他就到老潍县乐道院，给美国人干“摆台”（杂役）。[②]

虽说这些人的身份、学养、阅历以及知识结构、价值观念各有差异，但是由于投身现代工商业而发家致富，坐拥厚资，他们成为老潍县社会的新贵。他们把握新机会，强化自已的力量，很快在老潍县社会中取得了话语权。

新兴工商业主夺取话语权最大的事件是把商会从士绅手中夺回来。1902年，省政府派员来潍县设立商务局，设总办1人，由当地著名士绅出任，帮办则由省派人员担任，下设职员、局勇等数人。辛亥革命后，商务局改称商会，

① 刘炳旭、王继业：《潍县惠东大药房》，《潍坊市文史资料选辑》第4辑，第69～71页。

② 张文光、刘秉信、王剑华：《张舆忱生平事略》，《潍坊市潍城区文史资料》第16辑，第108页。

总办改称会长。出任商务局的总办或者商会会长的人选，多数是潍县上流社会的人物，如陈阜（字祜曾，陈介棋长孙，地方士绅）、陈陔（字孝笙，陈阜之弟）、张毓莹（字俪生，张兆栋之孙，士绅）、陈柯亭（学者，举人）、张树棻（字资聪，同盟会员），他们都是当地望族之后。该局（会）之布置及人员作风完全是官衙气派。大门两旁有虎头牌，上书“会务重地，闲人免进”，影壁墙前摆着军棍（红黑棍），所有勤杂人员称为“局勇”，身穿号衣，胸前背后都绣着“勇”字。会办（会长）出行要坐轿。该局（会）的主要活动是为当时地方政府部门摊派使费，并为工商界调解债务纠纷以及处理部分商号倒闭的善后问题等。

随着手工业生产和商业的不断发展，银钱业的经营开始兴旺，至1917年潍县的银号钱庄已有50多家，成为商界中的重要力量。再就是线业，因需求量增加，营业情况亦颇为良好。但在商业发展过程中，也不断出现诸多问题，涉及各个方面，需要熟悉商业情况的人参与商会共同研究解决。不少商界人士认识到，应该商界人办商界事，这样才能设身处地、实事求是地为大家排忧解难，解决实际问题，如果商会仍旧操纵在不懂商事，不了解商民的士绅或学者手中，则很难发挥作用。为此，钱线业实力雄厚的大户，例如瑞丰祥经理李双玉、德兴泰经理李级三、永盛线庄经理康子周、协聚泰经理李日三、同祥号经理李翰臣等人，经过多次商谈酝酿，共同推荐潘同科任商会会长。潘同科，字厘卿，潍县南胡住村人，在东关大街开设聚兴酒店，曾在中国银行任职，在商界中有一定的信誉。1917年潘同科出任商会会长后，首先清除了衙门习气，去掉了虎头牌、红黑棍，显示了亲民作风，并且邀请翰林郭恩赓书写“潍县商会公所”几个大字，悬挂在影壁墙上。从那以后，潍县商会一直由商界人士把持。

商会改选后，除会长外，另设有董事10人，他们是德兴布庄经理武焕之、中和成经理郭蛟、瑞兴泰金店经理郎揖五、博济堂经理李崇德、同祥号少东李希仲、永盛线庄经理康子周、协聚泰银号经理李日三、瑞丰祥银号经理李双玉、聚盛银号经理张辉山、会生祥银号经理毛寄尘，都是清一色的工商界人士。[①] 不过，老潍县士绅依然拥有一定的话语权，因为商会会费的分摊比例是商四绅六，士绅依然占据大头。

新兴的工商阶层通过参与地方事务，取得了与城里缙绅同等的社会权威和政治地位。如胡镜心，本来出身寒微，从未进过学校，十四岁进老潍县裕增酒店当童工，后又去烟台投靠兄长，靠打潍县火烧、摆洋广小摊谋生。发家致富后，他热心地方公务，在老潍县商界颇有威望。1930 年潍县酒业公会选举时，大家一致推选他为同业公会主席，1932 年前后他又当选为商会会长。1937 年初，国民党政府召开第一届国民代表大会，制订宪法。潍县各界人士齐聚一堂，经过反复磋商，最后选出代表两人，一是绅界代表丁锡纶，一为商界代表胡镜心。[②] 1946 年国民党政府召开国民代表大会，丁锡纶曾经因为追随厉文礼投降了日军，失去了当代表的资格，胡镜心独自前往南京参加了国大会议。[③]

（三）新式商业组织的出现

工商业者主动组织同业公会、商会等团体，表明工商阶层已经开始有了自我关怀意识，为自己的事业保驾护航，自觉地将倡导和保护工商视作重要的议事内容，进行了一系列活动，努力为工商业的发展创造条件，营造良好的社会环境。

1902 年潍县商会成立后，中间经过多次改组，最终商会领导权从官绅转移到工商业者手中。1930 年根据国民政府商会组织法，潍县商会进行了制度建设，各行业首先组织行业公会，然后从行业公会中遴选商会领导成员。当时潍县除了较小的行业外，有一定规模的行业都进行了选举，选出了各自的代言人。当年一共有 25 个行业选出了公会领袖。如钱业公会主席是吉瑞五、副主席为杜汇川，线业公会主席为康子周，炭业公会主席为李星五，酒业公会主席为胡镜心，布业公会主席为王紫庭，鱼店业公会主席为谭玉麟，杂货业公会主

---

① 韩愉庭、陈飚初、宋伯良供稿，张冠群整理：《潍县商会》，《潍坊市潍城区文史资料》第 3 辑，第 84 ~ 86 页。

② 胡国忠：《我的父亲胡镜心》，《潍坊市文史资料选辑》第 5 辑，第 86 ~ 87 页。

③ 胡国忠：《我的父亲胡镜心》，《潍坊市文史资料选辑》第 5 辑，第 89 页。

席为谭风斋、副主席为李梓山，绣货业公会主席为程玉双，颜料业公会主席为颜赞臣，织布业公会主席为郝悦顺、副主席为谭敷九，油坊业公会主席为张慎斋，西药业公会主席为魏子宜，运输业公会主席为毛采臣，洋广业工会主席为丁子明，绸缎业公会主席为杨月如，银首饰业公会主席为吕汝本，铜首饰业公会主席为陈晏清，货栈业公会主席为李禹臣、副主席为杨牖民，中药业公会主席为李景姚，铁庄业公会主席为韩象九，竹货业公会主席为王泽咸，金漆业公会主席为郎珍三，书笔业公会主席为韩寿亭，酱菜业公会主席为毕星五，鞋业公会主席为李中南。还有其他一些小的行业，因为不成规模，没有成立行业工会。

以上25个行业成立同业公会后，国民党县党部召集各同业公会代表开会，按照商会法对商会进行改组。各行业选出毛寄尘、毛采臣、张辉山，康子周、李景武、韩愉庭、杜汇川、王紫庭、李希仲、李梓山、李星五、赵星垣、程玉双、颜赞成、韩寿亭共15人组成潍县商会执行委员会，从执行委员中选出毛寄尘、康子周、李景武、毛采臣、张辉山等5人为常务委员，再由常务委员公推毛寄尘任主席。此外另行选出胡镜心等5人为监察委员。同时在商会门前挂出了“潍县商会执行委员会”的牌子。1931年秋，商会再次进行改选，胡镜心当选为会长。同时新选出执行委员和监察委员，有胡镜心、毛采臣、康子周、李星五、陈德吾，张干臣、杜汇川、王紫庭、陈燕五、康圣符、郎次闻、韩愉庭、王仲明、李中甫、魏彭龄、毕星五、郎吉人、魏子宜、杨月如、于星初、程玉双等人。①

老潍县商会在老潍县的社会经济生活中发挥了很大的作用。首先，老潍县商会出面，与老潍县地方当局以及官绅进行了一系列市场设施改造，改善了老潍县的商品交易条件。名闻遐迩的以布匹花纱交易为主的眉村市集，就是在商人的倡导下组建起来的。当年曾因倡导铁机、推广新法织布卓有声誉的胡日汉、王举才等人，为了便于线纱收购使产品销路畅通，联络各村知名人士，于1917年在眉村成立的布线集市，一度成为全县最大最集中的纺织品集散地。②

---

① 韩愉庭、陈飏初、宋伯良供稿，张冠群整理：《潍县商会》，《潍坊市潍城区文史资料》第3辑，第89～90页。

② 王俊卿、栾云洲：《潍县纺织业发展史话》，《寒亭区文史资料》第5辑，第163页。

为繁荣市场，扩大坝崖街的商业区，商会董事郎辑五、李崇德、郭蛟、李希仲、武焕之以及张善堂等人发起提议，将城东门外向北的一段护城河填平，供商户使用。经商会同意，呈请县公署批准，由发起人组成董事会，负责雇工，运土，填平护城河。至1921年，完成了南北长约600米可使用的平地。商会进行统一规划，先在中间留出宽约10米的街，命名为“保安街”。街西靠着城墙，面积较大，留作建设商铺用地；街东面积较小，规划为商号的后院。新开地皮按施工费用均价出售，购买者随即陆续建成商业用房。其中较大的商号有聚祥永、同济药庄、义德栈等，其他商业还有客栈、货栈、炭庄等，零售商很少。①

修建老潍县白浪河大桥。白浪河发源于昌乐县南境，向东北流入老潍县南部，北折经老潍县东城墙外，从老潍县北境入海。枯水时节，河水深不到半米，遇到洪水时，河面可达100余米，水深在5米以上。但是河上一直没有建桥。1935年，山东省公路局与胶济铁路车务处商定，办理烟台至潍县公路与胶济铁路联运事宜。但胶济铁路潍县车站位于白浪河以西，烟潍公路终点在白浪河之东，中间难以衔接。时任潍县县长的厉文礼与各方面协商，决定修建一座通行汽车的潍县白浪河大桥，由省公路局负责规划和具体组织，当地商会出工，最后选定在县城东门外，西岸为东城门、东岸为庆城门的白浪河上建桥。大桥建成后，被当地人称为“洋灰桥”，解除了夏季无桥涉水渡河之苦，居民咸称方便。② 这座大桥解决了烟潍公路与胶济铁路的联运问题，而且也把东岸的台儿庄潍县公路和西岸的潍县道旭公路全部联系起来，同时对潍县城市交通作用也很大，进一步促进了潍县城市建设。③

其次，地方政府在治理老潍县过程中，以前都是与老潍县城内的豪绅打交道，随着工商业者财势越来越雄厚，地方主政者对这股新兴的力量不敢再小觑，因为很多地方事务必须与商会合作才能顺利推行。如厉文礼当政时期，与

① 韩愉庭、陈飏初、宋伯良供稿，张冠群整理：《潍县商会》，《潍坊市潍城区文史资料》第3辑，第86页。

② 韩愉庭、陈飏初、宋伯良供稿，张冠群整理：《潍县商会》，《潍坊市潍城区文史资料》第3辑，第90~91页。

③ 《山东公路史》，第25页。

潍县绅商两界的关系特别融洽，很多事情要仰仗地方势力才能次第举办。工商业者利用商会这个平台，以雄厚的财力作为后盾，与当地政府既合作又斗争，以维护自己的利益。1908 年前后成立的潍县地方自治期成会便是当地商人捐款支持的。1929 年前后，潍县税局颁布新税率，规定城乡酒店按不同的税章纳税，城内烧酒业税率高，引起城内烧酒商的不满，他们纷纷抗议。酒业公会的胡镜心在同业中奔走鼓动，倡议群起抗税，并率领全县烧酒业商人一举捣毁了税局。事件发生后，县政府被迫修改了税率。此举使城内烧酒业争得了合法权益，胡镜心也因此而博得了同业的推崇和商界的赞誉。1930 年潍县酒业公会选举时，他被一致推选为同业公会主席。1932 年前后，他又当选为商会会长，任期 4 年。1937 年初，胡镜心被推选为商界代表，参加了国民党第一届国民代表大会。①

再次，随着工商业的发展，老潍县商会也不断处理在商业竞争中出现的问题。其中最有名的是与南昌市织布业同业公会的交锋。老潍县织布业产品销售广泛，几乎遍及全国。江西省南昌市织布业因受老潍县布匹的影响，产品销售困难。1934 年 10 月，南昌市织布业同业公会上告中国国民党江西省党部，要求杜绝潍县布匹的进入。潍县商会复函，据理力争，排除了潍县布匹行销南昌所引起的风波，维护了工商界的切身利益，推动了潍县布业的不断发展。②

（四）新式商人的爱国追求

民国时期，潍县的工商经济发展的社会价值已经溢出了经济的范畴，具备更多的时代政治色彩，“实业救国”成为工商业者的自觉追求。工商业者开办新式企业，首要目标是发家致富，但是在当时的时代背景下，列强入侵，激发了国人的救国意识，“振兴实业”“实业救国”成为共同信念。“求富”以实现抵御外侮，这是老潍县各地企业兴办的重要出发点，同时宣扬国货，把振兴工商注入了“实业救国”的时代内涵。

华丰机器厂的创始人滕虎忱具有强烈的爱国思想。他的夙愿是要在山东的

① 胡国忠：《我的父亲胡镜心》，《潍坊市文史资料选辑》第 5 辑，第 86 ~ 87 页。

② 韩愉庭、陈飏初、宋伯良供稿，张冠群整理：《潍县商会》，《潍坊市潍城区文史资料》第 3 辑，第 93 ~ 94 页。

省会济南和青岛、上海等主要商埠，设立分厂营业部，把厂中所有产品都陈列在展销会上，进行展销，叫外国人知道我们的国家已经能够生产各种类型的柴油机了，以与外商抗衡。①限于当时的条件，华丰机器厂涉足生产的主要产品几乎都走直接仿造国外同类产品之路，产品质量一点也不逊色外国产品。20世纪三十年代初，潍县只有一家发电量微乎其微的坊潍电灯公司，照明用电尚不能满足需求，大面积供应动力电更是天方夜谭。滕虎忱凭着一腔爱国热情和娴熟的技术功底，不惜重金购进德国生产设备和一台英国产15马力柴油机，与几名技师和工人发扬“蚂蚁啃骨头”的精神，反复拆装试验，琢磨构造原理，终于在1932年秋仿制出一台几乎一模一样的柴油机，且效果不亚于原产品。此后该厂陆续生产出8马力、25马力、40马力等不同规格的柴油机，其质量并不低于同类进口产品。与此同时，国内只有上海和无锡的两家工厂要与外国厂商协作才能生产同类柴油机。

“实业救国”仅靠“一枝独秀”毕竟有限，滕虎忱便积极鼓励其他企业仿造自己的产品。十几年间，华丰机器厂共培养造就千余名技术人员，其中一半以上另谋高就，一部分人还另起炉灶自办企业。为了从“洋人”手中挽回利权，这些技术人员都可以利用学到手的工艺技术，在各自服务的企业里生产该厂的产品。老潍县实业界新兴行业项目开工，滕虎忱大都被邀作技术指导，设备安装完成也多经他鉴定后再试运行。在技术工艺方面，该厂和滕虎忱对实业界总是有求必应，一点也不保守。华丰机器厂犹如一台不知疲倦的发动机，对老潍县现代工业的诞生起到了实实在在的助推作用。

于均生是府学“拔贡”。清朝末年，废科举兴新学。山东官府选拔学生派往日本留学。于均生因成绩优异被选中，1904年启程赴日攻读政治经济学。留日学习期间，于均生亲眼看见日本工业发达，国家强盛，便萌发了振兴民族工业的想法。1920年他资助表弟张干臣赴日留学，在东京高等工业学校攻读机械专业。1928年，适值青岛两家印染厂破产，于均生便与张干臣商讨在潍筹建“大华染厂”。他卖掉土地200亩，筹集资金3万元，派人去青岛用1.2万元购

① 张蓝田：《潍县华丰机器厂设在各营业部的概况》，《潍坊市文史资料选辑》第4辑，第93～94页。

买了破产厂家的全部日本生产的机器设备。1929 年在东关后门街东首买地建厂，1930 年安装就绪，1931 年正月一次试车成功，正式开工生产，成为山东最早的新式染厂。①

因为研发技术力量不足，很多企业不能研发新产品，就大量仿制和生产外国产品，目的还有抵制和制约列强资本在潍县的渗入和扩展，维护了国家民族的经济利益。1925 年在潍县城里新建的惠东大药房，专门设置了制剂间，安排 8 人从事制药，由副经理王发堂带领，药师赵继统掌握配方制作。1933 年购买单冲压片机 2 台，雇佣包装女工 5 人，仿制日本、德国的药品。生产的品种有阿司匹林片、胃强灵、麦精鱼肝油、痧药水、全治水、伊尔氏药膏等 20 多个。由于自产品种成本低，利润大，销价低于舶来品，因此颇受顾客欢迎。后来建成了制药厂，生产胃强灵、胃肠灵、阿斯必灵片、硫酸亚铁丸、红色补丸、当归丸、洋鼠李丸、维它赐保命丸、大黄苏打丸、抗风湿片、麦精鱼肝油、乳白鱼肝油、单糖浆、肝血铁糖浆、各种止咳糖浆（露）、全治水、目特灵、硼酸眼药水、红汞药膏、伊尔氏药膏、小儿瘫痪片、远志酊、大黄酊、士的年酊，以及 25%、50%葡萄糖注射液和纱布、药棉、绷带等 80 余种。其中阿斯必灵片是针对德国拜尔阿司匹林片竞争而生产的，胃强灵、胃肠灵、目特灵、硼酸眼药水是针对日本“胃活”“若素”“老笃眼药”“大学眼药”竞争而生产的。1937 年惠东大药房计划再生产 606 等药与舶来品抗衡。当然惠东生产和仿制西方药品，有侵犯知识产权的嫌疑，自然会引起西方国家制药商家的不满和妒忌。如惠东生产的阿斯必灵片，原与德国拜耳药厂生产的阿司匹林同名，1935 年德商以侵犯其专利名义提起诉讼，此后惠东加工的产品更名为“阿斯必灵片”，继续进行生产和销售。②

从价值观念而言，清末民初，新思想的传播和现代工商业的发展，打破了几千年“万般皆下品，唯有读书高”的传统观念。从事工商业的精英，通过艰苦创业、诚信经营、文明管理所取得的业绩，得到了全社会的承认和倾慕。经商者已非社会末流，他们中不少人进入了社会上层，参与了工商行政管理事

---

① 于濯之供稿，崔明义整理：《于均生传略》，《潍城区文史资料》第 6 辑，第 59 页。

② 刘炳旭、王继业整理：《潍县惠东大药房》，《潍坊市文史资料选辑》第 4 辑，第 77 ~ 78 页，84 页。

务，有的还担当了社会组织的负责人。东关住户中因经商做买卖而致富发家的大有人在，有些街巷即因望户大族的聚居而得名，如李家街、王家过道、韩家崖、吕家槐树底、谭家场园、杜家墓田、魏家巷、苟家巷，等等。其中的韩、谭、杜、李、王数家，都是巨商富贾，知名度犹如城里的丁、郭、陈、张四大家。同祥号的李翰臣闻名于商界而成为乡绅，他死后获得乡谥惠敏称号，其牌位入祀潍县文庙乡贤祠。[①] 而乡谥这样的殊荣在传统社会只给予潍县官绅的头面人物，这对于李氏家族而言，是巨大的荣誉，在过去是做梦也想不到的事情。

① 民建会潍坊市委会供稿，区政协文史工作组整理：《潍县同祥号》，《潍坊市潍城区文史资料》第3辑，第120页。

第二章
老街市声：老潍县的商业经营习俗

近代潍县商人的经营习俗有很多，有的是继承传统，有的是在近代特殊的历史与社会背景下产生的。经营习俗的发展变化一方面反映了经济的发展和社会的变迁，另一方面也反映了商人经商观念的进步。本章主要从街面与店铺、广告与市声、内部管理习俗和老潍县老字号的经营之道四个方面进行论述。

一、街面与店铺

老潍县自古以来是商业重镇，商业繁荣，商家众多。尤其 20 世纪以来，伴随着胶济铁路的开通和老潍县被辟为商埠，老潍县的城市建设和工商业发展都迎来了难得的发展机遇。在县城和东关、西关、南关、北关、东北关、西南关中，西关和西南关的经济较为落后，街道和店铺较少，县城和其他四关的经济较为繁荣，街道和店铺相对较多。

（一）县城

据《1937 年潍县城坞图》，老潍县县城有大小街巷 54 条，街道多以城垣、姓氏、庙宇、古迹、景物、地貌和官署驻地来命名，如东门大街、西门大街、北门大街、胡家牌坊街、松园子街、布政司街、县治前街等。老潍县古城的街道，以大十字口为中心，由此向东、西、南、北四个方向分别为东门大街、西门大街、南门大街和县治前街，这四条街道构成了老潍县县城最主要的街道。其中，东门大街是县城著名的商业街，街道两旁的大小商铺和门头鳞次栉比。

老潍县朝阳门及城楼

20 世纪以来，随着经济的发展和市场的逐渐繁荣，老潍县的百货店也多了起来。老潍县比较正规的百货店，都集中在繁荣的东关大街上。比较偏僻的西关、南关、北关都没有像样的百货店。泰东商行在潍县百货业首屈一指，位于城里东门大街路南，共有三层营业大楼，面积1000 多平方米。大楼外观装饰得非常醒目、美观，从上到下配有成串的五色灯泡，高大的霓虹灯招牌可爱地眨着眼睛，吸引着行人的目光。大楼的一、二层是营业室，三层是职工宿舍。泰东商行具有强烈的现代气息，高大、时髦、气派，整幢大楼全以电灯照明。为保证用电，泰东商行自备柴油机、发电机各一部，晚上 9 点后自行发电。福履斋是县城另一家有名的百货店，位于东门大街路北，是济南人集资创办的。该店开始时以经营鞋靴为主，后来发展为综合性的百货店。东门大街还有四家百货店比较有名，分别为元祥号百货店、聚成益百货店、宏大号百货店和德元成鞋店。

20 世纪 30 年代以前，潍县没有大规模的饭馆，只有“二出头”饭馆。所谓“二出头”，即煮面的大锅和煮菜的小锅等烹饪设备都安置在饭馆的门头房里，顾客就餐时要穿过门头房到后院的房屋。“二出头”饭馆的门头房一般为四五个房间大小的宽敞的大厅，大厅里安置有用来煮大皂面、鸡鸭和面条的煮锅，煮锅后面有一口小锅，用于做面条辅料和煮鸡、煮肉、熬汤，此外还有用来蒸包子、花卷等面食的蒸锅，锅灶旁边摆放着面板和菜板。县城的“二出头”饭馆主要有会仙楼、增利馆、福成馆、东成馆、同盛馆、际盛馆、增利义等。1942 年时星九募股在大十字口以东路南开设潍中饭店，时星九本人是一个大厨师，厨艺高超，客人所定的酒席都由他亲自烹炒。潍中饭店一直经营到1949 年解放后很长时间，是同时期县城经营时间最长的饭馆。县城的特色小吃，多在大十字口附近，有会仙楼的和乐包子、胡家朝天锅、扈家火烧、陈哑巴粽子、考家瓜子、汤麻子元宵等等。

县城的药店主要有四家。颐和堂孙家药铺位于东门大街西段路北，门前有石狮子作为标志。药铺的房子是一个大四合院，进深约有 6 米，临街铺面四间，其中三间作为门面，东头一间是柜屋。店堂被一排排药橱南北隔开，分为前后两间。药橱后面又被隔成两间，里间是“坐堂”先生的诊室，里面有桌子、椅子、茶几等小家具；药橱前边作为营业室，内有柜台，柜台上摆着两个捣筒和几块用来压药方用的黑漆镇木。颐和堂孙家老药铺按照老潍县中药铺的传统来布置：药橱的抽屉是长方形的，中间用木板隔成三个小格，分别放上中药。药橱最上面放有瓷罐，里面盛着贵重的药材。药橱上悬挂着几杆称药用的戥子，清一色的黄铜小戥盘①，秤杆的材质不同，有乌木的、红木的和象牙的。王万春堂眼药店位于东门瓮城路北，后来分为东万春堂和西万春堂两家。同兴堂药庄位于东马道路西，裕仁堂药店位于大十字口以东路北。

民国以后，老潍县的理发业由流动的剃头挑子发展为固定的理发店。县城的理发店主要有永盛理发店、云乐轩理发店、同乐轩理发店、美林理发店、新亚理发店、西施美理发店、永发理发店等。县城的点心店很多，主要有远香斋、桂馨斋、锦成斋、恒盛斋、利源斋、德兴斋、东成斋、东利源、万香村、同顺义等。此外，县城著名的店铺还有位于南门里路东的义丰当店和郭宅街东首路南的铭新池澡塘。

老潍县旧俗，对婚丧嫁娶十分重视，因此无论是富贵之家还是一般人家，对所用仪仗都非常讲究，这就催生了赁铺行业，无论喜事还是丧事，所要用到的衣饰、仪仗等物都可以向赁铺临时租赁。县城赁铺主要有四家：汇成赁铺成立较早，位于城里大十字口以西路北，因经营不善于民国初年停业，其铺上多数物品售给陈氏老店。陈氏老店也叫益祥赁铺，位于兴隆街南首路西。该铺经营的范围广泛，既租赁婚丧仪仗及相关用品，又承印喜帖、丧帖、讣闻、哀启，此外还剪刻祭幛字、旌铭。汇隆赁铺位于东门大街路南，因营业状况不佳于 1923 年被迫停业，铺上用品悉数售于聚昶赁铺。同盛赁铺位于大太平街，该铺一个最大的特点是所租赁的物品干净、较新，大大小小的红白用差皆能从容应对，价格也比较公正。

① 戥子：学名戥秤，是一种小型的杆秤，旧时专门用来称量金、银、贵重药品和香料。

（二）东关

东关奎文门

在老潍县六个关厢之中，东关的地位最高，仅次于县城，素有“东城”的美誉。东关一直以来是小工商业者居住和交易的场所，也是老潍县重要的农副产品集散地。据《1937年潍县城坞图》，东关有大小街巷49条。东关大街横穿东关中部，是东关最主要的街道。1904年，潍县被辟为商埠，东关日益成为潍县重要的金融中心和工商业活动中心。

作为“东城”，东关的百货业非常兴旺。新新百货店是东关成立较早的商店，位于东关大街，是一家没有雇用伙计的家庭店，由夫妻主持经营，子女帮忙打理。后来随着东关百货店的增加，竞争日益激烈，新新百货店由于经营不力，最后被迫停业。山东商店是一家规模较大的百货店，由山东药房进行多次集资，并不断扩大其经营种类和规模。山东商店建造了四层楼高的门市，楼市之高，在当时的潍县是无出其右的。后来受到近处惠东药房的影响，山东商店停止了药房业务，扩张了百货类商品的销售，经营商品主要有洋广百货、天津鞋靴、糕点糖果等。东关下河街有一家惠丰祥洋广店，后改名为德兴恒杂货店。还有一家规模较大的承德堂百货店，兼营批发、零售业务。东关大街玉皇阁路北有大麟祥和美华鑫百货店。此外，还有几家规模较小的百货店散布在大大小小的街巷中。

东关是老潍县的金融中心，是银号和银行的集中之地。据《中国革命根据地北海银行史料》①，截至1937年潍县所有的34家银号全部集中在东关。在记载的大小街巷中，东关大街的银号最多，有19家，分别是同福号、蚨祥号、隆祥号、同利诚、义德泰、同盛号、同聚义、德盛昶、瑞祥成、协聚泰、同和

① 中国人民银行金融研究所、中国人民银行山东省分行金融研究所：《中国革命根据地北海银行史料》第四册，山东人民出版社1988年版，第242页。

福、德裕祥、公盛福、同盛永、和盛公、德源信、瑞永祥、同泰利、利顺福。其次是李家街，共有11家银号，分别为同盛福、德源福、锦盛茂、增聚合、源兴德、复兴德、德源昶、福祥和、隆昶号、同成利、德聚泰。其余4家银号散布在下河街、九曲巷和豆饼市街上。1937年潍县共有8家银行，全部集中在东关。7家银行分布在东关叶挺街上，分别为中国银行、交通银行、山东银行、山东省银行、中国实业银行、平市官钱局、中鲁银行；上海商业储蓄银行位于东关豆饼市街。解放战争时期，潍县的4家银行全部分布在东关大街上。

工商业的繁荣也带动了东关服务行业的发展。东关的“二出头”饭馆很多，主要有聚仙楼、顺兴馆、仁和馆、福盛居、三义馆、新乐园、新生活、潇馆等。20世纪30年代，潍县的纺织业蓬勃发展，带动其他行业也活跃起来，饭馆业亦随之兴旺。东关最有名的酒店有两家：庆德楼和聚丰楼。1933年福盛居饭馆的少掌柜谭重庆创建庆德楼，用时一年半左右，地址位于东关通济门以北。庆德楼饭店装修豪华，规模宏大，只包办大型酒席，因此逐渐失去了中下层顾客，于1935年底歇业。庆德楼倒闭以后，1941年谭重庆又与原庆德楼厨师杜光吉、名厨师秦占瑞和王永年三人集资开办聚丰楼。在经营方式上聚丰楼不仅包办酒席，还兼营小吃，因此顾客群广，业绩蒸蒸日上。解放战争时期由于法币恶性膨胀，聚丰楼被迫于1947年底停业。

东关的理发店很多，主要有文盛堂理发店、裕兴堂理发店、吉兴号理发店、大光明理发店等。老潍县最早的一家澡塘建在东关九曲巷西口向南，浴室狭小，设施简陋。后来随着老潍县经济的发展，人们卫生观念的加强，东关的澡塘业也渐渐多了起来。新德楼澡塘位于商业集中的下河街，上下两层楼，房间约25间，设备和卫生条件较好。三新池澡塘位于地瓜市街，由于受到北面的新德楼澡塘和南面的玉露春澡塘的挤压，于抗日战争前被迫停业。玉露春澡塘是老潍县最著名的澡塘，位于南沟街，由于其外貌焕然一新，内部设施完备、先进，服务态度好，颇受老潍县达官贵人、乡绅富人的青睐，在老潍县的澡塘业首屈一指。东关的点心店也不少，主要有通升斋、时宜斋、德源斋、德聚斋、公盛斋、宜盛斋、新康号、同康号、达昌食品店、四合成糖果庄、山东食物公司等。

20世纪二三十年代是潍县经济的繁荣时期，这一时期诞生了印染、织布、机器制造等现代工业，这几种行业的现代工厂在诞生和发展的初期，大部分集中在东关一带，如华丰机器厂、大华染厂等。

（三）南关

老潍县南关共有20条街巷，南关大街是主要街道，长约百米。南关大街以东有两条过道：偏北的丁家老过道和偏南的厦檐屋过道。南关大街以西也有两条过道：南面的赵家过道和北面的水巷子。南关大街南头的木寨门对面有一座倒座观音庙，庙前有两条街：东为东股街，西叫西股街。

1904年胶济铁路通车，1906年潍县被辟为商埠，交通的便利和老潍县经济地位的提升为南关的经济发展注入了极大的动力。南关因工商户迅猛增加，成为工商业集中的发达地区。火车站附近是众多商户最为青睐的地方，很多有名的工厂都建在这里，其中有惠丰火柴公司、华德颜料公司、裕鲁颜料公司、上海公司等。不仅本地商家看中火车站这块宝地，外商也积极地加入进来，有日本的南信洋行、小板洋行、山东商行、瑞祥公司，美国的美大公司、东方烟草公司等。火车站附近的客栈很多，大的客栈有连兴栈、会通栈、宝兴栈等，小的客栈更是不计其数。

南关有一条大马路，南起火车站，北至月河，全长约1.5公里，也就是现在的和平路南段。大马路是商业区的集中地段，马路两侧的工厂鳞次栉比。马路中段，有同盛铁厂、德盛泰铁厂、晋鲁铁厂、信昌酱油厂、聚祥永织布厂等；马路北段，有信孚炭庄、华丰机器二厂、信丰染印公司、隆丰染厂、义丰木厂、同泰料器厂、惠东制药厂、新泰木厂、福记瓦厂、利民机器厂、庆兴煤球厂等等。南北月河崖街是1934年县长厉文礼拍卖城墙下的土地后建成的街道，东至南河口，西到西南关。这条街道也是一个商业集中地区，薰皮厂、酿酒厂、猪鬃厂、铁工厂、山果代理店、中华楼澡塘、新华池澡塘等在此建房营业，德盛堂理发店也在这条街上。南关大街主要是小吃店的集中地，丁长康的面食铺以面条、包子为主，营业兴旺，其他还有福源永点心铺，德盛斋点心铺，张文华、张文灼的馍馍房，货色齐全的田家小铺等。

（四）北关

老潍县北关位于县城北面，1931年潍县实行地方自治时设立北关镇，街道

主要有北关桥头、北关大街、西北大街、后伙巷、葛家过道等。

在胶济铁路建成前，潍县北关是去济南、北京的交通要道，因此北关的工商业较为繁荣。北关大街上店铺很多，大街东头路南是悦来花店，该店主要收西北的棉花，还兼收乐陵小枣，店里也住旅客。除了悦来花店，还有几家花店，白天经营棉花、山果等，晚上就是客栈。北关大街上还有一家“骆驼店”，实为客栈，因该店院落非常大，赶骆驼的可在此店居住而得名。该店还备有骆驼轿，为有钱人长途出行或学子进京赶考而设，此外还有轿车和毛驴供人雇用。

北关桥头有一个小市场，杂货店、点心铺、饭馆、羊肉馆、包子铺、火烧铺、朝天锅等小吃店不一而足。此外，小市场上还有一家康家药铺，月河北边有一处澡塘。

（五）东北关

老潍县东北关位于县城东北，东北关街道很多，有坝崖街、保安街、状元桥街、长盛街、福盛街、胡家过道、木市街、月河崖街、陈家油坊街、北大路、北大路后街等。①

北坝崖商业街

① 潍坊市潍城区委员会学宣文史委员会：《潍城文史资料》第 16 辑，2000 年内部印行，第 177 页。

坝崖街是一条繁荣的商业街，街上店铺林立，逢二、七大集时，人流如潮。坝崖街分为南坝崖和北坝崖，沿白浪河西岸，老潍县县城东门以南是南坝崖，以北是北坝崖。北坝崖有许多历史悠久的老字号，如福聚祥茶庄、福星馆饭店和万和堂药铺，颜料店、乐器店、布店、漆店、绣货店、杂货店等商店鳞次栉比。刺绣是老潍县著名的手工艺品，有戏业、绣花鞋面、绣裙等，北坝崖的绣货店是老潍县刺绣的主要销售点之一。为了方便交易，绣货大户同祥号曾经在坝崖街中段路西设有作坊、营业室和仓库，后来因为白浪河发大水，搬迁到城里的胡家牌坊街。

南坝崖地处老潍县县城东门外，与通往火车站的大马路相连。在南坝崖南端、东南角楼下有一座水泥牌坊，南北两面都有横额，南面是“坝崖大街”，北面是“北海雄风”。1934 年潍县建成城里通往东关的朝阳桥后，扩建了南坝崖，从此南坝崖日益繁荣，街道两旁商肆林立。如泰丰楼饭店、潍县饭店、鲁东饭店、英博医院、辅仁药店等都位于此。南坝崖也是老潍县娱乐场所集中之地，除新建的中华戏院外，南坝崖以东的临河地带还有一个专供曲艺和评书的演出场所——“快活林”。东北关的保安街也是一条商业街，很多客栈、饭店、绣货店、炭庄以及泰丰点心铺和同济药庄等都位于这条街上。

近代以来，老潍县县城与六关街面日益扩大，店铺日渐增多。从经营内容来看，县城在为人们提供日常花销用度的百货业方面较为发达，东关集中了一大批银行和银号，南关在制造业方面占据优势。

二、广告与市声

在中国古代自给自足的封建社会中，商品经济发展迟缓，再加上统治者推行重农抑商的政策，所以中国古代的广告形式不多，且发展缓慢。近代以来，帝国主义列强用坚船利炮打开了中国的国门，随后对中国进行大量的商品输出和资本输出，并在中国投资设厂，同时将近代的广告形式和理念也带入中国。

老潍县大小商家一改“酒香不怕巷子深”的传统经营观念，竞相采取不同的广告形式，加大宣传力度，希望能够在激烈的市场竞争中站稳脚跟。近代的广告形式多种多样，一方面传统的广告形式继续沿用，另一方面随着时代的发展兴起了现代化的广告形式。

（一）吆喝与响器

民国时期，做小本买卖的小商贩，或走街串巷，或就地摆摊，或赶大集，他们经常以吆喝或击打响器的方式来吸引人们的注意，招徕人们购买货物。吆喝是一种口头广告，是中国古代社会最为原始的广告形式。“叫卖吆喝市声，是迄今最为原始、简便、习用的一种常见口头商务广告。”①

叫声、吆喝看似简单，事实上有很多讲究。一般来说，吆喝要有音韵和节拍。过去，老潍县的大街小巷和集市上的叫卖声一年四季不断，大部分商贩都有自己独特的叫卖声，或者悠扬，或者顿促，或者高亢，或者低沉。老潍县人一听叫卖人的吆喝声就知道是卖什么的。

行业不同，响器也不同。民国初年，随着潍县百货业的兴起，民间的“京挑子”也活跃起来。京挑子的全部家当只是一个杂货担子，担子两端各有一个约2尺见方的立柜，里面整齐地摆放着牙粉、牙刷、梳子、篦子、针、线、花露水、香粉、胭脂、生发油、袜子、毛巾、腰带和腿带等日用百货。为了招徕顾客，“京挑子”小贩使用一种专门的响器——货郎鼓。货郎鼓形状似小孩玩耍的拨浪鼓，一个带把儿的方木框或圆木框，中间用铁丝固定上一个小锣，在木框两边各有一个坠头，摇动时坠头不断地击打小锣，发出清脆的叮当之声。妇女和小孩一听到货郎鼓的声音，便知道是京挑子来了，他们闻声而动，去购买各自所需要的物品。

在城镇街巷和乡间，常常有卖针线或布的货郎。这些货郎手拿拨浪鼓，拨浪鼓下面有一个带半尺长柄的小鼓，鼓的两旁分别结根短绳，短绳上各系一个纽扣大的重物；小鼓上方有一面小锣，被架在铁丝上，两旁也系上小重物。这种拨浪鼓摇起来锣鼓齐鸣，对街巷中的妇女、小孩颇具吸引力。

卖香油或麻油的响器又不同，它是用铜锡合金的响铜做成圆铜片子，用木槌击打铜片稍微隆起的圆心，这样响器就会发出叮叮的清脆的响声。这种响器古时被称为“厨房晓”，意思是厨房里的人一听到这种响器的响声就知道是卖

① 曲彦斌：《中国招幌与招徕市声：传统广告艺术史略》，辽宁人民出版社2000年版，第171页。

香油的来了。

卖豆腐的响器被称为“梆子”，用木头做成，长约一尺，宽有半尺，二三寸厚，它是从一侧凿出一个深槽，使木头中空，敲起来就会发出砰砰的响声。

卖药行医的过去也常走街串巷，他们使用的是一种叫做“串铃”的响器。这种响器，是用铁制成比镯子略小的中空的圆圈，圆圈向外的一面开一条狭长的缝，缝内装上两个小铁珠，插进食指、中指和无名指，再用大拇指轻轻一托，手臂弯到比肩稍微高一点时摇动，铁球就会在圆圈内啷啷作响。人们听到这种响声，就知道是江湖医生行医卖药来了，因此民间又把这种响器叫作“郎中铃”。

民国时期，潍县的剃头匠为了招揽顾客，在一种形似大铁镊子的东西中间夹上一块条状金属品，人只要稍微用力一拉便有响声，百姓一听到这声音就知道是剃头匠在招揽生意。

一些店铺也使用吆喝这种方式来招徕顾客，如王万春堂眼药店地处交通要道，每天店员向行人高声叫卖眼药，如果有人走到药店附近，店员便直接上前打招呼，兜揽生意。

（二）幌子和招牌

近代以来，老潍县的一些经商者为了吸引顾客、招揽生意，一般都根据自己所经营商品的种类，打出幌子和招牌。这些幌子和招牌简单易懂，使人一望便知店铺是经营何种商品的。

幌子旧称望子，是我国北方店铺的标志。幌子的起源主要与气候有关，北方寒冷，从前店铺没有陈列窗，一到冬天便门窗紧闭，甚至还要挡上棉布门帘，因此顾客根本不知道店铺的经营内容，这样便产生了作为店铺标志的幌子。概括说来，幌子主要分形象幌子、标志幌子和文字幌子三种。形象幌子是指以悬挂所售商品、实物或商品、实物放大和缩小的模型，或图画为标志特征的广告形式。[①] 标志幌子主要是旗幌和灯笼幌，旗幌主要用于酒店，灯笼幌主要用于酒店和客栈门前。文字幌子一般被认为是招牌广告的原始形态，称为招

① 杨海军：《中国古代商业广告史》，河南大学出版社 2005 年版，第 188 页。

幌，从这个意义上说，可以把招牌看作幌子发展的高级形式。

近代以来，老潍县各行各业都有其独特的招幌。理发铺的门前都有一个带有理发特征的特殊标记，它是在一块约一尺长、不足二寸宽的木板中间钉上一块红布，红布两边分别挂上一缕长头发。有的还在红布上写上“整容斋”或“朝阳取耳、灯下剃头”等字样。药铺门前挂“膏药幌”，它是用四块方形铜牌组成一串，上绘黑圆“膏药”，下饰“双鱼”，寓意药到病除。正月十五元宵上市时，元宵铺挂出一个比篮球还大的用棉花做成的“元宵”，下缀红绿流苏。面条铺的“箩圈幌”是一种象征幌，它是用三根细绳把箩圈系在房檐上，箩圈上糊着毛毛彩纸，箩圈代表筛面粉的竹箩，彩纸就是面条。布铺门前上方横挂一块或两块长方形的步，布的颜色不一，其尺寸根据各个店铺的大小而定，像一面大旗迎风飘扬……

文字幌比比皆是，大都是布幅，也有木制的。布幌长的有两三丈，短的仅三四尺，布幅四周镶有或红、或蓝、或绿、或紫的波纹大宽边。布幌或高或低，当微风吹来，它们像五颜六色的万国旗一样飘荡在繁华街道的上空，成为昔日潍县市井上一道亮丽的风景线。有的裁缝铺挂有“泰西呢绒定做西装”的幌子，有的小饭馆挂有“应时炒菜随意便餐”的幌子。

招牌指挂在商店门前，写明商店名称或经营内容的牌子。招牌可以是横招、竖招，也可以在屋檐下面悬置一块巨匾，将字题写于匾上，还可以将字镶嵌于建筑物上。招牌既可以引起顾客兴趣、招徕顾客，也可以反映出店铺的经营内容与特色，还可以加强记忆以促进传播。因此，近代以来，老潍县的店铺普遍设置招牌。

相对于幌子来说，招牌的形式和设置方式比较固定。但是，各家店主都力争突出招牌的特色。为了抬高店铺的身价，有些店主力邀名宦或名书法家题写招牌。曹鸿勋是老潍县西南关新巷子人，光绪二年（1876）高中状元，历任翰林院修撰、湖南学政提督、云南永昌知府、陕西巡抚等职。曹鸿勋字学欧阳询，老益浑朴，并工汉隶，用笔运锋速捷，潇洒爽畅，老潍县裕仁堂药店专门邀请曹鸿勋为其书写牌匾。为了突出招牌，老潍县的商人还专门去外地邀请名家题写招牌。庆德楼酒店的掌柜谭重庆专门去请天津八大家之一的著名书法家华世奎题写招牌，然后油漆贴金，悬挂在门口上方，光辉灿烂而又大方美观。

他还去江西景德镇订购书有“庆德酒楼”字样的各种瓷器，摆放在酒楼的显眼位置。在建厂开始，华丰机器厂的营业室内便挂有“货真价实、言不二价、童叟无欺、力矫虚伪”的牌子。1934年，潍县华丰机器厂在东关大街路南新建一座大楼，请潍县书法名家郭恩言题写“华丰机器厂”五个大字的牌匾，将其悬挂在大楼前额。玉露春澡塘的大门内悬挂着秀才韩继昌书写的“玉露春”三个黑底金字的大匾，大门前额上有请书法名家陈蜚声①写的“玉露春澡塘”五个大字，用水泥刻成。此外，老潍县“中华楼”和“嘉宾楼”两个酒店的招牌也都是陈蜚声所书写。

颐和堂孙家老药铺的瓦面招牌被挂在柜台东头的明柱上，黑底金字，字体遒劲、古朴，十分醒目。亚东大药房为了宣传西药的疗效，附设了亚东医院，在医院临街的大门旁钉上两块长方形铜牌，上面写有“医学士邓仁德”和“医学士孙明廉”字样。

有的店主在店铺楹联上大做文章。老潍县的赁铺陈氏老店门旁的招牌上写有对联：“陈氏老店，刻字做帖；益祥赁铺，张挂陈设。”② 有的理发店为了突出过年喜庆、吉利的气氛，在门口贴上“一年生意从头起，全凭手艺见君王”的对联。

为图吉利，店主在店名招牌上无不精心设计。由于行业不同，店名的设计也有很大区别。潍县点心业所用招牌，末字多用斋字，如远香斋、桂馨斋、恒盛斋、德源斋、德聚斋、公成斋、魁茗斋、利源斋、通升斋、时宜斋、公盛斋、宜盛斋、德兴斋、锦成斋、东成斋、宜兴斋、长顺斋等。后来，随着经营范围的扩大，销售品种的增多，有的店主将象征小范围的“斋”字改为“店”字，如致新商店、达昌食品店、大同食品店等。

老潍县的钱庄和线庄在店名招牌上，往往用一些中国传统的吉利字，如福、祥、德、盛、泰、裕、和、昶、同、瑞等。在一份民国时期对潍县钱庄和线庄的调查中，25家钱庄中店名招牌带有“福”字的有7家，分别为同福号、

---

① 陈蜚声（1864～1945），字鹤济，潍县人，清光绪三十年二甲五十五名进士，善书法，精于楷书、行书和篆书。

② 潍坊市潍城区文史资料委员会：《潍城文史资料》第7辑，1992年内部印行，第112页。

福盛增、福增义、同庆福、福祥和、泉胜福、利盛福，带有“同”字的也有7家，分别为同庆福、同和诚、同盛号、同福号、同泰源、同裕、同盛永。其中，“同福号”和“同庆福”两家钱庄则同时带有“同”和“福”两个吉利字。在24家线庄中，带有“祥”字的有7家，分别为瑞承祥、德裕祥、瑞祥成、裕丰祥、公祥泰、瑞蚨祥、恒元祥，带“德”字的有义德泰、德源信、德聚恒、德源福、源兴德、德聚泰、德裕祥7家，其中“德裕祥”线庄同时带有“德”和“祥”两个吉利字。

20世纪二三十年代，潍县的“二出头”式饭馆在店名招牌上末尾多用一个“馆”字，如增利馆、福成馆、东成馆、同盛馆、顺兴馆、仁和馆、三义馆、际盛馆、潇馆、复兴馆、福星馆等。后来，随着饭店规模的扩大，店名招牌也随之改变，末尾则多用“楼”字，如庆德楼、嘉宾楼、泰丰楼、聚丰楼等。民国初年，潍县的铜首饰业在店名招牌上也多用“楼”字，如云宝楼、益祥楼、洪盛楼、丰宝楼、丰盛楼、吉祥楼、秘宝楼、升宝楼等。老潍县的澡塘业在店名招牌上用“池”字较多，如三新池、复兴池、新华池、铭新池、玉泉池等。老潍县中药业的店名招牌在末尾多带一个“堂”字，如王万春堂、颐和堂、同兴堂、裕仁堂、万和堂、博济堂、荫和堂、保寿堂、安仁堂、千芝堂、万寿堂、滋生堂等。

招牌是质量的体现和信誉的象征，因此，即便兄弟分家，他们也不愿意放弃原来的招牌。1945年，颐和堂东家水巷子孙宅和金巷子孙宅分家，但是两家都保留了原有的招牌，一家叫颐和堂仝记，另一家叫颐和堂信记，民间把仝记简称为“西颐和堂”，信记简称为“东颐和堂”。王万春堂眼药店兄弟分家后，也都保留了“王万春堂”的老招牌，一家叫王万春堂东记，另一家叫王万春堂西记。

（三）新式广告

20世纪以来，眼界开阔、善追潮流、理念先进、爱国创业的老潍县工商界人士，大力创办民族工业，他们不仅经营有道、管理有方，在企业宣传、商品包装、广告和商标制作等方面也紧跟沪、平、津这些大城市，从而制作出众多美的商标广告。

商标俗称“牌子”，它是生产者或者经营者为将自己提供的商品或服务与他人提供的商品或服务区别开来而使用的一种专用标志，[①] 一般由文字、图形或文字与图形相结合而构成。中国近代商标设计开始于19世纪末，是在洋货、洋牌的刺激下而产生的。

“木兰从军”商标

20世纪二三十年代，潍县的纺织业、印染业迎来了发展的高峰，潍县的布匹畅销全国。为了宣传自己的产品，潍县的商家印制了大量的商标广告。潍县大华染织工厂股份有限公司（简称“大华染厂”）所生产的布匹行销全国，号称有“十大品牌”，即木兰从军牌各色哔叽、三顾茅庐牌八磅红标布、苏武牧羊牌各种爱国色布、苏武牧羊牌各色哔叽、红玉助战牌七磅红标布、越国大夫牌各种爱国色布、越国大夫牌六磅红标布、晴雨牌阴丹士林各种色布、蠡舟牌六磅红标布、富贵寿考元青市布。为了扩大宣传和影响，大华染厂把这些爱国励志的传统故事绘制成精美的商标。例如“木兰从军”商标，花木兰身着色彩艳丽的戎装，手拿红缨枪，威风凛凛地跨在一匹枣红色的骏马上。画面顶端是蓝色的“木兰从军”的商标，底端是“大华染织工厂股份有限公司监制”14个黄底红色的大字，左右两侧是爱国标语，左侧是“改良国货”，右侧是“挽回利权”。这些爱国商标伴随着大华染厂的布料传遍祖国的大江南北，一方面传播了大华染厂实业救国的经营理念，叫响了国货品牌，另一方面有助于唤醒民众的爱国意识，增强民族凝聚力和战斗力。

“金玉图”商标

---

① 钱章录：《现代商标与现代广告》，杭州大学出版社1995年版，第3页。

“双鹿”商标

老潍县惠祥工厂的经营理念与大华染厂不同，走的是“亲民”路线，在商标设计上突出祥瑞、福寿、富贵等中国民间传统元素。例如“金玉图”色布商标，在一个宽敞豪华的厅堂内，温暖的阳光斜照进来，三个可爱的娃娃围在一个大鱼缸前，专心致志、兴致勃勃地观赏着鱼缸内的三条金鱼。窗外阳光明媚，蝶舞花开，一派祥和、富贵而又生机盎然的景象。画面顶端是红底金色的“金玉图”三个大字，底端是“山东潍县惠祥工厂出品”七个字，标明了布匹的生产企业，左右两侧注明营业部和厂址，左侧是“营业部东关李家街”，右侧是“厂址设东关棘子沟”。

在潍县织染业的商标中，动物图案有很多。在同顺堂漂染工厂的“双鹿”商标中，一大一小两只雄鹿立于一棵大树下，大一点的雄鹿上面注明“双鹿商标”，画面顶端书有“同顺堂漂染工厂”七个红底金色大字，底端写有“邢建来监制”，画面左右两端是爱国标语“提倡国货”和“挽回利权”。

在老潍县东关茂记布店经营的“双烈虎牌”商标中，两只强壮的猛虎在草地上怒目相视，画面顶端写有“双烈虎牌”，底端注明了双烈虎牌布的特点——“格外加长，布长每疋足一百尺”，左侧注明“制造处昌邑东乡大章街”，右侧写有“地址潍县东关茂记布店”。在老潍县东关福昌祥经营的“鹿鹤同春”布匹商标中，梅花鹿和仙鹤这两种中国传统的吉祥物分立画面的左右两侧，深情对视，梅花鹿嘴里衔着一朵红色的鲜花。画面上端是“鹿鹤同春”四个红色大字，左右分别是“提倡国货”和“挽回利权”的爱国标语。

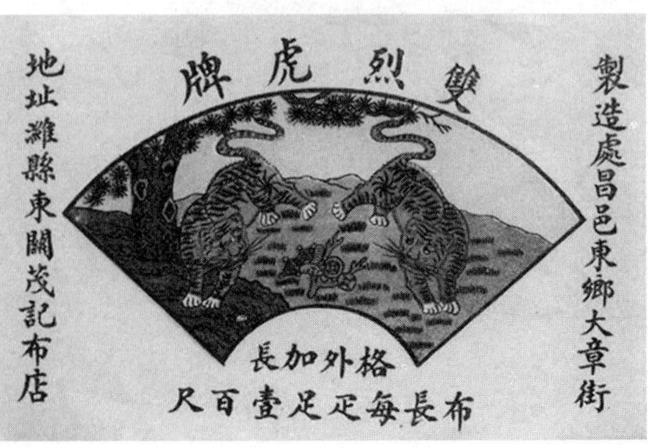

“双烈虎牌”商标

“飞艇牌”商标

在潍县利源泰记的“飞艇牌”商标中，一艘鱼型的飞艇正飞行在空中，飞艇上写有“飞艇牌”三个字，飞艇下面有村庄和树木，画面左上角注明“飞艇牌”。

在印染业的商标中，也有植物图形。裕鲁颜料股份有限公司的“万年青”牌硫化青膏商标寓意深刻。画面上，一簇簇生机盎然的万年青盈满花盆，叶翠果红，花盆侧壁，一对红鲤鱼在水中欢快地嬉戏，画面顶端印有“万年青”三个金黄色的大字，底端注明“山东潍县裕鲁颜料股份有限公司出品”。“万年青”商标把中华万年青和鲤鱼这两种中国传统的吉祥物有机地结合在一起，象征着太平、富有、吉祥、长寿之意。除了“万年青”牌青膏，裕鲁颜料股份有限公司还生产“蓬莱阁”牌和“喜字”牌青膏。

老潍县另一家染织厂德聚织染厂的商标则充满着朝气蓬勃的现代气息。在一幅名为“现代化”的色布商标中，一个时髦女郎亭亭玉立，面色红润，红唇细眉，秀发微卷，上身穿一件白色短袖衬衫，外套一件绛红色的毛坎肩，坎肩上绣有“山东”二字，下穿一条蓝色布裙。这名女郎横握网球拍，面色严肃。我们可以推测这名女郎是代表山东队参加网球比赛的运动员。画面顶端写着“现代化”三字，下端注明生产企业“潍县德聚织染厂出品”。在另一幅名为“自由”的商标画面中，月桂枝头，一个红衣女子侧身坐在树下，一个西装革履的男子倾身爱抚着女子，整幅画面温情而又细腻，它传达的是新时代青年男

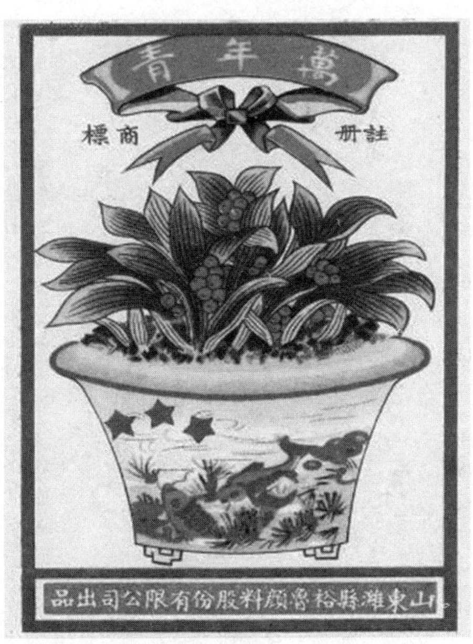

“万年青”商标

“丰登”商标

女对恋爱自由的美好向往与追求。

在老潍县染织业迅猛发展的背景下，老潍县同顺堂染厂的“丰登”牌色布商标则表达了面朝黄土背朝天的农民对美好生活的憧憬与向往。画面中，远处的青山连绵起伏，山脚下是小桥、流水、人家的诗意的乡村景象；近处，两位少妇一蹲一站，正捆拾着小麦。站着的少妇头发微卷，身着鲜艳的紫色衣裤；蹲着的少妇头戴蓝色围巾，上穿一件绿色的短袖，下穿一条红色的裤子。两位少妇都皮肤白皙，扎着蓝色的围裙，像是怕把身上的衣服弄脏一样。两个少妇身后，两位身着蓝色衣裤的男子头戴草帽，正挥舞着镰刀俯身割麦子。旁边的小路上，一个花白胡子的老人手抚小孙儿，凝望着眼前的一切，怡然自足。虽是乡间劳作的场面，整个画面却一点儿也不显脏、乱，而是一幅靓丽、丰收、祥和的美好景象。画面顶端是“丰登商标”四个红色大字，底端“邢建来制”四个红色大字注明了商标的制作人，左侧是“山东潍县”，右侧是“同顺堂记”。

招贴画也是一种比较新颖的广告形式。履华鑫鞋店曾印制精美的广告招贴画，画面的主体是一个现代美女，皮肤白皙，身着蓝底红花的紧身旗袍，外披一个黄色黑边的小坎肩，头发微卷、黑亮，戴着耳坠，右手持一把遮阳伞，遮在头顶，遮阳伞把手上用绳子系着一只可爱的宠物狗。美少女面带微笑，目光向右侧斜视，远处是凉亭和树木，几乎所有标志着那个时代的时尚元素都糅合在一起，使得整个画面闲适、亮丽、清新、时尚，富有感染力与冲击力。画面顶端写有“潍县履华鑫鞋店”字样，底端写明商店“地址东关大街东首路北”，画面的左右两侧是工整的广告词，左侧是“特聘优良技师拣选上等原料”，右侧是“督造中西各式皮鞋男女便鞋”。

张贴广告也是一种比较常见的新式广告。老潍县信丰染印公司为了扩大宣传，曾发出招贴广告：“本公司同人鉴于年来国内实业之不振，以至外货充斥利权外溢，遂起而联合同志，征集巨资，购置新式机器，聘请专门技师制造：各种阴丹士林色布、各种爱国色布、各种线哔叽、各种印花布、各种法兰绒、各种打连绒。开办虽为时不久，然以出品精良，价格低廉，使外国布匹在潍无推销之余地，挽回布业利权，深望社会人士予以援助，实业之振兴与全民族之命脉有关，非仅为个人之私利也。”① 这些招贴广告贴满了老潍县的大街小巷，确实起到了很好的宣传作用，信丰染印公司日产色布最高达500多匹，行销全国各地。

泰东商行临街门面设有4个约8平方米的整块玻璃砖的橱窗和2个约10平方米的双扇玻璃大门，每扇玻璃上都有电刻银色带花边的“泰东商行”四个大字。大楼外观美观、醒目，从上到下配有连串的五色灯光和高大、绚丽的霓虹灯招牌。泰东商行开业之初便轰动全城，人们纷纷前来参观、购物，整个大楼拥挤不堪，柜台玻璃甚至被挤破。特别是到了晚上，大楼内外灯火通明，门前闪烁的霓虹灯，色彩变幻的彩色灯光，既吸引了顾客，也招来了一些商贩，人声喧嚷，热闹非凡。成立于1937年的德元鞋店有两个大橱窗，橱窗装饰新颖，里面陈列着很多百货，人们从店前经过时便能看清里面的商品，起到了很好的宣传作用。

1926年，惠东大药房向国民党政府注册商标HT。② 惠东大药房经常在交通的显要位置和城墙上涂写大幅广告，并在报纸上刊登广告进行宣传，还委托济南、青岛和上海的印刷厂印制彩色广告宣传画。宣传的内容多是惠东大药房自己生产的药品，广告上列上药品名称、主治疾病等说明事项，在售药时店员也经常把广告随同药品一同送到顾客手中。聚成益百货店销售全国性发行的“航

---

① 山东省潍坊市潍城区委员会：《潍坊市潍城区文史资料》第2辑，1986年内部印行，第15页。

② HT是Hwe ~ Tung的缩写。

空”“黄河”奖券，同时利用广告扩大宣传，还拉上过街横布，宣传奖券在潍县中奖情况[①]和大减价商品。

综观近代老潍县广告形式的发展，传统的吆喝、响器、幌子、招牌和新式的广告并行不悖。然而，新式广告无疑更突出地反映了时代精神，它既是近代商业经营模式创新的具体表现，也在相当大的程度上推动了近代商业的快速发展。

三、内部管理习俗

近代以来，随着商业竞争的日益激烈，传统的一家一户的经营模式已经不适应经济和社会发展的需要，股份制代之而起，董事会在企业的经营、管理等重大问题上享有很大的决定权。相比之下，多数商家内部在学徒、伙计的工资、待遇、教育等各个方面则要落伍很多。

（一）股份制与董事会

近代以来，帝国主义的资本和商品大量涌入中国，对中国的民族资本企业造成巨大冲击，甚至导致其破产。在实业救国的爱国精神鼓舞下，越来越多的人投入到创办实业的浪潮中。在这一过程中，大多数工商界人士借鉴资本主义股份制的经济组织形式。“股份制是以入股的方式把分散属于不同所有者的生产要素集中起来，统一使用，合理经营，自负盈亏，并按股分红的一种经济组织形式。”[②]

股份制是老潍县工商界普遍采用的经济组织形式。尤其是创办近代工厂，所需资金巨大，绝非一家一户所能承担。

老潍县大华染厂在成立之初就采用股份制的集资形式，最初以于均生为代表集资 3 万元，用于建造厂房和购买机器。1931 年试车成功后，所筹集的 3 万元很快用尽，缺少开工生产所需要的流动资金。后来经人撮合，昌邑王文蔚等人又向华丰机器厂注资 3 万元，共同经营。集资成功后，大华染厂成立董事

① 聚成益百货店曾售出黄河奖券二等奖，奖金为银元四千元。

② 王纯德、宫献真：《简明政治经济新编》，石油大学出版社 1989 年版，第 205 页。

滕虎忱

会，于均生任董事长，他任命张干臣、王文蔚为正、副经理，郭立平为厂长。1931年底大华染厂获纯利2万余元，但是在利润分配上产生了矛盾。王文蔚当初投资时只在原则上议定盈利后东股、西股[①]七三分，但是对于如何分劈三成西股的问题，王文蔚与张干臣意见分歧较大。双方各执己见，甚至准备大打出手，最终不得已散伙，设备归张干臣一伙，王文蔚抽走资金和红利。王文蔚抽出资金后，大华染厂因为缺少流动资金，很难周转。经董事会研究决定，除了将所得红利转为资金外，所缺部分由原股东增资，凑足后继续经营。

1920年，潍县文华中学校长尹焕斋出资500元，滕虎忱变卖家产凑了500元，梁启生、于粹亭、韩登科、田维堂和承文信书局也投资入股，共集资3000元，成立了华丰机器厂。由于资金短缺，生产面临诸多困难，1920年10月再次增资1万元，并成立了股东会，由尹焕斋任会长。1936年华丰机器厂迎来了发展的顶峰，资产总额达20万元。热心实业的各界人士见华丰机器厂发展前景良好，也纷纷入股，共增加了400股，计20万元，这样连同原有资产共计40万元。根据公司法，“华丰机器厂股份有限公司”把原来的股东会改为董事会，尹焕斋任董事长。

信丰染印公司创建时共募集资金12万元，分240股，每股500元。公司按公司法成立管理机构，由股东选出尹焕斋、郭立平、武伯平、张执符、魏子宜、染国栋、康子周、王绍禹、丁子明、张禹忱、赵华初、丁执庸、谭鹤亭、张幼安等人为董事，组成董事会，推举张执符为董事长，邢干卿、滕虎忱任监理。董事会任命武伯平为名誉总经理，尹焕斋为经理，王绍禹为副经理兼营业

① 东股即出资者，西股即经营者。

华丰机器厂早期生产的发动机

部主任，郭立平任厂长，滕子由任副厂长，王芾村任协理，马长明和王寿芝二人任技师，梁建常任会计。

老潍县最早的化工企业是裕鲁颜料股份有限公司，1923年建厂时也是采用股份制，由丛良弼、张荆芳、李协五、贺殿臣、贺继三、丛竹轩等50余人集资5万元，于1924年投产。公司设有董事会，从1923年到1945年丛良弼担任董事长，张荆芳任常务董事兼总经理，董事有李协五、丛竹轩和贺俊生，监察人是贺介忱和李肃然。裕鲁公司的管理机构采取逐级任命的形式，先由董事会任命经理和副经理各一人，负责生产和经营，再由经理任命营业主任、会计、庶务主任各一人，三人分别负责营业办公室、财务科和庶务科的工作。1945年丛良弼去世，在股东大会上，83个股东选举丛贯一、贺俊生、丛超杰、李协五和张民生五人为董事，并推选丛贯一为董事长，贺俊生为常务董事，贺介忱和丛德滋为监察人。公司规定：董事任期为三年，监察任期一年。后来在外国颜料商的降价挤压下，仅半年的时间内裕鲁就赔了2.5万元。1925年裕鲁股东把亏赔的补足，又集资5万元，共计资金10万元。

老潍县翻砂业也普遍采用股份制。如晋鲁铁厂始建时共集资4250元，其中有济南晋泰铁厂1500元，老潍县同盛铁厂1000元，李振玉500元，沈华亭500元，沈德霖500元，王振锡250元。老潍县最早使用铁机织布的聚祥永织布厂有股东七人，分别为王文庆、杨子乐、崔宗枝、杨怡、王跃宗、王雨亭、崔锦堂，股东每年可以分得东股红利，在职的股东还可以分到西股红利。

1931年，和记印刷局为了扩大经营，集资扩建。首次募股二三百个，每股100元，共计两三万元。集资后的和记印刷局改名为“和记印刷股份有限公司”，成立了董事会，丁锡纶任董事长，丁献之、陈启之、丁绶卿、张辉山、丁子明、郭雨若、张幼安、郎次闻、毛寄尘等任董事。董事会研究决定后，任命毛寄尘为总经理，经理陆寿臣，副经理陈海光，厂长丁延年，总会计李延武，营业会计丁学沅，供销丁国范，文书高紫垣，仓库保管任笠邨。后来为了发展需要，和记又不断地募股，资产总额多达五六万元。

丁锡纶

一些药房、商店和服务行业也采用股份制集资形式和董事会的管理形式。老潍县惠东大药房在集股增资后，按照公司法设立董事会，董事有张世德、刘英民、丁子明、滕虎忱、孙升堂、尹焕斋、李义山、于萃亭、丁执庸等，张世德任董事长。经董事会研究决定，张执符任总经理，魏子宜任副总经理，王发堂任副经理，会计是王成仁和马相成，采购员是张德升。老潍县亚东大药房先后集资五千多银元，股东有丁寿卿、张仲元、丁执庸、王洪升、贺砚农等人，丁寿卿任经理。

1931 年泰东商店募股增资后改名为泰东商行，本次共募集资金 2.5 万元，股东有张执符、魏子宜、张舆臣等 20 人，总经理丁子明，经理丁敬亭。泰东商行设有董事会，每年召开股东大会，讨论分红等事宜。商行下设百货部、瓷器部和绸缎部，楼上楼下都有会计。山东商店始创时也是通过集资的形式，共募集了 10 个股，每股 100 元，资金共计 1000 元，经理是丁子明，后为张象可。福履斋鞋店后来发展为综合性的百货店，是由济南人集股创立的，梁御书任经理，继任者是崔慕韩。老潍县铭新池澡塘亦是集资成立的，每股 50 元，总计 10 股，共计 500 元。嘉宾楼酒店也是由几位小股东集资创办的。

由以上可以看出，股份制是近代以来老潍县工商业企业所普遍采用的集资形式，大规模的企业设立董事会、经理等，小企业只设立经理。但是，由于近代中国社会的政局变幻莫测，政权更迭频繁，有关经济的法律、规章不完备，因此老潍县多数企业的“股份制”更多是以民间集资的形式进行，鲜少能在相关政府部门注册，因此缺少经济法规的规范和保护。

（二）学徒、伙计

旧时潍县，穷苦人家的孩子没啥太好的出路，一般男孩到了十多岁，父母便托人介绍当学徒。老潍县理发店的学徒都是穷苦人家的孩子。学徒期限根据学徒年龄大小而定，小的学习5年，大的学习3年。学徒期间，店里包食宿。虽然学徒期很长，但在第一、二年内是学不到什么手艺的。学徒每天只干一些粗活、杂活，例如打水、扫地、生炉子、端水等。学徒的地位很低，有的甚至要为师父端尿盆，要帮助师母照看孩子，只在最后一年师父才教一些理发技术。学徒出徒后，便升为伙计。出徒后小伙计每月工钱五六银元，大伙计要多一些，八至十银元。七七事变后，凡是雇有伙计的理发店改为四六分成，伙计（理发员）分百分之四十，掌柜分百分之六十。伙计的百分之四十是净数，掌柜的百分之六十包括伙食、税收、房钱等各种开支。为了便于计算，理发店的墙上一般都挂有小黑板，上面写有理发师的名字或代号，每理一次，理发员就在自己的名字或代号下画一条杠，每天下班后都进行统计，按理发次数多少发放工钱。旧时潍县的理发店大都是内行人干的，即先由学徒开始，再当伙计，最后自己开理发店，然后再招收学徒、雇用伙计。孙永海即是如此，他在1937年以前来到潍县，先在西施美理发店做理发员，技术熟练后便在东门大街开了一家永发理发店。

老潍县当铺的学徒与理发店的学徒不同，每月有报酬。学徒升为伙计后，每月的月钱在10块银元左右。伙计有额外的收入，掌柜的会从当品的死号①中抽出部分分给他们，叫做“分包”。分包每年春、秋两季各一次，甚至多过工资。每年春节当铺的伙计每人分20斤猪肉，还有其他的年货。

20世纪20年代以前，潍县的裁缝铺规模小，最多的四五个人，少的两三个人，有的也招收学徒，雇用伙计。学徒没有月钱，3年出徒，出徒后可以留下当伙计，也可以选择自立门户或去其他地方当伙计。20年代以后，张百川开办老潍县最早的一家服装店——源顺服装店。源顺服装店的伙计技术熟练后，很多人便自己开店，先后有赵文庆开设的庆昶服装店，杨文章开设的顺昌服装

① 死号即过期不赎的当品。

店，陈洪瑞开设的瑞泰服装店，还有他们的大师兄张树勋，他们被称为服装行业的“四大金刚”。[1]

同祥号是老潍县的一家大商号，主要经营绣货业。同祥号的伙计都没有固定工资，工资多少视营利情况而定，也不分红利，日常花销可以借支使用。对有能力的伙计，掌柜李翰臣极力拉拢。于蠡舫是他最得力的伙计，李翰臣不仅出钱给他买上房子，还把自己的侄女许配给他。伙计的去留全由李翰臣一人说了算，每年正月初四吃供养[2]时，伙计们排队去请，凡是吃到供品的就被留下，否则就是被开除了。每到年底，同祥号都会给伙计们分一些物品，如鱼、肉、鸡、木耳、花生、绿豆、香皂等。1924 年李翰臣去世后，同祥号被他的两个儿子李希仲、李勖民继承。二人因为缺乏经营才能，便委任老伙计陈世方任经理。红利由东股独占、大小伙计无固定工资的制度被废除，改为六四分红，即每年的红利东股分百分之六十，西股分百分之四十，每三年分一次红利，职位高和资历长的人都能够分到西股。学徒除外，所有人员的工资都被固定下来。

老潍县老中医在招收学徒时，首先要考察的便是品德，只有心地善良、品行端庄者才可能被收为徒弟。中医是个专业性很强的职业，一般要四年才能出徒。在学徒期间供食宿，学徒先是负责打扫卫生、烧水、做饭等一些粗活，和业务有点关系的工作只有码垛和装卸药品等。学徒的住宿条件非常恶劣，一般是晚上十点休息，睡在柜台或板凳上，只有个别条件好的大药店才有床或铺板。学徒和伙计对掌柜毕恭毕敬，掌柜不睡，全店没有人敢先睡觉。学徒还要早起打扫卫生和做饭，晚睡早起非常辛苦。过了一段时间后，学徒开始学习识药，到了晚上，掌柜的要教学徒算盘、写字、背诵药名等。药店的工作时间非常紧张，在端午以前、中秋以后晚上要加班，每天工作 16 个小时，端午到中秋期间，每天工作 14 个小时，晚上学徒还要学习。老潍县中药店的分红一般是东七西三，有的是六四分成，经理、副经理和大伙计参加分红，一般店员则是每月领工资。在 20 世纪 30 年代，药店的学徒到年底时可以领到 8 元的薪水，年后初四柜上再给 8 元，以后逐年增加，第二年是 25 元，第三年是 40 元，第

---

① 潍坊市潍城区文史资料委员会编：《潍城文史资料》第 12 辑，1997 年内部印行，第 71 页。

② 供养即供养财神的食品。

四年约有60元。学徒出徒后便成为药店的伙计，每月工资约有六七元。

老潍县装裱业的学徒期也是三年，第一、二年学徒先干些杂务、粗活，第三年才能学到技术。第一年年底可以领到10吊钱，以后逐年增加。出徒当伙计后，每月工钱一般为15元。老潍县百货业对伙计的要求很严格。福履斋的经理经常观察伙计们的一言一行，如果客人不满意，伙计下班后就要受到严厉的批评和训斥。

老潍县翻砂业多为河北人经营，工人和学徒也多为河北人。学徒为十多岁的男孩，期限为3年，包食宿，生活非常艰辛。他们白天和工人一起干活，下班后还要给师傅盛饭、端菜，睡觉时要给师傅铺床、端尿壶，此外还会受到师兄们的打骂和欺侮。清明、端午和中秋节学徒各放假一天，春节放15天假。学徒平时不能回家，只有三年期满后才能回家探亲，父母死亡等重大事情除外。与其他多数行业不同，翻砂业的学徒可以领工资，第一年年底可领到10元，第二年20元，第三年30元。相比学徒而言，工人的待遇则要好一些。一般工人每天工作12小时，平时理发、吸土烟卷、所用肥皂等开销，皆由工厂负担。一般工人年工资为45元至50元，技术熟练的工人工资则高出许多，年工资为60元到120元不等，如果干得好的话还可以多加10元左右。由于工人多为河北人，每年夏天淡季和春节期间，厂里会给工人们放一到两个月假，不扣工资。翻砂业是一个危险的行业，烧伤烫伤是常事。无论学徒还是工人，受伤后厂里不管，医药费自理，病重了就被厂里送回家。

老潍县华丰机器厂的学徒状况相对好一些。学徒期是四年，管吃、住，第一年每日发1分补助费，第二年2分，以后逐年增加。学徒期满后，每月工资6元。平时产量超额有奖金，加班有补贴，星期天休息一天，年底有分红。

由此可以看出，近代以来老潍县企业在内部管理上日趋现代化，采用股份制、董事会等西方先进的企业经营和管理方式，但是在学徒和伙计的管理和待遇上，很多方面仍墨守成规，很多商号、工厂仍存在员工劳动时间长、强度大、工资低等问题。

四、老潍县老字号的经营之道

近代以来，老潍县老字号主要有两大来源，一类是鸦片战争以前形成的传统的手工业作坊和店铺，另一类是鸦片战争以后形成的新式的工厂、商号等。近代潍县的老字号主要集中在工业、商业、医药业和服务业等多个领域，集聚了众多的老字号商家，如华丰机器厂、信丰染印公司、裕鲁颜料厂、王万春堂眼药店、颐和堂孙家老药铺、泰东商行、玉露春澡塘等。这些老字号或者是地方经济的重要力量，或者与人民群众的生活密切相关。老潍县老字号之所以能在几十年甚至几百年的时间里兴盛不衰，与其特有的经营之道密切相关。老潍县老字号的经营之道主要包括以下几个方面。

（一）把握市场需求

近代以来，中国传统的自给自足的自然经济在资本主义经济的冲击和侵略下迅速败下阵来，自强、求富成为那个时代的最强音。面对国弱民贫的艰难时局，近代潍县的新式商人在时代精神的感召下，克服万难，看准市场需求，积极投身于新式的工业、企业。

1920 年，在滕虎忱的倡议下，华丰机器厂成立，后来发展为华北地区最大的机器厂之一。腾虎忱是老潍县滕家庄人，1883 年出生于一个贫苦的农民家庭，少年时曾跟随他的父亲学习“锯轱辘匠”① 手艺。19 岁那年滕虎忱去了青岛，在一家德国人开办的水师工务局当了四年学徒，学的是锻工，学徒期满后又在该厂工作了七八年时间。滕虎忱是一个有心的聪明人，他一面在热炉部工作，一面又自学了车工、钳工、电工、铸工等技术，还利用业余时间到教会学校参加文化补习，学习制图、会计、外语等各门功课。可以说，在青岛的十多年时间对腾虎忱来说至关重要，他一方面开阔了眼界，学到了有关机械制造的知识和技术，完成了从一个街头手工匠艺人到产业工人的转变，另一方面，也坚定了创办实业的决心。

1918 年，滕虎忱回到了潍县，他先是尝试性地用简单的工具为济南一家电灯公司打造螺丝钉，后来又自行研制水车。1920 年，滕虎忱四处奔走，最终集资 3000 元，成立了华丰机器厂。“华丰”的意思是“中国丰盛”，其中寄托着腾虎忱对国家强大的深切期望。华丰厂始创时，设备非常简陋，仅有两部车

---

① 锯轱辘匠是旧时潍县对锔锅、锔缸、锔盆、锔碗的手艺人的通称。

床、一部发电机和一台发动机，再加上原有的红炉、手摇钻等工具，在生产方式上与手工业作坊无异。20 世纪初，潍县的织布业迅速发展起来，妇女们普遍使用的都是木制织布机。这种小木机使用起来非常不方便，既要用两脚踩，还要用双手去丢织布梭，效率极其低下，并且织出的布既狭窄又不均匀，裁制衣服非常不便。织布业的快速发展使得对织布机的需求与日俱增，但是老潍县没有织布机，农户们要到天津去购买。当时潍县已被辟为商埠，洋纱、洋布潮水般涌入，洋布充斥着潍县市场，导致土布滞销。

面对这种困境，滕虎忱当机立断，决定增加资金，购置设备，自行研制新式织布机，这样一方面可以省去农户们去天津购买织布机的不便，另一方面也可以增加农户的织布产量，使质量得到提高，从而改变潍县土布衰落、洋布畅销的落后局面。当时潍县农村较富裕的农户普遍使用一种日本产的“石丸式”织布机，滕虎忱亲自走访农户，对这种织布机进行解剖分析，了解其结构与工艺，并和农户交流，了解这种织布机的优缺点。之后滕虎忱和丁执庸带领徒工们昼夜研制。由于农户的购买力低下，他们还对石丸式织布机进行了改装，最终生产出了适合潍县广大农户的铁轮木架脚踏织布机。华丰机器厂的织布机在性能上与进口机不相上下，但在价格上则低了很多，售价仅为 70 ~ 80 元，[①] 广受农户的欢迎，很快在潍县各乡畅销。但滕虎忱并不满足，他继续根据市场需求，尝试开发新产品，接下来又生产出了水车、轧花机、弹花机和榨油机等产品。

近代以来，一些有识之士抱着实业救国的理念，纷纷投资设厂。工厂多了，对动力机械的需求也随之增加，尤其是柴油机。但是直到 20 世纪 20 年代，我国工厂所使用的动力机械大多是洋货，国内能够生产动力机械的厂家寥寥无几。滕虎忱下定决心解决这个难题。1931 年，他经过多方努力，终于使华丰机器厂增资至 5 万元，然后他偕同本厂人员奔赴上海，高价购进优质车床、汽锤、龙门刨、大摇臂钻和德国设计、英国制造的 15 马力柴油机一部。接下来滕虎忱又从青岛高薪聘请优秀技师王鸿茂来厂任技术指导，以购买的 15 马力柴油机作为样机，和工人们一起投入到艰难的仿制工作中。经过反复拆装实

---

① 徐畅主编：《鲁商撷英》，山东人民出版社，2010 年版，第 174 页。

验，他们最终绘出了图纸，并用手工操作制造出推、磨、刨、研、铣等必备的专用工具。经过艰辛的努力，华丰机器厂终于于1932年秋天成功试制了我国华北地区第一台15马力柴油机，接下来又再接再励，成功试制了8马力、25马力、40马力的柴油机。这些柴油机的试制成功，“使华丰机器厂从一个生产简易机械设备的小型铁工厂，变成了动力设备供应商，企业产生了第二次飞跃，进入了发展的快车道”①。截至七七事变，华丰机器厂共制造出250台各种型号的柴油机，是全国能够独立生产柴油机的主要厂家之一，为推动民族机械制造业的发展做出了突出的贡献。柴油机制造成功后，滕虎忱又集中精力研制发电机和电动机。

20世纪20年代，潍县织布业已跃居华北之冠。织布与颜料的关系非常密切，但是彼时我国颜料工业不发达，所需颜料多从德国、日本等国进口，价格高昂，因此农村染坊只好沿用土法染布。蓬莱人张荆芳准确把握了这个市场需求，利用经常去日本采购货物的机会学会了制作硫化青膏的技术。1923年，张荆芳和老乡丛良弼商议后，集资5万元，创建了裕鲁颜料股份有限公司，雇佣职工30多人，建造厂房114间，并于1924年6月正式投产。裕鲁颜料股份有限公司刚刚成立，便引起了外商的注意，为了继续保持对我国颜料市场的垄断地位，外商恶意采取大幅降价的手段，甚至把青膏价格从100元降低到40元，企图压垮我国民族颜料工业。在这种情况下，裕鲁颜料股份有限公司确实遇到了相当大的困难：一方面从国外进口的原料价格不变，另一方面为了能够占有市场份额，必须把价位降到与洋货价格同样低的水平。仅半年时间，裕鲁就亏损2.5万元。但裕鲁并没有放弃，依然苦苦支撑。国产青膏同洋货相比，由于具有用法简单、使用方便的优点，非常适应农村市场，从而为裕鲁打开了销路，最终使裕鲁摆脱了危机。裕鲁由于主要面向农村市场，因此在1931年至1934年世界范围的经济危机中，丝毫未受影响。1935年，裕鲁达到了发展的鼎盛时期，成为潍县首屈一指的大企业。其职工人数达到100多人，年产青膏2万箱，盈利达10万元，资产总值约56万元，担负潍县商会全部经费的

---

① 徐畅主编：《鲁商撷英》，山东人民出版社，2010年版，第178页。

32%。[①] 由于发展前景良好，1935 年裕鲁增添和改进了许多新设备，包括青膏汽锅四口、苛性锅四口、五节锅炉一座、二硝基汽锅二口、水柜一座、25 马力汽力机一台。改进设备后，裕鲁的生产由铁锅改为汽锅，节约了劳动力，降低了成本，从而提高了自身的竞争力。

老潍县同祥号是一家以生产绣货为主的商号，在生产绣货时，该商号根据南北地区不同的经济发展水平与审美观念，生产出不同的产品。销往南方的裙子以黄色为主，销往北方的裙子则以蓝色为主。经济发达之地，所用原料优良，做工精细，价格较高；经济落后地区，所用原料较粗糙，售价较低。同祥号的产品能够满足不同地区、不同人群的需要，因此享誉南北。

（二）创新经营模式

近代以来，老潍县老字号在经营模式上已经与传统的经营模式有了很大的不同。如泰东商行一改老潍县商店传统单一的经营模式，采用多种经营的商场模式，在商店的不同区域摆放不同种类的商品。楼下东侧经营的商品主要是日用百货，如靴鞋帽袜、搪瓷器皿等，西侧主要经营罐头食品、乐器瓷器、钟表唱机等；楼上经营高档的布匹和衣服，如呢绒哔叽、绸缎布匹、上等丝绵和高级裘衣等。为了保证货源充足，泰东商行还开设了泰昌服装店，现场给顾客量裁，做中西服装。

同祥号是由李翰臣创办的一家主要经营绣货业的著名商号，在省内外享有盛名。同祥号在经营模式上非常机动、灵活，初期主要是自家人生产，后来随着订单的增多，自家人主要负责裁剪，剩下的绣花、粘缝等工作全找外人来做。积累了一部分资金后，1872 年李翰臣在东关下河街买下一所房子，正式成立了同祥号绣货铺，雇用了几个伙计，并聘请经验丰富的李华九当经理。由于质优价廉，外地客商日渐增多，同祥号的绣货供不应求。面对这种情况，李翰臣充分发动农村劳动力，把绣花这项工序全部转让给农村女工，并且实行了一套行之有效的管理办法。即以村为单位把绣花户分为若干组，每组设组长一

① 潍坊市政协文史资料委员会编：《潍坊工商老字号》，中国文史出版社 2001 年版，第 22 页。

人，组长每五天进一次城，负责领料和交货。各组实行组长负责制，检查质量、掌握交货进度等事项都由组长负责，同祥号负责对产品进行最后把关。

20 世纪 30 年代，潍县共有 6 家染厂，分别为大华染厂、信丰染印公司、元聚染厂、德聚染厂、大丰染厂、隆丰染厂，潍县成为华北地区著名的机械染布基地。其中信丰染印公司由于资金雄厚、规模庞大、技术过硬而在老潍县染布行业首屈一指。信丰的强大首先在于其有先进设备的支撑。在 1932 年筹建时，郭立平和王芾村便去日本购置先进的染布机器，包括一台拉宽机、一台燎毛机、一台抓绒机、两台烘干机和两台叠布机。接下来信丰又从上海购置了八对染槽、两部精练罐、两台锅炉、一台丝光机和一台烘干机。1933 年年底全部机器完成安装。

聚祥永织布厂是老潍县最早使用铁机织布的工厂，创建于 1922 年。在经营管理方面，聚祥永织布厂强调严谨认真和精打细算。管理工厂的两个经理，全面掌管生产，工人由工头监督。该厂采用了当时较为先进的设备，包括柴油机、大锅炉、水塔、压布机、台布机、鼓风机、橡筋机、打辘轱机、合线机等。

惠东大药房在 1920 年始建时主要经营药品，到 1925 年时，经营的药品品种已多达 1400 余种，销售额与利润日益增长。然而惠东并没有因此满足，而是继续向产业的上游和下游发展。1925 年惠东大药房专门设置了制剂间，由副经理王发堂带领 8 名员工制药。到 1933 年，惠东已经能够独立生产阿司匹林、麦精鱼肝油、全治水、痧药水、胃强灵、伊尔氏药膏等 20 多种药品。1934 年魏子宜去日本考察，并购买了三冲压片机、酊剂压榨机、粉碎机和制丸机等制药机器，1935 年又在大马路正式建成了占地达 1000 多平方米的惠东制药厂，并从上海五洲制药厂聘请冯宪章任厂长。有正式职工 26 人，临时工 70 人，生产设备 20 台，生产药品 80 多种。[①] 惠东制药厂在财务上归总号统一核算，药厂为药房提供药品，药房为药厂推销产品，并反馈市场信息，二者相得益彰。

惠东大药房开始成立时，就有医生坐诊，后来于 1925 年正式成立惠东医

---

① 山东省潍坊市委员会文史资料研究委员会编：《潍坊文史资料选辑》第 4 辑，1988 年内部印行，第 78 页。

院，由药房总经理张执符任院长，配有门诊室和病房。开业不久，诸城县有一个老人患腹部疾病，久治不愈，疼痛难忍，被送到惠东医院，由张执符主治医好。病人及其家属为了表达感激之情，特地送来“著手成春”金字匾额。这件事轰动一时，前来惠东医院就医者络绎不绝。惠东大药房的药品销售在山东省内除了老潍县外，鲁南和胶东地区也是其主要销售地区。一般有四五个人在外地推销药品，药品主要通过运输部门发运和邮局寄发，货款可由客房汇来，也可由专人带来。药品赊销必须有保人，赊销货款由惠东大药房派人上门收取。

老潍县老字号发展壮大后，纷纷设立分号。惠东大药房共设立 6 个分店，东关支店成立于 1926 年，韩炳南任经理；济南分号于 1929 年成立，位于济南市经二纬一路，由韩立民任经理；青岛分号成立于 1933 年，店址位于青岛市河南路与天津路交叉路口，由毕业于北京协和医科大学的张同和任经理，刘树宗任副经理；西安分号成立于 1935 年，经理是刘树宗，因发展状况良好，于 1937 年在西安市南大街设立支店；郑州分号成立于 1935 年，经理于益三，七七事变后，转移至成都，改名为成都分号；兰州分号于 1937 年成立，侯锡贵任经理。

1928 年华丰机器厂在生产上日益正规，正式建立了木工、铸工、锻工、金工、白铁装配等车间。1932 年，华丰机器厂再次集资成功，于潍县县城南关大马路创建华丰机器二厂，李占元任厂长，专门批量生产各种规格的发电机和电动机。滕虎忱还在济南建立华丰机器分厂，生产 14 千瓦和 40 千瓦发电机。随着一天天发展壮大，华丰机器厂在各地设立营业部，分别为黄县营业部、青岛营业部、济南分厂、徐州营业部、郑州营业部，这些营业部根据各地不同的经济发展水平与市场需求，有针对性、有重点地推销华丰机器厂的产品。到七七事变前，华丰机器厂由小到大，由弱变强，仅潍县第一、第二两厂总资产就达到 150 多万元，工人多达 700 人，“成为享誉国内，蜚声海外，颇具规模的机器制造厂家”①。

（三）重视产品质量

山东是儒家文化的发祥地，儒家所倡导的诚实、守信、重义等品格深深地

① 徐畅主编：《鲁商撷英》，山东人民出版社 2010 年版，第 179 页。

影响了一代又一代山东人，包括华丰机器厂的创始人腾虎忱。从创厂开始，华丰机器厂就坚持“信用第一”和“质量第一”的办厂原则，建立了各种管理制度，并把“货真价实、言不二价、童叟无欺、力矫虚伪”的经营原则悬于营业部，时刻提醒和督促着自己和员工。

为了把好产品质量关，滕虎忱每天早到晚归，经常亲自下到车间视察，随时提醒工人，工作时一定要集中精力。他自己更是以身作则，对产品质量一丝不苟，他的事迹在华丰厂甚至老潍县工商界传为佳话。有一次，滕虎忱正要出发去青岛，他突然发现有一台柴油机大甩轮的精磨度不够标准，于是他立即停下脚步，严厉地告诉技师不准用，并且一直等到不合格的大甩轮被砸碎后才离开工厂。华丰机器厂的柴油机试制成功后，市场反映非常好，经常还没等产品下生产线，订单就滚滚而来。但是滕虎忱仍然紧把柴油机质量这一关，要求每一部柴油机必须经过试车合格后，方可出厂。

老潍县颐和堂孙家老药铺发展到民国时期已有将近三百年的历史，相传是老潍县痘疹科名医孙仲采所创办，是老潍县中药店中历史悠久的一家。颐和堂历来严把药品质量这一关。配制中药原料很关键，颐和堂经常派人到原料产地购买优质药材。在制作技术上颐和堂也很讲究，配制中药时根据家传秘方，针对不同药材，分别采用洗、浸、飞、炮、炙、煨、淬、煅等不同的方法加以配制。为了配制优质阿胶，颐和堂派专人去东阿县，用地道的黑驴皮、东阿水和其他辅料现场配制。颐和堂自制的中药，质量上乘，自制的安宫牛黄丸、藿香正气丸、梅苏丸等，畅销省内外。颐和堂的四大名膏远近闻名，有口皆碑，分别为专治积气的蛤蟆化积膏、治妇科病的猪绒膏、治风湿痛的筋骨痛膏和椒子膏。

王万春堂眼药店是一家有着三百多年历史的著名眼药店，传说该店的创始人是明朝皇室的后代，清兵入关后隐姓埋名逃到潍县，无以为生，便按照从宫廷带出来的药方配制“杏核眼药”，自此便一代代流传下来。除了眼药，该店还自制一些膏药，如筋骨疼膏、辣子膏和猪绒膏等。王万春堂眼药店配制的眼药有两种：珍珠拨云散和杏核眼药膏。珍珠拨云散有两个方子，一个方子用的原料是麝香、珍珠、元明粉、片砂、三黄汤和冰片，另一个方子用的是上述原料再加上玛瑙、珊瑚和古瓷。两个方子均是把原料研磨成粉，拌匀后装进小瓶

内销售。杏核眼药膏所用原料有麝香、蜂蜜、硼砂、冰片、炉甘石和元明粉，把这些原料放在一起，熬成药膏，装入杏核内，用纸包好。王万春堂眼药店没有雇用工人，全由自家人来配制，手艺不轻易外传。由于选用的原料纯正，配制精细，而且还是宫廷密方，外加价格便宜，不仅老潍县本地城乡居民经常购买，外县甚至东北三省的药商也慕名而来。也因此，尽管王万春堂眼药店规模不大，但却是历史悠久、享誉四方的著名老字号。

老潍县亚东大药房是一家西药房，它对药品的要求是“人无我有，人有我优”。当时名牌药品、原料等都被外国人开设的洋行所控制。为了能够购进优质的药品，亚东大药房积极地与各大洋行处好关系，从而能购到很多洋药，如德国的“606”、灭疥、加当止疼片，法国的“914”，美国孟山都糖精，日本的坦巴尔撒、老笃眼药、仁丹等。[①] 对于国内各大药厂的名牌药品，亚东大药房也派出精干业务员分赴各地采购。除了经营药品，亚东大药房还经营各种医疗器械和化验器材，从上海厂家直接进货，并负责指导安装和使用，从而树立了良好的信誉。此外，亚东大药房也自行配制各种西药，价格低廉，市场反响较好。

惠东大药房为了保证货源质量，经理亲自严把进货关。副总经理魏子宜每年都亲自去上海批购药品，王法堂经常去天津联系药品厂家，忠实能干的张德升则主要去青岛批购应时药品。由于惠东大药房在行业内有较大名气，上海和天津很多经销西药的商户都来老潍县推销药品。

为了使所售商品达到全、精、优的要求，泰东商行经常派人到全国各地择优采购，如上海的呢绒、天津的鞋靴、江南的绸缎、北京的礼帽、张家口的皮货、景德镇的瓷器、烟台的钟表等。为了保证商品的供应，泰东商行还和各大名牌厂家建立长期的包销关系，并且特设天津名牌鞋靴专柜。

（四）改进管理方式

鸦片战争后新成立的老潍县老字号，意识到传统的管理方式不足，纷纷采

① 潍坊市潍城区文史资料委员会编：《潍城文史资料》第 11 辑，1996 年内部印行，第 157、158 页。

用先进的管理方式，从而使企业良性发展，充满了生机和活力。

华丰机器厂建厂时，滕虎忱参照青岛德国水师工务局的管理办法，对工厂的工资、作息、奖惩等都作了明确的规定。后来，条件好转后，老潍县华丰机器厂为员工新建了伙房、宿舍、俱乐部、篮球场、洗澡塘等福利设施。在旧社会，学徒的生活非常艰辛，滕虎忱自己当过学徒，深知这一点。因此，他对华丰厂的学徒非常负责，实行半工半读制，学徒半天劳动生产，半天学习知识和技术理论。滕虎忱深知，实业救国不是一己之力就能实现的，因此，对于那些学有所成后，自愿外出谋职或开办新的工厂的学徒或员工，滕虎忱全力予以支持，并允许其生产与华丰厂同样的产品。从创立算起，华丰机器厂共培养出1000多名既具有理论知识，又掌握先进技术的优秀技术人才，这些人半数留在华丰厂效力，另一半则另起炉灶，独立办厂，如洪丰、阜丰、大丰、蚨丰、天丰、益民、新华、毓秀等，这些工厂也都生产华丰机器厂的产品及所需零部件，成为华丰机器厂的卫星工厂。

腾虎忱深知人才和技术是搞好企业的关键，因此从创厂伊始，他就礼贤下士，广纳英才。滕虎忱聘请从苏俄经商回国的丁执庸任副经理兼管营业部工作，聘用出身商界、精通新式记账方法的张仲元任会计。1931年，滕虎忱决定试制柴油机，但是潍县缺少这方面的人才，他听说青岛东义铁工厂的技师王鸿茂在这方面有较高的技术水平，便高薪聘请王鸿茂来华丰机器厂任技术指导，月薪60块大洋，后来又提拔他担任厂长。在试制柴油机时，由于急需长于绘图的技师，滕虎忱不惜以每月80块大洋的高薪，诚聘既精于绘图又擅长设计的技师赵文德，而当时滕虎忱自己的工资只不过月薪40块大洋。1932年，华丰二厂成立后，滕虎忱又引荐深谙发电机、电动机知识的技师李占元任华丰二厂的厂长，从而使企业在技术上有了保障。

产品生产出来了，必须有好的销售人员才能把产品销售出去。随着老潍县本地市场的日趋饱和，华丰机器厂积极开拓外地市场，并先后在黄县、济南、徐州、郑州和青岛等地设立了营业部。被派往郑州的是张蓝田，他精明强干，踏实认真，以各种方式不辞辛苦地跑遍了河南省的70多个县镇。经过他的不懈努力，1934年至1936年，郑州弹花机销量由开始时的几十部增至年销200

多部，最高时达到320部。[①] 在华丰厂的春节宴会上，为了表彰张蓝田对工厂做出的贡献，滕虎忱郑重邀请张蓝田坐在上座，张蓝田受宠若惊，在座者无不感动。

老潍县亚东大药房非常重视员工的文化和业务水平。新人和学徒进店后，白天学习业务，晚上学习文化知识，主要学习物理、化学、拉丁文、珠算和药品知识，学习所用的书籍和文具全部由店里负责。此外，亚东大药房在管理上也非常人性化。东亚大药房切实考虑到员工的利益，工钱每月按时发放，从不拖欠，年终还有分红；每周公布菜谱，按时发放衣物；如果店员生病，亚东大药房负责所用药品和住院费；外地员工回家的往返路费和婚丧等重要事情都有补贴。上述一系列措施，充分调动了员工的积极性，提高了亚东大药房在同业中的竞争力。

老潍县惠东大药房在管理方式上非常灵活，总号与各个分号之间的关系比较融洽。各个分号独立经营，分号经理对总经理负责，有权处理分号内的所有事务。但对内部人员的要求和管理则比较严格。惠东大药房的用人标准首先是踏实肯干、责任心强，那些新雇用的工作人员，必须有介绍人和保证人才可以被任用，药房主要人员的任免必须经过总经理和副总经理提交董事会，经董事会批示后才能进行处理。

（五）重视销售环节和服务质量

老潍县的老字号，无论是工业、商业还是服务业，要想在日益激烈的竞争中胜出，必须在保证质量的前提下，在销售上下功夫，把商品或服务的潜在价值转化成现实价值。

华丰机器厂的铁轮木架脚踏织布机生产出来后，滕虎忱为了扩大“丰字”牌织布机的影响，别出心裁地挑选工人组织了一支管乐队，并让乐队成员穿着统一的制服，抬着织布机到潍县乡村“游行”，吸引百姓纷纷跑来观看。为了让百姓尽快了解织布机的性能和优点，他们当众进行织布示范。对于那些初学者，华丰厂包教包会，同时他们还帮农户计算购买织布机织布的收益；对于那

---

① 徐畅主编：《鲁商撷英》，山东人民出版社2010年版，第191页。

些无力购买织机的农户，则采取赊销的办法，等到农户织布赚钱后再付款，一时间华丰机器厂的织布机销量激增。1934年，铁道部在北京太庙举办“全国铁路沿线产品第三届展览会”，华丰机器厂积极参加，在展览会上展出了华丰生产的各种柴油机、织布机、弹花机、水车、轧花机等。后来，铁道部又在青岛举办展览会，华丰同样积极报名参加。

裕鲁颜料股份有限公司是一家生产青膏的企业，在发展过程中非常注意了解市场动态，把握市场行情，并经常到用户那里调查，认真听取用户的反馈意见，并在此基础上不断改进产品质量。裕鲁主要生产“蓬莱阁”“万年青”“喜字”三种品牌的硫化青膏，蓬莱阁牌青膏由于质量稳定，价格较低，纯黑不带红头，深得广大农村用户的喜爱；万年青牌青膏质量较优，黑中带红，深受省内外各大染坊的欢迎。随着生产的发展，裕鲁的市场越来越广，遍布省内外各个地区，包括老潍县、烟台、周村、济南、滕县、兖州、聊城、济宁、菏泽、徐州、商丘、开封、新乡、郑州、洛阳、南阳、许昌、灵宝、宝鸡、潼关、成都等地。[①] 为了做好售后工作和维护市场，裕鲁有选择性地选取重点地区设立分庄，并向各个分庄派驻负责人。

聚祥永织布厂非常注重销售环节，由两个经理分管销售，客商来了后都会受到热情接待。在生产产品时，他们紧跟市场行情，生产质优价廉的紧俏商品，包括白布、格子布、斜纹布、充呢和灯芯绒等。该厂自行生产的“军马牌”大粗布，深受临朐一带百姓的欢迎，甚至外地客商也专程来老潍县批购。

颐和堂孙家老药铺历来把方便顾客视为己任。在柜台的压方板上，写有“细心看方、慎重配药”的警句，对于不好切分的药，如专治小儿惊风的犀牛角、羚羊角等，允许将整块带回家，按所耗费的分量结账；在抓药时，各味药品单独包装，其上注有药名、重量，此外还附送一面过滤药汁的小罗，并详细告知注意事项；药店晚间有人值班，随到随售。

亚东大药房对店员要求非常严格，必须穿着整洁、大方，微笑迎人，对顾客做到百问不烦。夜间设立售药窗口，应急药品一应俱全。设专人接电话，如

---

① 寿乐英主编：《近代中国工商人物志》第4册，中国文史出版社2006年版，第43页。

果医院或诊所急需药品，可迅速送达。亚东大药房在销售药品时注重季节性，如春季批进“牛豆疫苗”，夏季有灭虫剂“敌敌涕”、“农光”臭虫药、蚊香、除虫菊，秋季有专治痢疾的“腹泻片”，冬季有甘油、白凡士林、冻疮药膏、自制雪花膏等。① 每年亚东大药房都派出优秀的业务员到省内各大医院、诊所联系业务，签订供货合同，并对所缺货品及时登记，尽早进货。亚东大药房凭借质优价廉、上门服务、热情周到，深得各大医院和诊所的信任和青睐。

老潍县同祥号的很多客户都是从远地而来，为了和这些客户建立长期的业务关系，同祥号尽心招待客户，免费提供食宿，并派专人服务，使客户有一种宾至如归的感觉。随着业务的扩展，同祥号在莒县和诸诚等处设立分号，在青岛、济南、周村、上海、大连、益都设立营业处，以便于采购原料和销售商品。由于同祥号的产品多由农村女工加工，成本低，因此比同行业的相同产品价格要低，在价格竞争方面占优势。

泰东商行对营业员有严格的要求：对顾客必须做到态度和蔼、服务周到，顾客进门时，要笑脸相迎，点头让座；对一些经常光临的老顾客还要递烟敬茶；在介绍商品时必须耐心、细致。为了能够吸引顾客，泰东商行改进商品的包装，使用色彩鲜艳、精致美观的包装纸，上面印上宣传广告。为了方便顾客，泰东商行实行送货上门制度，上门时所带品种齐全，任顾客随意挑选；对那些经常光顾、信誉良好的老顾客，允许他们先赊账，再按节付款。为了让顾客感到实惠，泰东商行经常采取“抹零”和“打折扣”的办法。

玉露春澡塘是同业中的佼佼者，于1915年成立，后来在新式澡塘的冲击下一度受挫。但是玉露春澡塘迎难而上，增资扩大规模，完善设备，改进设计，提高服务质量，最终在同业中脱颖而出，获得了良好的口碑。玉露春澡塘注意保持卫生清洁，无论是过厅还是房间，每天早、中、晚分别清理一次，地板光亮，窗明几净，所用物品一律纤尘不染。该店待客热情，服务周到，楼上楼下均有面带微笑、专门迎送顾客的服务人员。顾客进店后，有专门的看座人员帮顾客找好床位。顾客脱掉衣服后，服务人员帮忙把衣服挂到墙上，把鞋帽

① 潍坊市潍城区文史资料委员会编：《潍城文史资料》第11辑，1996年内部印行，第158页。

放到床头柜里，摆放好拖鞋，并递上两条大浴巾。顾客进入浴池后，也有专门的服务人员服侍。顾客洗完澡回座后，服务人员立刻递上两条热毛巾和擦脚布。如果顾客需要，可以叫人来修趾甲，如果身体不舒服，也可以叫人来按摩，还可以在澡塘理发。为了保证服务质量，玉露春澡塘制定了严格的店规，如店员不准坐顾客床位，不得围坐在一起闲谈、说笑，更不准与顾客争吵、打架等。

把握市场需求、创新经营模式、重视产品质量、改进管理方式、重视销售环节和服务质量是老潍县老字号的经营之道，也是它们能够在近代国弱家贫的风雨中顽强存活的重要原因。时至今日，中国企业早已迈出国门，走向世界，但是老潍县老字号的经营之道仍是留给后人的宝贵财富，老潍县老字号企业家们的担当精神和创新意识仍然值得今天的企业家们借鉴和学习。

第三章
市廛之内：老潍县的商业交易习俗

近代以来，伴随胶济铁路通车和老潍县被辟为商埠，老潍县的经济地位日益重要，它成为烟台、青岛与山东内地贸易往来的集散中心。商业的繁荣促进了商品交易的发展：一方面，集市、庙会、山会等传统的交易形式继续存在；另一方面，银行这一新式的金融机构应运而生。银行的出现带动钱庄、线庄等金融机构在交易的规则、形式等方面发生了新的变化。在新旧交易形式共存、共发展的情况下，近代潍县的交易习俗呈现出强烈的时代特点与地方特色。

一、集市

集市是人们进行商品交换的场所，它的产生与发展与社会生产力水平及交换水平密切相关，“哪里有社会分工和商品生产，哪里就有市场。”[①] “交换的深度、广度和方式都是由生产的发展和结构决定的。”[②] 在我国，集市源远流长，它是传统的商品交换方式和贸易组织形式。《周礼·地官》中总结了市的三种形式：大市，“日仄为市，百族为主”；朝市，“朝时为市，商贾为主”；夕市，“夕时而市，贩夫贩妇为主”。可见彼时对交易的时间和交易对象有着严格的礼制化的规定。自古以来对集市有不同的称谓，如市井、市集、市曹、市聚、市合、互市、胡市、关市，等等；在不同地区集市的称呼亦不相同，如岭

① 《列宁全集》第1卷，人民出版社1963年版，第83页。
② 《马克思恩格斯选集》第2卷，人民出版社1972年版，第102页。

南称为“墟”，四川称为“亥”，山东称为“集”。

明朝中期以后，传统集市走向繁荣，老潍县亦如此。据地方史料记载，清初康熙年间潍县有集市26个，到光绪年间，集市发展为73个，20世纪30年代，乡村集市一度发展到94个。

（一）沙滩大集

在近代以来的所有集市中，规模最大、最为繁荣的当属沙滩大集。所谓沙滩，包括白浪河河床的开阔沙地，以及东岸东关城墙以内的沙岭子、南北下河街和河西岸的南北坝崖，范围相当于现在南起保安桥、北至北宫桥的广大区域，又以现今的亚星桥为界分为南沙滩和北沙滩。

沙滩大集的形成与近代以来老潍县的经济发展和社会变迁密切相关。1904年胶济铁路筑成通车，同年潍县被辟为商埠，它的经济地位日益重要，成为半岛与内陆之间商贸往来的货物集散中心。沙滩就位于埠区之内，很快就形成了规模庞大、闻名遐迩的沙滩大集。沙滩大集为“二七”集，即以农历每月初二、初七、十二、十七、廿二、廿七为集日，如果恰逢小尽月，则以廿九为集日。大集前一天叫“集除”，是大集前的序幕，在集除这天某些交易活动已经开始。

在长期发展中，沙滩大集形成了如下几个特征：

沙滩大集

首先，沙滩大集行业完备、齐全，并形成了诸多以专项商品为主要贸易产品的行市。北沙滩大石桥为牲畜市，桥南为木货市，依次向南有铁匠市、鸡市、鸡蛋市、扁担市、小型木货市；南沙滩白浪河畔有鱼鸟花卉市。通济门外北有海货市、草纸市、粉市、山果市、废品市，往南有饭市、剃头市、古董市。西岸的南坝崖多为杂货店铺，北坝崖有竹货市、钱绳子市、箔市、饭市。①

行市的形成，使同类的商品集中在一起进行买卖，一方面便于市场管理，建立正常、规范的市场秩序；另一方面，赶集的人可以在不同质地、不同价位的商品中快速做出判断和选择，从而节约了买卖双方的时间，同时也大大提高了交易效率。

其次，沙滩大集的商品种类繁多，不分新旧，应有尽有。民间有句俗话："卖不了上潍县，买不着上潍县。"据李子琇先生讲述，他在沙滩大集上曾经见过有人卖单只皮鞋，有一位农村老汉高兴地把它买了回去；还见过有人卖插活页下半部分。

过年是我们中华民族的传统习俗，也是一年中最重要的节日。春节前后，尤其是进入腊月，因年关将近，沙滩市场迎来了一年之中最红火、最繁荣的时刻，种类繁多的商品应时应节地大量上市。筷子、碗、花生米、鱼，以及各种祭神纸、色纸、灯纱等，这些是家家过年必备的，进入腊月即上市供应，价钱要比平日高些。爆仗也大量上市，民间俗话"儿童盼年，爆仗钻天；闺女盼年，头顶花山；媳妇盼年，尽吃尽穿；老婆子盼年，黄菜包子就辣蒜"②，反映了当时不同年龄的人盼望过年的急切心情。腊月二十三日以后，卖鱼的摊贩多了起来。鲤鱼都是冰好的，卖时用木橛子凿开，再用水刷上红色；加吉鱼是咸的，有的虽然质量不是很好，但它是必备之物，家家户户祭灶"押锅"离不开它，一来图个吉利，二来要与年糕、煎豆腐、虎头饽饽凑成四样贡品。

沿以上摊位向南，是卖神纸"黄表""花尖"的，现打眼现卖。"黄表"用以祭神，"花尖"正月上坟祭祖用。继续向南是卖青菜的。接下来是卖香的，

① 参见山东省政协文史资料委员会编：《山东文史选粹》修订本下集，中国文史出版社 1998 年版，第 188 页。

② 政协潍坊市潍城区委员会编：《潍城文史资料》第 5 辑，1990 年内部印行，第 180 页。

有高香、矮香、京香、元罗香，是老太太们在年五更跪香用的。再向南有卖年画的，还有卖春联和拦门钱的。卖纸扎糊“猪羊”的多集中在西面沙滩广场上，这是用来祭天地的；还有用金银箔糊成的大元宝。向南是卖山果的，还有卖纱灯的，如福字灯、骨牌灯、鸿禧灯等。

腊月二十三以后，除了沙滩市集外，各主要街道上都有肉架竖在墙边，有猪肉、猪下货、猪头，多是农村屠户进城卖的。还有些物品，如香炉、香牌，成串的金银箔、小元宝，辞灶用的小火烧、麦芽糖及纸糊的靴、帽、袍等，有在市场上摆摊的，也有沿街叫卖的。

再次，沙滩大集也成为各色艺人们展示绝活、“出售”技艺的重要场所。沙滩大集一经形成，各地说书唱戏、打拳卖艺、表演魔术杂技的艺人纷至沓来。20 世纪 30 年代，厉文礼任潍县县长时，在沙滩所属区域内建立大型娱乐场所，名曰“快活林”，来此卖艺者甚多，而观众愈众。

沙滩上的说书场规模最大。南沙滩为本地艺人说书场，北沙滩则是外地流动艺人说书处，众多艺人同时开说，各献其技，各显其能。多数说书艺人都有艺名或绰号，如“糖饽饽”“雪里喂”“攮破棚”“大银棒”“双辰”“田八”“蒯老黑”“福地圣人”“田八”“济颠僧”“猴子精”“美人骨头”“麻子红”“牛头”“马面”“干勾蛾”“糯米人”“鱼吞”等。[①] 这些人来自三教九流，说书各有特点，有说评词的，有说鼓词的，有说竹板书的，有说梅花调的，还有说莲花落的，等等。

此外，沙滩市场上的娱乐项目还有很多，拉洋片的、耍猴的，不一而足。

每逢集日，上万人云集于沙滩市场，场面宏大，热闹非凡。农民们来集市上出售农副产品，换回少许的钱财以补贴家用，同时买回一些生产生活必需物品，有的还进出娱乐场所听听书、看看戏。可以说，在物质生活和精神生活相对匮乏的年代，沙滩市场的存在不同程度地满足了人们物质和精神双层面的需求。

---

① 参见政协山东省潍坊市潍城区委员会学宣文史委员会编：《潍城文史资料》第 18 辑，2002 年内部印行，第 120 ~ 122 页。

（二）南门早市

南门早市隶属老潍县南关。明末清初时，潍县南关还只是郊区，从清朝中叶开始有街巷。1904 年胶济铁路通车后，修了一条从南关通往县城的马路，老潍县开埠后带动了南关的经济发展。南关的工商业主要集中在马路两侧和南北月河崖街，其中比较著名的有惠丰火柴公司、裕鲁颜料公司、晋鲁铁厂、德盛泰铁厂、信丰染印公司、华丰机器二厂等，马路两侧还有很多小客栈、杂货铺、火烧铺等。由于距火车站近，外商也在此开了很多商行，如日本的南信洋行①、小板洋行、山东商行②，美国的东方烟草公司和美大公司等。

南门早市位于老潍县南门外的东西月河两侧，是老潍县最大的早市，当时提起“赶南门”，无人不知，无人不晓。为了能抢占一个有利的位置，每天早晨四点左右，老潍县南关、东关和西南关的菜农用肩挑或推车将各种应时的蔬菜、瓜果运至南门早市，这些蔬菜瓜果有些是早上从地里摘下的，有些是在头天摘下备好的。五点以后，“赶南门”的人零星来到，到六七点钟，早市上已是人挨人、人挤人，卖东西的吆喝声、买卖双方的讨价还价声此起彼伏，不绝于耳，真是一派热闹非凡的景象。

南门早市的商品品种齐全，物美价廉。蔬菜类主要是按季节供应，韭菜、芹菜、菠菜、豆角、茄子、西红柿、黄瓜、藕等，由于是菜农现摘的，很多还带着水珠。水果类也是按季节上市，樱桃、杏、桃子、李子、葡萄、苹果等，绝大部分都是菜农从自家地里现摘下来的，新鲜、味美，深得人们的青睐。瓜类有脆瓜、甜瓜、西瓜等，有的西瓜是批发销售的，以 10 个为单位，成交后由卖方送货上门。小吃类有炒花生、瓜子、糖果、炒栗子等，种类繁多。早点也很多，包子、火烧、油条、豆浆等，有儿歌赞云：“上南门，喝油粉，吃得肚子大沉沉。”③ 上午十点多各个摊主陆续收摊，人们才慢慢散去。早市每天都有，极大地方便了人们的生活，因此“赶南门”也成了彼时百姓生活一个重要

---

① 老板田治太郎，专营蚕茧和黄烟。

② 专营海洛因、吗啡等毒品，还贩卖枪支。

③ 山东省潍坊市潍城区文史资料委员会编：《潍坊文史资料》第 12 辑，1997 年内部印行，第 204 页。

的组成部分。

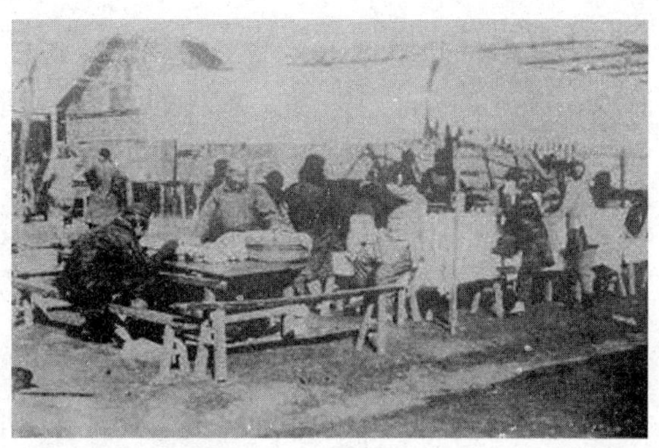
民国时期南门早市上的小吃摊

除南门早市外，南关党家湾一带的“二七”大集还有一些行市，如粮食市、柴草市、土面市、石灰市等。柴草类有专门的过秤人过秤，粮食类有专门的斗官量斗，这些行头多由南关的大族丁姓垄断，他们欺行霸市，剥削买卖双方。

（三）东关鱼市

鱼市位于老潍县东关内绿瓦阁东面的鱼市街，它的形成离不开老潍县得天独厚的地理环境。老潍县地处山东半岛腹部，北临莱州湾，是潍河、虞河、白浪河等内陆河流入海处，沿岸滩涂宽阔，咸水、淡水在此交汇，浮游生物繁多，是鱼、虾、贝类等产卵和繁衍的温床。因此自古以来，老潍县水产资源丰富，渔业发达。明、清、民国以降，老潍县东关就已经发展成为鲁中地区重要的鱼盐业集散地。

俗话说“靠山吃山，靠海吃海”，北部沿海居民大多以捕鱼为生。每天，这些渔民将出海捕捞的各种水产品以及在各个河流入海处捕获的鱼虾，装入容量为三四百斤的大鱼篓中，用猪血纸将篓口封严，连夜用小船、牲口、木轮车等运到东关绿瓦阁东面的大街上出售。由于这里的水产品种类齐全，价格相对便宜，各地的鱼商也纷纷前来进货，鱼市贸易日趋兴隆，因此这条街便得名“鱼市街”。

鱼市街的鱼市货源充足，种类丰富，货物通常被分为南口、北口。[①] 具体说来，上市的水产品有威海、烟台、龙口的海参、鱼翅、鱼子、鱼碎子、鱼骨、鱼皮、海米、刀鱼、海蜇、海带等，虎口崖的偏口鱼、加吉鱼、对虾、乌

---

① 石臼所、红石崖、日照等地来的货通称为南口，龙口、烟台、威海等地来的货通称为北口。

贼，日照、连云港的活络鱼、白鳞鱼，小清河的鲢子鱼、支鱼，昌邑的鲤鱼、鲦鱼，寿光的虾皮、虾酱，掖县的鲳鱼，韩国的青鱼，还有淡水河流所产寨花鱼、黑鱼、鲶鱼、鲫鱼、鲂鱼、虾、蟹和各种贝蛤等。[①] 不同季节鱼市上市的货物也不相同，一年之中有淡季、旺季之分。夏、秋两季为淡季，上市的水产品主要有柳叶鱼、虾皮、甲鱼、狗杠鱼、河蟹、螃蟹、毛蟹等；春、冬两季为旺季，上市的主要有开凌梭鱼、白虾、对虾、青虾、银鱼、青鱼、寨花鱼、黄花鱼、加吉鱼等，在冬季则有大量的咸鱼上市，还有虾酱、蟹酱等。

旧时，各行各业皆有行头，他们通过包揽说合买卖、过秤、打价等事务来赚取佣金。为了争夺行头，当地人经常聚族而争，发生大规模的械斗，彼时潍县就有“韩、谭、杜、李、王，打煞人不抵偿”[②] 的传言。在争夺鱼市行头的斗争中，谭氏家族战胜了最大的竞争对手——李氏家族，脱颖而出，并且获得了由地方政府颁发的“鱼帖”[③]。此后鱼市街的鱼行主要有“协同老店”“协同新店”“志成老店”“义和鱼行”等，店主皆为谭姓族人。

每天黎明前，各个鱼行已经张灯点烛，把各种水产品摆放在街边，开张营业。天尚未明，鱼市街上已是人潮涌动，当地鱼贩和各地鱼商也早早地赶来看货，一边查看货物的质量，一边询问当天的价格。这时的鱼市街是一天中最热闹、最红火的时候，经纪人的喊价声、报数声，买卖双方的讨价还价声此起彼伏，洪亮而悠长，不绝于耳。经过几番激烈的讨价还价，双方最终过秤成交。也有一些商贩为了逃脱鱼行的剥削，三更天就起床，在通向东关的路口半路拦下从央子、烽台等地赶鱼市的渔民，压低价格大量收购。由于鱼市货源充足，商贩众多，市场愈加繁荣，平均每天的成交量高达几万斤。

由于是水产品的交易场所，再加上地方政府疏于管理，鱼市街的卫生条件很差。无论晴天还是雨天，街面上总是湿漉漉的，鱼腥扑鼻。鱼市是早市，上午八九点钟的时候，鱼市街上已经“人去篓空”，顿时安静下来。

---

① 潍坊市奎文区文史资料委员会编：《奎文文史资料》第 1 辑，1997 年内部印行，第 159、160 页。

② 打煞人是潍县方言，意即打死人。

③ 鱼帖即鱼业的营业执照，由于是政府颁发的，因此具有法律效力。

（四）乡村集市

乡村集市是乡民进行商品交换的场所。商品经济越发达，交换越活跃，乡村集市就越繁荣，反之亦然。近代以来，老潍县农村经济的商品化程度加深，促进了乡村集市的繁荣。

明万历年间潍县有2市30集，其中乡村集有15个。清朝康熙年间，潍县县城共有2市7集，2市分别位于城内大街十字口和东关大街十字口，7个大集之中东关有4个，南关、西关、北关各有1个。乡村大集有17个，分别为寒亭集、牛埠集、南留集、木村集、太公堂集、傅过庄集、马宿集、辛冬集、马思集、石沟河集、望留集、流饭桥集、高里集、固堤集、崇寨集、大于河集、官庄集。①

到清光绪年间，集发展到73处，有2处位于城内的南门和东关沙滩，乡村集有71处，即：崔家庄集、小于河集、望留集、南屯集、樊家庄集、南二十里堡集、莲花池集、宁家沟集、石沟河集、陈家庙集、马思集、王松集、水坡集、张友家集、豹庄集、韩尔庄集、辛冬集、杨庄集、曹村集、上庄集、南流集、小沼集、丁村集、木村集、邓村集、眉村集、附马营集、罗都屯集、东二十里堡集、清池集、治浑集、马宿集、仓上集、郑家集、蔡家集、下密集、周家庄集、富郭庄集、朱里集、于渠集、王伯集、牛埠集、寒亭集、庄集、纸房集、张氏集、朱马集、华疃集、大庙头集、北杨集、流饭集、道口集、涝埠集、大柳树集、葛埠集、殷黑庄集、槐埠集、双杨店集、高里集、郭翟、安固集、常疃集、温庄集、柳疃集、固堤集、杨孟集、沿村集、高庄集、二甲官庄集、北村集、臺底集。②

20世纪30年代，潍县集市发展到94个，其中早市2个，大集92个，分别为：沙滩集、陈家庙子庄集、望留集、大柳树集、张友家集、南小于河集、流饭桥集、葛埠集、槐埠集、殷赫庄集、远里庄集、高里集、双杨店集、大庙头集、华疃集、柳疃集、泊子集、周家官庄集、大崖头集、崔家庄集、道口

① 《潍县志稿》，第277页。

② 《潍县志稿》，第277、278页。

集、大于河集、陈家官庄集、涝埠集、下二甲集、台底集、官庄集、北村集、张庄集、固堤集、安固集、李家埠集、纸房集、温庄集、杨孟集、高庄集、河滩集、庄集、蔡家栏子集、常疃集、魏家温庄集、寒亭集、牛埠集、南张氏集、北张氏集、马宿集、仓上集、清池庄集、闫家张营集、李家张营集、张家官庄集、河北张庄集、韩尔庄李家集、王家油房庄集、山后魏家庄集、下密集、富郭庄集、朱里集、南流镇集、后宁家沟集、杨家埠集、三角埠集、二十堡集、南柴埠集、吴官庄集、治浑街集、辛冬街集、蔡家庄集、鲍庄集、眉村集、于渠集、王家庄集、西坡子集、前邓村集、后邓村集、北木村集、十甲集、南木村袁家集、小沼于家集、岳家集、南屯集、石沟河集、坊子镇集、陈家庙庄集、西郭家庄集、二十里堡站集、二十里堡集、马思集、李家水坡集、许英庄集、刘家柳沟集、杨庄集。[①]

眉村集是一个以布匹棉纱交易为主的集市。1917 年，曾因倡导铁机、推广新法织布而享有声誉的胡曰汉、王举才等人，为了便利线纱收购和销路畅通，联络各村知名人士，在眉村成立布线集市。眉村集为“一六”集，在赶集前一天，四面八方的布商、线贩云集于此，三里长的街道两旁，线、布堆积如山，人流似潮水般涌动，场面甚为壮观。眉村集的交易额巨大，一个集日布匹的销量竟高达 4. 5 万匹，线 750 件，[②] 成交额常突破 10 万元银币。[③]

老潍县乡村集市的集期大都为五天，集日按阴历计算，即为“一六”“二七”“三八”“四九”“五十”。20 世纪 30 年代，抗日战争爆发后，小的乡村集市大多自行消失，大的乡村集市也是一簇即散。中华人民共和国成立后，各个乡村集市逐渐恢复。

沙滩大集、南门早市、东关鱼市和大量的乡村集市是近代以来老潍县市场的重要组成部分，也是商品交换的重要场所。这些集市既是生产资料市场，又是生活资料市场，满足了广大城市居民和农民的生产和生活需求。

---

① 《潍县志稿》，第 278 页。

② 每件 100 公斤。

③ 山东省政协文史资料委员会编：《山东文史集粹 · 工商经济卷》，山东人民出版社，1993 年版，第 124 页。

二、庙会与山会

庙会与山会是近代潍县又一个非常重要的交易场所，是城乡物资交流必不可少的重要方式。虽然在民间庙会又被称为赶会、赶山、山会等，都包括祭神、娱乐、买卖等活动，但是从商业习俗的角度分析，庙会与山会在会期、场所、交易的商品等诸多方面还是有着很大的不同。

（一）庙会

庙会，简而言之就是在寺庙附近的聚会，可见它的形成与发展都与“庙”密切相关。寺庙的宗教祭祀活动是庙会的重要内容之一，庙会的会期一般安排在寺庙节日或所供奉的诸神的诞辰前后，地点也设在庙内或附近。

早期的庙会主要是由寺庙所主持和举办的隆重的祭祀活动。唐朝年间，佛教和道教获得了空前的发展，为了争取信徒，两教纷纷举办名目繁多的宗教活动，并且放宽了祭祀活动现场的要求，允许人们在祭祀、祈愿的同时进行买卖活动。时至明清，随着商品经济的发展，商品交易在庙会活动中占据更加重要的位置，赶庙会也成为城乡民众生活不可缺少的组成部分。

老潍县是一个历史悠久、文化昌盛的古城，城内庙宇众多，现根据地方史料整理如下。

城内寺庙：

名称	地址	祭祀对象	形成年代
关侯庙	胡家牌坊街	关云长	宋代
镇武庙	东北角楼	镇武爷	
文昌帝君阁	东南角楼	文昌帝君	
文庙	东门大街	孔子	
东岳庙	东门大街	泰山神	元至正十年（1350 年）
城隍庙	城隍庙街	城隍爷	明洪武年间
石佛寺	南寺前街	如来佛和十八罗汉	不详
菩萨庙	下寺	观音菩萨	
天仙宫	南宫街	玉皇大帝	元至正二年（1342 年）
药王庙	天仙宫东一墙之隔	古代名医	
观音大士庵	撞钟院街西头	观音菩萨	

六关寺庙：

名称	地址	祭祀对象	形成年代
玉皇阁	东关	玉皇大帝和二十八星宿	
三官阁	东关	天、地、水三官	
观音阁	东关	三大士	
绿瓦阁	东关	关羽、马王爷	
镇武阁	东关	狄青大将	
白衣阁	东关	观音菩萨	
王母阁	东关	王母娘娘	
关帝阁	东关	关羽	
碧霞宫	东关	王母娘娘、孙膑	
五道庙	东关	五道将军	
倒座观音庙	南关	观音菩萨	
五道堂	西南关	五道将军	
仙师庙	西南关	黄鼬铁狸	
三义庙	西南关	刘备、关公、张飞	
三官庙	西关	三官神	
望山阁	西关	王母娘娘	
准提庵	北关	准提菩萨	
八蜡庙	北关	八腊神	
地藏王庙	东北关	地藏菩萨	
保安庙	南坝崖	龙王	
关羽庙	北坝崖	关羽	
玉清宫	北坝崖	玉皇大帝	金大定年间

然而，并非所有的寺庙都有庙会，庙会的发展与寺庙的发展并非同步，前者要滞后于后者。庙会的发展与其功能的多元化及经济职能的强化相联系。明朝中叶以来，随着商品经济的发展和农产品商品化程度的提高，庙会逐渐成为商品贸易的主要场所。近代以来，随着老潍县经济、贸易的发展，城乡经济的供需关系日益多元化，这无疑促进了庙会商品贸易的发展。庙宇和庙会随之迅猛增加，遍布城乡。

抗日战争期间，由于战乱，多处庙会被迫中断。到“文革”期间，很多庙宇被毁，庙会也随之沉寂。

现将散见在地方史料中的近代潍县较为著名的庙会整理如下：

名称	会址	会期
城隍庙会	城隍庙街	五月初一至初五
玉清宫庙会	北坝崖	正月初一、九月初九
仙师庙会	西南关	三月初八
西关阁庙会	西关	四月初八
柳毅山庙会	寒亭	四月十五、十月十五
禹王台庙会	寒亭	正月十六

从表格可以看出，庙会的会期大多集中在春节后至春耕前的一段时间。除了特小型的庙会外，庙会的会期一般为 3 天，以庙宇所奉神灵诞辰的“正日”为中心，前、后各延一天。有的大型庙会庙期更长一些，如城隍庙会的会期为 5 天。老潍县庙会上的商品品种多样，日用百货、柴米油盐、香火蜡烛、饮食杂货、农用器具等一应俱全。

20 世纪初期，在破除迷信的口号下，很多庙宇一度被摧毁，庙会也一度中断。但是，庙宇马上又被重新修建起来，这可能主要是因为寺庙、庙会与当时百姓的生产、生活密切相关，它们已经成为满足民众物质生活和精神生活不可或缺的重要组成部分。一方面，由于近代中国积贫积弱，百姓生活在水深火热之中，他们无力改变现状，又找不到任何现实的力量来帮助自己从贫苦、困顿中解脱出来，因此，他们只能祈求于超自然的神灵；另一方面，虽然与传统社会相比，近代中国的工商业与交通都得到了很大的发展，但是还不够发达，仍然不能满足民众物质生活方面的需求，而庙会则有固定的会期、固定的地点，同时又遍布城乡，且庙会上的商品丰富多样，因此，庙会对于当时民众生活的重要性和必要性不言而喻。

（二）山会

近代潍县的山会一般为春秋两次，比集市、庙会规模更大一些，货物品种更加齐全。

中华人民共和国成立以前，潍县约有山会35处，其分布和日期见下表：①

名称	会期	名称	会期
沙滩山会	清明节	涝埠山会	四月五日至七日
大柳树山会	二月二十六日至三月一日、六月十九日至二十一日、十月二十六日至十一月一日	望留山会	
流饭桥山会	三月十五日、十月十日	安固山会	二月十四日、十月十四日
纸房山会	二月二十二日、九月二十二日	泊子山会	二月十九日、九月十九日
杨孟山会	三月二十八日、九月二十八日	温庄山会	二月十一日、十月十一日
寒亭山会	二月二十五日、十月二十五日	仓上山会	二月六日、十一月一日
张氏山会	二月十八日、十月十八日	河滩山会	三月八日、六月八日、十月八日
辛冬街山会	三月六日、十月六日	南流镇山会	二月二十四日、十月二十四日
李家庄山会	二月十八日、十月十八日	三官庙山会	二月八日、九月十日
高里山会	二月二日、四月十六日、十月二日、十一月十七日	桥西山会	二月十九日
老李官庄山会	四月八日	康家庙子山会	四月二十八日
固堤山会	三月三日、四月二十八日、九月九日、十一月三日	清池庄山会	三月十日、十月十日
郑家集山会	二月二日、十一月二十二日	流延寺山会	正月二十二日、十一月二十二日
夏密山会	三月二十八日、十月二十八日	土门山会	二月十三日、三月十三日、九月二十八日、十一月二十三日
罗都屯山会	四月八日、十一月八日	富郭庄山会	四月三日、十一月三日
前邓村山会	四月十日、六月二十日、十一月五日	后邓村山会	三月三日、九月八日
太公堂山会	三月十八日、九月十八日	杨庄山会	正月二十三日、十一月二十三日
常令公山山会	二月二十日、十月二十日		

① 此表根据《潍县志稿》第278页相关资料整理而成，表中日期均为农历。

在上表所列35处山会中，34处山会有确定的日期。一年中，有5处山会只召开一次，23处山会召开2次，3处山会召开3次，3处山会召开4次。从山会会期来看，绝大多数山会都集中在春耕前和秋收后的一段时间召开，从而避开了农忙时节，这说明中国传统的节庆、节令习俗在时间安排上符合中国农耕社会的需要。

老潍县山会多举行于荒山、广场等开阔地带，一般说来，山会的规模要大于庙会和集市。从交易的商品来看，山会上的商品品种繁多，除了本地物品，临近诸县乃至外省的商品也被运至老潍县的山会上销售。山会上的商品有一个突出特点，即与农事密切相关。春耕之前，农民所需要的农具、种子、牲畜等，皆可在山会上买到；秋收之后，农民将所收获的粮食、花生、棉花等农产品拿到山会上出售。同时，在山会上购买一些家庭手工业所需要的原料，以便在冬季农闲时从事纺织等家庭副业生产。

近代潍县山会对社会环境的依赖性非常大。在20世纪二三十年代相对和平的时期，潍县山会迎来了发展的顶峰。而在抗日战争时期，由于日军的封锁和对某些商品的管制，各地山会的状况每况愈下，多数山会自行消失，只有极少数山会延续下来，但是会期很短，仅仅一天或半天，山会上交易的商品种类也大不如从前。

三、货币流通习俗

从古至今，货币一直是一个国家的经济命脉。近代以来，由于我国国力衰微，时局动荡，货币更迭频繁，流通混乱。就这一时期的潍县来看，市面上主要流通过以下几种货币：晚清政府发行的银元、铜元、纸币，国民政府发行的“法币”，外国银币诸如“美洋”“站人洋”“鹰洋”“安南洋”“日出洋”等①，潍县商号自印发行的钱帖，日伪的“联银券”以及北海币等。

（一）当铺

当铺，是专门收取抵押品而放款的一种金融机构，古代称为质库、质肆、

---

① “美洋”是美国的，“站人洋”是英国的，“鹰洋”是墨西哥的，“安南洋”是法国的，“日出洋”是日本的。

解库、长生库等，亦叫典当、押店。

作为一种社会经济行为，当铺在我国有着悠久的历史。在文献典籍中，《后汉书》始有“典当”一词，因此可以推断，我国早在东汉时期就已经出现了“典当”这一经济活动现象。但是，作为一种成熟的经济行为，典当业的兴起与中国化佛教的发展壮大有着密切关系。南北朝时期，由于佛教经济的发展壮大，以及佛经中“无尽财”思想的理论支撑，典当业在寺院经济中发展壮大起来。

由于当铺当本低、利率高、当期短，自南北朝以来，除寺院在经营当铺外，达官贵人、商人也跻身此列，从而推动了这一行业的快速发展。清代以来典当业空前繁荣，出现了皇当、官当与民当并举的格局。

近代以来，由于帝国主义侵略的加剧和资本主义经济的发展，新式的金融机构如银行等迅速出现并逐渐占据了国内金融市场的主导地位，相反，钱庄、银号、典当等传统的金融业受到冲击，发展迟缓。

近代潍县当铺的情况亦是如此。作为民间资本企业，当铺很难和国内外的垄断资本竞争，加之战争和战乱的冲击，无论在数量还是规模上潍县当铺都远不如从前。但是，处于战乱、贫困中的百姓往往求借无门，因此近代的典当业还是有一定的市场需求的，这也刺激着典商的逐利欲望。晚清至民国时期，潍县的著名当铺共有四家，即元隆当铺、丰亨当铺、裕丰当铺和谦益当铺。其中谦益当铺和裕丰当铺位于东关大街，由黄县财主所开设；元隆当铺和丰亨当铺位于城内，由本邑大户丁氏家族经营。这四家当铺皆实力雄厚，元隆和丰亨两家当铺成本各十万缗，谦益和裕丰当铺成本皆八万缗。①

当铺看似简单，实是一个非常神秘的行业，其内部有严格的机构管理、行规和分工，从验货收当、记账、保管、付赎到死当处理都有专人负责。

贫苦百姓急于用钱而又无处借贷时，往往把当铺作为解燃眉之急的救命稻草。他们将家里看上去值钱的东西如衣物、饰品等送到当铺，当铺站柜台的伙计验看后，估量出物品的质量、价格。按照行业不成文的规定，当价一般是物

① 参见《潍县乡土志》，第100页。缗：本是拴钱的绳子，后演变为货币单位，每一千文为一缗。

品实际价值的十之二三。接下来伙计问当者要当多少钱，如果当者要的价钱高于伙计给出的估价，伙计就还一个较低的价钱。虽然当者觉得亏，但是除了当铺已是借贷无门，因此他们往往不得已吃下这个哑巴亏。

双方就当价达成一致后，站柜台的伙计高喊当品的名称、件数以及当价，账桌上管写当票的先生应声写出当票和一张签纸，连同当款一起交给站柜台的伙计，然后由伙计将当票和当款交给当客，交易完成。

老潍县当铺的当票是用毛头纸木板自印的，上面写有编号并盖有当铺的印章，还有对当品进行简单描述的字句。这些字句并不是对当品进行客观性的描述，而是极力贬低当品的质量。一般情况下，如果是皮业皆写上"光板无毛"，如果是金属器皿，皆注明"扁毁"字样。此外，当票上的字迹往往十分潦草，只有当铺自己人认识，外人皆不能辨认。这些都是当铺欺压、剥削当客的常用手段。

民国时期，潍县当铺的利息是二分五厘，而当时市面上的银钱借贷利息是一分左右，称当铺为高利贷行业真是一点也不为过。当铺当期按规定是两年，到期后可以继续保留 3 个月。如果到了 27 个月仍不去赎回，就成为"死号"，由当铺自行处理。当客还有另外一种选择，即翻当，就是将当期内应付的利息付清，换写新当票再当一期。

当铺对于"死号"采取以下的处理办法：当铺的主管掌柜即"应商"每年核查一次到期的当品，将这些"死号"从库房里取出来，掌柜将其中的珍品留下来，称之为"留号"。"留号"或被送给东家，或被掌柜自己留下。其余的东西就由当铺转卖出去。由于旧社会穷人家里没有太好的东西，他们往往是把衣服当给当铺，因此在当铺的"死号"中衣服占有很大的比例。对于这些衣服，当铺按照质量高低分成若干份，每份用包皮包好，并拴上布签标号，然后通知本县和外县的估衣店①，前来验货、画号。验货完毕，当铺设宴招待各估衣店买主。第二天，由当铺竞价拍卖出号的衣物，出价最高的估衣店得中，当铺当场宣布成交，然后由估衣店买方交钱提货，交易完成。

---

① 旧社会出售旧衣服或原料较次、加工较粗的新衣服的店铺。

（二）钱庄

钱庄，早称钱桌、钱铺，是我国一种以存款、放款、汇兑和信贷活动为主要业务的旧式金融行业，它的产生和专业化、行业化的发展是我国历史上商品经济和货币关系长期发展、共同孕育的结果。钱庄的雏形早在唐代就已形成，时称“僦柜”或“柜坊”。从发展历程来看，钱庄大致萌芽于明朝后期，发展于清代初年，鼎盛于清代后期和民国前期，20 世纪 50 年代初，被融入现代银行业，走过了大约四百年的兴衰历程。

早期老潍县钱庄采用“出桌”的形式办理业务。所谓“出桌”，就是在老潍县的东关大街和下河街一带，以及农贸市场上，摆上桌子办理银钱兑换。随着银钱兑换的普遍化及交易量的扩大，“出桌”发展成固定的门头。辛亥革命到七七事变前，随着潍县的经济发展和商业繁荣，银钱业迎来了发展的高峰时期。

1934 年潍县钱庄一览表[①]　　金额单位：元

名称	建立时间	资本	存款额	放款额	汇兑额	组织性质
同庆福	1931 年	2000	25000	30000	10000	独资
福盛增	1918 年	1000	25000	26000	20000	独资
福增义	1928 年	10000	50000	60000		独资
蚨祥号	1920 年	3000	50000	53000	100000	独资
同福号	1915 年	5000	50000	55000	100000	独资
同盛号	1931 年	5500	80000	86000	100000	合资
同和诚	1927 年	25000	80000	100000	60000	合资
德成昶	1919 年	4000	100000	100000	150000	独资
吉祥楼	1913 年	2700	50000	53000	20000	独资
怡记号	1928 年	5000	50000	55000		独资
福祥和	1930 年	3000	50000	53000	150000	合资
增聚合	1919 年	6000	50000	56000	10000	合资
隆祥号	1931 年	5500	50000	56000	150000	独资
利盛福	1931 年	3000	50000	53000	50000	独资

① 此表根据公英：《山东潍县之金融业》，《工商半月刊》1934 年第 2 期整理而成。

（续表）

名称	建立时间	资本	存款额	放款额	汇兑额	组织性质
统顺益	1931 年	1000	10000	11000		独资
同泰源	1916 年	1000	5000	6000	20000	独资
泉胜福	1916 年	1700	10000	12000		独资
复兴成	1927 年	1400	10000	11000	10000	合资
同盛永	1933 年	5000	50000	55000	50000	合资
隆昶	1933 年	5000	25000	30000	100000	合资
同裕	1933 年	5000	50000	55000	50000	合资
中成义	1933 年	5000	50000	55000	30000	独资
德源昶	1932 年	3000	40000	45000	30000	独资
聚兴昶	1933 年	3000	50000	55000	50000	独资
洪记	1932 年	1000	5000	6000	20000	独资

老潍县钱庄财力雄厚，表中所列钱庄中，合资的有 8 家，独资的有 17 家。商人能够凭借一己之实力开办钱庄，可见老潍县商业资本的实力非常强大。从建立初期的资本额看，都在 1000 元以上，其中 1000 元至 5000 元的有 14 家，5000 元至 10000 元的有 9 家，10000 元以上的有 2 家，资本额最多的是 1927 年成立的同和诚钱庄，为 25000 元。

老潍县钱庄经营的业务比较全面，包括银钱兑换、存款、放款、汇兑等。通过一览表我们可以看出：从存款额看，存款额在 50000 元以下的有 9 家（最低的为洪记和同泰源，仅为 5000 元），50000 元至 100000 元的有 15 家，100000 元以上（含 100000 元）的有 1 家；从贷款额看，在 50000 元以下的有 9 家，50000 元至 100000 元的有 14 家，100000 元以上（含 100000 元）的有 2 家；从汇兑额看，表中所列 25 家钱庄经营此项业务的有 21 家，占 84%，其中汇兑额在 50000 元以下的有 9 家，50000 元至 100000 元的有 5 家，100000 元以上（含 100000 元）的有 7 家，汇兑额最多的是德成昶、福祥和和隆祥号三家钱庄，都是 150000 元。

看到经营银钱业有利可图，老潍县城乡以及外地的财主富商纷纷加入到银钱业的经营中来，这使得老潍县的钱庄具有了地域性带来的“帮派性”特点。老潍县钱庄的帮派主要有东乡帮、县城帮、昌邑帮、烟台帮和周村帮。根据

《中国革命根据地北海银行史料第四册》的相关史料记载，在38家钱庄中，东乡帮占16家，县城帮占11家，昌邑帮占8家，烟台帮占2家，周村帮占1家。[①]

在所有的帮派中，东乡帮在数量上是最多的，实力是最雄厚的，其经营方式也非常灵活，“写山账”这种经营方式就是由他们发明的。所谓“写山账”，就是在集市上设点记账，记录下交易双方的姓名、金额，凡写在账上的交易款项，买卖双方可根据自己的需要，选择合适的时间和地点交付。这种方式一方面解决了现金携带不方便的问题，从而促进了商品交易的顺利进行；另一方面钱庄也能够从交易双方获得一定的佣金，有利于钱庄的资金积累与扩大经营。

20世纪二三十年代，潍县商品贸易中的小额交易仍然以铜元为主。由于铜元太重，不便流通和使用，很多钱庄就凭借自己的信誉，发行一种用长方形的纸制成的钱帖，时人称之为“长帖”。“长帖”的面额为一至十吊不等，但是没有九吊的，持帖者可到发帖的钱庄兑现铜元或银元。由于东乡帮资本雄厚、团结互助、互相周转，因此他们发行的“长帖”在民众中享有很高的信誉，在市面上流通最广。

20世纪30年代，在汇票经纪人的经营点被取消后，潍县的汇兑业务完全被钱庄操控。为了更好地开展汇兑业务，钱庄在东关大街西首路北设立了交易所，每天各钱庄派营业人员两次会集交易所开盘交易。当时潍县的汇票种类主要有五天期申票[②]，三天期或即付青岛票和济南票，三天期或即付津票[③]。

日军占领老潍县后，由于政局动荡、通货膨胀、物资短缺、金融枯竭等因素影响，老潍县的私营钱庄多数被迫停业或并入日本银行。正式经营的私营钱庄只有济南聚兴昶银号潍县分号。为了适应向银行报送表册的需要，该号在会计账务方面进行改革，废除了以前用毛笔书写上收下付的旧式账，改用阿拉伯数码的横式新式簿记，用钢笔书写，并设有报表和会计科目，客户使用支票和

---

① 参见中国人民银行金融研究所、中国人民银行山东省分行金融研究所：《中国革命根据地北海银行史料第四册》，山东人民出版社1988年版，第242页。

② 申票就是上海汇票，五天期即汇票到了上海，经与付款商号联系挂号之后，再迟期五天付款。

③ 津票即天津汇票，即付就是见票付款。

存款簿。这是私人银钱业在账务核算方面的重大改革。

（三）线庄

20世纪二三十年代，潍县兴起了另外一种经营货币的金融行业——线庄。

线庄的兴起离不开近代以来老潍县土布业的快速发展。“悠悠潍河水，岸畔杨柳青。林深无啼鸟，盈耳机杼声。”“九千绣花女，十万织布机。不知金鸡早，常伴玉兔西。”[①] 这两首诗是20世纪初潍县东乡一位姓杜的秀才所作，形象地描绘了老潍县织布业繁荣的景象。从20世纪初到七七事变之前，潍县境内的织布机总数最高为10万余台，从业者约有15万，其产品远销到河南、河北、山西、陕西、甘肃、四川、江西、福建、云南、奉天等地。1933年，潍县年产土布1080万匹，占山东省年产量的60％。[②]

线庄实质上和钱庄一样同属于金融行业，只是在经营业务上略有不同，线庄的业务主要是和纱布相关。随着老潍县织布业的日益繁荣，钱庄也主动插手此项业务。

1934年潍县线庄一览表[③]　　金额单位：元

名称	建立时间	资本	存款额	放款额	汇兑额	组织性质
义德泰	1919年	10000	100000	120000	50000	合资
瑞承祥	1929年	50000	100000	150000	50000	合资
瑞蚨祥	1930年	20000	50000	60000	30000	合资
瑞祥成	1930年	30000	80000	100000	30000	合资
同裕盛	1931年	4000	20000	25000		合资
裕丰祥	1930年	3000	20000	25000		合资
公祥泰	1923年	20000	50000	60000		独资
同泰和	1922年	30000	50000	60000	20000	合资

① 潍坊市潍城区委员会外事委员会编：《潍城区文史资料》第23辑，2006年内部印行，第86页。

② 山东省潍坊市寒亭区史志编纂委员会编：《寒亭区志》，齐鲁书社1992年版，第19页。

③ 此表根据公英：《山东潍县之金融业》，载《工商半月刊》1934年第2期整理而成。

（续表）

名称	建立时间	资本	存款额	放款额	汇兑额	组织性质
东和福	1928 年	20000	40000	50000		合资
协聚泰	1931 年	40000	200000	250000	300000	合资
同和福	1928 年	20000	30000	35000	20000	合资
德源信	1929 年	20000	30000	35000	10000	合资
德裕祥	1930 年	6000	100000	150000		合资
公盛福	1914 年	14400	100000	150000		独资
永兴隆	1932 年	7000	50000	60000	100000	合资
恒元祥	1932 年	4000	60000	65000		合资
公聚合	1926 年	20000	50000	55000		合资
同成利	1930 年	20000	100000	150000	100000	独资
同盛福	1923 年	32000	100000	150000	50000	合资
和盛公	1931 年	2000	50000	55000		独资
德源福	1930 年	15000	30000	35000		独资
源兴德	1923 年	4000	80000	100000		合资
德聚泰	1931 年	30000	100000	100000	50000	合资
德聚恒	1931 年	5000	50000	60000	30000	合资

从组织形式上看，线庄更多是采用合资的形式，上表中所列 24 家线庄中独资的占 5 家，合资的占 19 家，表明商人的经营观念在进步；从资本额看，低于 10000 元的有 7 家，10000 元至 20000 元的有 3 家，20000 元至 30000 元的有 8 家，30000 元以上的有 6 家，资本额最多的是瑞承祥线庄，为 50000 元；从存款额看，在 50000 元以下的有 4 家，50000 元至 100000 元的有 12 家，100000 元以上（含 100000 元）的有 8 家，最多的是协聚泰线庄，为 200000 元；在放款额方面，50000 元以下的有 5 家，50000 元至 100000 元的有 9 家，100000 元以上（含 100000 元）的有 10 家，其中最多的是协聚泰线庄，是 250000 元；从汇兑额看，有汇兑业务的有 13 家，50000 元以下的有 6 家，50000 元至 100000 元的有 4 家，100000 元以上的有 3 家，最多的是协聚泰线庄，汇兑额为 300000 元。

织布业需要用到的棉纱，大部分依靠青岛的纱厂供应。一些线庄、钱庄凭借雄厚的资金，囤积了大量的纱布，再转卖给农村从事织布业的散户。20世纪二三十年代，小额的商品交易仍以铜元为主，农户卖布买纱，由于不便携带铜元，便由线庄、钱庄结算和调拨往来账款，农户在白纸条上签署款数顶账。这些纸条只能在线庄、钱庄同业之间流通周转，不能提现，名曰“通用洋”，亦称“拨账单”。

“通用洋”的写法非常简单，即在约等于支票一半大小的长方形的白纸便条上，用墨笔写上祈付通用洋若干元，在另一行写上某某号或某某人[①]照付，然后盖上一块字号图章，但是没有负责人签名。农户若要提现，须付一定的“贴水”。这是银钱业相互通融，赚取利润、剥削农户的一种手段。

（四）银行

老潍县银行兴起于民国以后，1914年中国银行来潍设立了办事处[②]，这是老潍县最早的银行。七七事变前，潍县境内主要有如下几家银行：

1912—1937年潍县银行一览表[③]

名称	设立时间	经理	组织	地址
中国银行[④]	1930年	邢乾卿	官营	东关叶挺街
交通银行	1921年	屠又新	官营	东关叶挺街
山东银行	1926年	袁锦明	官营	东关叶挺街
山东银行	1918年	郭立庭	商营	东关叶挺街
中国实业银行	1930年	王子信	商营	东关叶挺街
平市官钱局	1931年	滕华春	官营	东关叶挺街
中鲁银行	1933年	郝秀山	商营	东关叶挺街
上海商业储蓄银行	1932年	王仲泉	商营	东关解放街（豆饼市街）

表中所列8家银行中，官营、私营各占一半。这一时期，因为潍县尚无统一的银行系统，因此未能实施统一的管理制度，关于货币的发行亦无法限制。

① 人名是指有据点的汇票经纪人，而非一般人。

② 1916年撤走，1930年再次来潍。

③ 中国人民银行金融研究所、中国人民银行山东省分行金融研究所：《中国革命根据地北海银行史料》第四册，山东人民出版社1988年版，第242、243、244页。

④ 1914年中国银行曾来潍设办事处，1916年撤回，于1930年重设，受青岛行管辖。

从实际情况来看，中国银行、交通银行拥有发行权；由于筹办人张宗昌掌握省政大权，因此山东省银行除发行纸币外，又结合老潍县地方商情发行铜元票；商营之山东银行因业务较好，也发行壹元、伍元、拾元三种纸币。由于官营山东银行与政治关系密切，其货币发行多为弥补财政亏空，因此信用很低，不如中国银行、交通银行和商营山东银行发行的货币受欢迎。

这一时期潍县银行一般以办理汇兑为主，兼营存、贷款业务。受实力强弱和联行机构等因素的影响，各行汇兑范围大不相同，如平市官钱局只办理济汇一种，山东银行专办英属公司和烟草公司汇款。各行的汇兑业务额也大不相同，如中国银行每年汇兑额大约为200万元，交通银行为45万元，中国实业银行为250万元，平市官钱局为45000元。[①]

在老潍县所有银行中，中国银行的业务较为广泛，它是第一个开办抵押贷款业务的银行。彼时，裕鲁、裕德等颜料公司，大华、信丰、元聚、德聚等漂染公司，上海烟草公司，惠祥、瑞祥等织布厂，均与中国银行建立了贷款关系，最少的5万元，最多的30万元。据一份1934年的调查报告，中国银行、交通银行、中国实业银行、平市官钱局四大银行，放款金额分别为20万元、35万元、5万元和15万元。[②] 交通银行在老潍县首先开办信用贷款业务，放款金额最多。

抗日战争爆发后，1938年1月日寇占领潍县，潍县原有的银行业受到毁灭性打击。在整个日寇占领期间，原有的公、私银行无一幸存，或主动撤走或被敌伪派人接收。这一时期潍县境内有3家银行：鲁兴银行、大阜银行和实业银行。鲁兴银行成立于1939年8月，经理程希白；大阜银行成立于1939年12月，经理刘健初。两家银行都是官商合营。实业银行成立于1943年6月，由日商私营，经理是日本人门田。在原始资金的募集上，鲁兴银行和大阜银行皆由伪联银的二分之一官股和二分之一商股构成。在业务方面，实业银行主要为日本驻华的工商业服务，鲁兴银行和大阜银行的业务面则要更广泛一些，它们积极地向老潍县各界工商业提供存款、贷款和汇兑服务。

---

① 参见公英：《山东潍县之金融业》，《工商半月刊》1934年第2期。

② 参见公英：《山东潍县之金融业》，《工商期刊》1934年第2期。

鲁兴银行和大阜银行的放款分三种形式：第一种是活期信用贷款，主要用于商户的往来透支，对放款额度有一定的限制，同时必须有生产单位担保，期限一般为半年。第二种是抵押贷款，这种贷款额度大，时间长，一般为半年或者一年，因此对借贷方要求非常严格，必须既有生产单位担保，又有货物作为抵押。抵押货物保管在工厂自建的库房内，库门须由银行上锁，商户从银行贷款时存上货物，还款后提取货物，存货、提货须由银行和商户共同监督。第三种是定期定额信用贷款，期限一般为半年或一年，必须有生产单位作担保。

1945 年至 1949 年解放时期潍县银行一览表①

名称	复业年月	经理	组织	开设地址
中国银行	1946 年 10 月 10 日	林博之	官营	东关大街
交通银行	1947 年 1 月	张千里	官营	东关大街
农业银行	1947 年 10 月	顾仙培	官营	东关大街
山东省银行	1945 年 8 月	史绍周	官营	东关大街

当铺和钱庄是我国古代就已经存在的货币流通机构，线庄和银行则是近代以来随着老潍县土布业的发展以及在外国货币机构的影响下新兴的货币流通机构。这些行业和习俗的出现，使老潍县近代的商贸关系和货币流通习俗更加多样化和丰富多彩。

四、买卖习俗

在商品交易中，为了能够获利，在激烈的竞争中取胜，各行各业的商家都自觉不自觉地形成了具有行业特色的买卖习俗。

（一）行话暗语

俗话说："三百六十行，行行出状元。"近代以来，随着商品经济的发展和城市化进程的加快，老潍县的社会分工日益精细，这就为不同行业行话、暗语的产生奠定了必不可少的社会基础。所谓行话，即指某些行业内部流行的专门用语，它们一般只是为某些行业群体中的人们所使用，非此行业的人则很难理

① 中国人民银行金融研究所、中国人民银行山东省分行金融研究所：《中国革命根据地北海银行史料第四册》，山东人民出版社 1988 年版，第 249 页。

解它们。[①] 行话的产生主要基于两个方面的原因：一是禁忌，某些话说出来不吉利；二是保密，在商业活动中易于行业内的人们之间交流，以欺瞒外行人。行话既是行业内部的语言，行业之外就不能通用，因此它也是一种暗语。

老潍县的商业行话丰富、多样，预售的说“期货”，不付现款的称“赊货”，削价的说“砍货”，假冒伪劣的说“水货”，好卖货称“抢手货”“俏货”，亏本的谓“赔钱货”，还有“年货”“鲜货”“转手货”之类。在经营山果的商贩的交易中，“而力”是好的意思，“克克”是看看的意思，“烟末”是钱的意思，“棒子”是称的意思，“采”是要的意思，“寸点”是少的意思。而在古玩行业，买了便宜货说“吃仙丹”，上当受骗说“吃药”。老潍县铁匠对于自家所生产的东西有自己的专门术语，他们把论片的叫“片货”，论斤的叫“斤货”，论条的叫“条货”。

买卖过程中当然离不开数字。为了隐瞒真实价格，商人往往以隐语的形式进行交易，以免旁人知道底细。对于从一至十的10个数字，老潍县各行各业所使用的暗语大不相同：织布业以“明、暗、聚、宽、拐、变、夜、问、梢”来表示，估衣业用“腰、安、搜、骚、外、苗、条、奔、刁、勺”来表示，当铺业用“由、中、人、工、大、王、夫、井、羊、非”来表示，米行业以“旦底、断工、眠川、横目、缺丑、断大、皂底、分头、丸空、田心”10个词语来表示，牛羊肉业及骡马业则用“丁、亥、品、吊、拐、孬、柴、张、万、天”来表示，金汁业（卖大粪的）用的是“粮、炒、栗、子、枣、滚、烫、热、粘、糕”，五金业用“棕、红、橙、黄、绿、蓝、紫、灰、白、黑”十种颜色来表示。

在农村集市的马、牛、骡等牲畜的交易中，买卖双方的经纪人除了用行话喊价外，还采用“袖口摸指”的方式进行交易。所谓“袖口摸指”，即无声行话，全用手指弯捏翘撸与对方手指相碰表示数字：从一到五，甲方撸住乙方，撸一指为一，两指为二，至撸到五；六，甲方撸住乙方中间三指，使其大拇指与小指翘起；七，将乙方大拇指、食指、中指捏在一起；八，撸住乙方中指以下三指，使乙方大拇指、食指张开翘起；九，将乙方食指弯曲；十数，将乙方五指弯曲一起，握成拳头。

---

① 蔡丰明：《上海都市民俗》，学林出版社2011年版，第191页。

（二）掮客与经纪人

掮客是在贸易中充当媒介的民间商人，亦被称为经纪人。经纪人充当的角色是买卖双方的中介，联系交易，商谈价格。在近代潍县的商业活动中，存在多种形式的经纪人，现简述如下。

第一种，汇票经纪人。1904 年，潍县开埠后，新式的铁制织布机被引入进来，逐渐取代了原来落后的木机，从而大大提高了织布产量，织布业户也由东乡向潍县周边各村扩展。20 世纪 20 年代左右，潍县织布业日益兴旺，需用的棉纱主要由青岛的纱厂供应。同时，从天津、青岛和烟台等沿海商埠进口的货物，要经由潍县再转销到山东全省；潍县的土特产如黄烟、猪鬃等以及济南等地的货物，也要由潍县再转销到沿海港口城市。因此潍县的异地商贸往来日益频繁，商贸额巨大。为了满足异地商务贸易的需要，潍县的汇兑业务也适时发展起来。

汇票经纪人是汇兑交易必不可少的中间环节，他们以此为业，每天活动于用票人和票商之间，待他们成交后收取一定的手续费。例如需要到青岛用款的商号或个人，可以通过经纪人找到这种异地汇票，然后到青岛取款。这样一方面省去了长途携带银元或铜元的不便，另一方面也大大降低了风险。后来有的汇票经纪人为了扩大业务，以个人名义设立门头，外有跑业务的，内有会计。20 世纪 30 年代钱庄、银号异军突起后，操控了潍县所有的对外汇兑业务，汇票经纪人及其门头被取消。然而在其十多年的发展中，产生了很多知名的汇票经纪人，如陈宗岳、张铭山、陈鸿升等，这些人后来都供职于老潍县各大钱庄或银号。

第二种，买办经纪人。老潍县开埠后，英、美、德、日等帝国主义国家的公司纷纷来此开设厂房，由于人生地不熟，他们往往选择头脑灵活、交际甚广的当地人充当中间人。1914 年，英美烟草公司与德国人管辖的山东铁路公司矿务部签约，以每年 300 元（墨西哥银元）的价格租用坊子煤矿西侧的 30 英亩

土地①，建造厂房，试种黄烟。

后来由于黄烟收购量大增，收烟场所和烤烟设备已不够用，因此英美烟草公司打算在廿里堡火车站附近购买土地，建造新厂。但是，当时中国政府规定外国人无权在租界以外的地方购买土地，于是该公司便找到华人来出面，先是贷款给买办张筱舫，以他的名义购买土地，然后再将土地租给英美烟草公司使用，贷款利息与租金相抵。

廿里堡烤烟厂下设经理部、会计部、收烟厂、仓库、复烤厂和运输部，均由英国人和美国人负责。此外，还设立华人账房和银行账房。华人账房由深受英美人信任的华人买办负责，并统管华籍职工事宜。自从 1917 年烤烟厂成立以来，负责华人账房的买办有夏明斋、张筱舫、吴杏村、梁希周、黄星海、刘桓士、沈醇堂、田联增、田乃权等。银行账房是专门负责为英美烟草公司垫付收烟款及其他经济开支的机构，田联增兼任经理，后其子田乃权接任，副经理是刘世荣。

廿里堡烤烟厂除几个英美人大权总揽外，大多数业务都由中国买办代为办理。华人高级买办主要供公司董事会咨询，提出建议以及处理某些重要问题，工资非常高，月工资由500元至3000元不等。其中最有名的买办是田联增，由于他办事稳妥、干练，擅长交际，因此深得公司的信任和赏识，成为总买办，公司下设各地的收烟分场的华人买办都归他管辖。他以经理名义，以承租形式与公司订立合同，负责推广种植和收购烟叶，因此须先垫付一切费用。由于所需资金巨大，田联增到处联络各大商号和财东，最后集资 1 万多银元，成立了同怡和银号，即“银行账房”。

田联增的账房收入很高，收烟款、工人工资等费用全部由同怡和先行垫付，田联增再和公司结算。他从中收取总额的 10%作为佣金，仅这一项就达 8 万余元，此外还有采购物资的扣佣，每年加起来多达 10 万多银元。

第三种，期货经纪人。20 世纪二三十年代，在银元和铜元并用期间，潍县投机商人发起一种买空卖空的后期交易，到期银钱两交，即“创两交”。买卖

① 潍坊市潍城区文史资料委员会编：《潍城文史资料》第 9 辑，1994 年内部印行，第 85 页。

双方不直接交易，而是委托经纪人办理，往往采取袖里来袖里去的成交形式，即无任何书面凭证，在暗中捏指头表示己方所出价格。虽然方式原始，但很少出现差错。

第四种，农村集市上的经纪人。20世纪上半叶，集市遍布潍县城乡。农村的集市，为农村的物资交易提供了很大的方便。在集市上，农民不仅买卖粮食、日用品、农用工具等物资，同时也进行牛、马、骡等牲畜的买卖交易。

在农村，无论是初春备耕前还是初冬未雪时，农民都有调换牲畜的习惯，由于他们常年在田间劳动，在买卖牲畜时，对口齿老嫩及市场行情等了解不甚清楚，多是外行，因此就催生了农村集市上的经纪人这一行业。这些经纪人大多灵活机巧、伶牙俐齿，能让买卖双方任其摆布：如对方见过世面，老成练达，则甘言如醴、殷勤讨好；如对方少见寡闻、老实可欺，便言语强硬，发号施令，代为包办。

（三）商业陋习

近代以来随着老潍县商品经济的发展，商业习俗亦发生了很大的变化。但是由于政局动荡，政权更迭频繁，有关商业的法律法规和制度不够完善，再加上商人逐利意识的驱动等因素，在商品交易中还存在一些商业陋习。

古语谓“同行是冤家”。商人的利益从根本上说既有矛盾又存在着一致性，但很少有人能做到胡雪岩那一点：“不抢人之美，你做初一，我做十五；你吃肉来我喝汤。”[①] 近代潍县的商业陋习首先表现在商人的互相拆台上。在近代潍县东关的鱼市街，有很多行头，这些人负责给买卖双方说合买卖、过秤、讲价等业务，以赚取不菲的佣金收入。各个行头为了扩大自己的地盘，经常互相拆台，甚至发生武斗。

近代以来，“顾客就是上帝”的理念被越来越多的中国商人所了解和接受，如晚清大商人胡雪岩在经商活动中始终秉承这样的原则和信念，把顾客摆在第一位。但并非所有的商家都能认识到这一点。在近代潍县的典当业中，就普遍存在着店大欺主的现象。在旧社会，往来当铺的一般是穷人或是家道落魄之

---

① 王志刚编著：《经商要学胡雪岩》，中国华侨出版社2004年版，第205页。

人，当铺用不着主动地拉拢他们入店。因此，和气生财、顾客就是上帝之类的生意经在当铺往往是不需要的。穷困者和当铺之间的交易，可以说是一个愿打一个愿挨。尤其当双方在当品价格发生争执时，伙计更是冷言冷语，甚至以拒收当品相威胁。在这种情况下，往往是当铺占得上风。

在沙滩集市上经营的商贩，对大致相同货物的售价大相径庭，其中大部分都含有很大的水分，但是顾客可以“漫天要溜地还”，“沙滩买卖拦腰砍”。

老潍县的商业陋习还表现在买空卖空的商业投机行为盛行方面。随着胶济铁路的开通和老潍县被辟为商埠，老潍县的经济地位日益重要，它成为内陆和港口之间重要的商品集散地。20世纪初期潍县的商号像雨后春笋般涌现，如经营德国爱礼司颜料的泰生东、经营日本棉织品的双盛泰等。这些商号出售货物时皆以元宝为标准，而大小商贩在销售这些货物时皆收入制钱，因此商贩必须把制钱换成元宝才能批购货物。由此制钱与元宝的兑换数量庞大，老潍县的银子市应运而生。彼时经营银钱业的银号，调动大量活动资金，左右银价涨落以从中获利。银钱后期交易额是以白银5000两为单位，在每个月十五和月底分两次交割。在交易之初，双方一手交元宝，一手交制钱。但到后来，投机商人利用二者的交换比例时涨时落的特点，采用买空卖空的方式，交割时只结清盈亏额度，由此形成赌博行为。

1930年银钱买空卖空的后期交易结束后，无孔不入的投机商人又改用棉纱为后期交易的商品。1942年后，由于战争时局的影响，物资日益缺乏，穷途末路的日本实施了物资配给政策，棉纱既已成为统制商品，棉纱的期货交易亦随之而结束。

虽然买空卖空的投机活动有赚有赔，但归根到底还是赚少赔多。其危害性很大，轻则赔本，重则负债累累，身败名裂。老潍县同盛永银号经理魏立堂未经股东同意，擅自去青岛租下房子，打算开设协隆代理店。开张前他就在其他代理店买进大量棉纱，结果不到一个月就赔了12.8万元，不仅赔上了自己的所有积蓄，连同盛永银号的全部资金也血本无归。

近代以来老潍县的货币市场紊乱也是商业陋习之一。1930年韩复榘统治山东后，创立了山东省平市官钱局，在潍县设立了分局，发行了角票和枚票，即铜元票，同时发行山东省库券。当时，潍县的货币市场异常紊乱，胡乱发行现象异常严重，从而扰乱了正常的市场秩序，给一般的民众造成了很大的损失。潍县当地的银号和其他行业，甚至小铺、摊贩都纷纷发行角票或枚票，在城东门里卖馒头的和顺亨以及在北沙滩卖黏粥、油条的福寿兴也发行了钞票。市面上货币繁多、杂乱，一直到1934年乱发货币的现象才稍微得到遏制。

第四章
自助自律：老潍县的商业管理习俗

近代以来，随着老潍县工商业的发展，行业分工更加细致，从业人员日渐增多。据《潍县志稿》记载，1934年时潍县城区的工商业共有116个行业，大小商家共计2030个，涉及当典、自行车铺、麻袋业、水胶业、纸盒业、电灯公司、汽车行、骨工业、纸花店、电料业、银首饰店、烟袋杆业、罗底业、洋烛业、账本业、火柴公司、丝烟业、卤水业、肥田粉业、滋养料业等21个行业。[①] 这之中既有历史悠久但近代以来衰落的行业，又有新兴的新式行业。为了保证行业之间的竞争有序、规范，商会和同业公会对各个行业起着不可替代的管理作用，其在管理方式上有别于传统的行会、会馆等商人组织。同时，历届政府也加强了对市场的管理和规范。

一、商会

清光绪二十八年（1902）潍县商务局产生，它可以说是潍县商会的前身。它的产生离不开特定的时代背景：近代以来随着帝国主义对中国经济侵略的逐步加深，中国经济被迫走向世界，和世界经济接轨并被纳入到整个资本主义市场体系之中。另一方面，老潍县自古以来经济发达，尤其是近代以来其工商业更是日益繁荣，这使得它在鲁东的经济地位尤为重要，为老潍县商会的产生提供了必要的本土因素。

① 参见《潍县志稿》，第546、547页。

老潍县商会作为一种新型的商人组织，它与传统的行会、会馆等在组织形式上有着很大的不同。在近代动荡不安的社会环境中，老潍县商会在本地的经济、政治、文化等各个方面起着不可替代的作用。

（一）组织机构

1902 年，潍县商务局刚开始成立时，设立总办一人、帮办一人，总办陈阜，帮办余绍第，下设职员、局勇等数人。1908 年，总办改称总理，由陈陔担任。1910 年，张毓莹任总理。可以说，从成立至辛亥革命之前这段时间，潍县商会无论是在人员设置上还是在工作作风上，都带有强烈的官衙气派和色彩。商会驻地大门两旁的虎头牌上写有“会务重地，闲人免进”的字样，除了商会的办公人员和地方上的官绅外，一般人是不允许进入的。商会的所有勤杂人员一律称为“局勇”，其胸前和背后都绣着勇字。商会职员坐轿外出办公。

辛亥革命后，商务局改称商会。1915 年，商会“总理”改称为“会长”，由陈星灿担任，副会长是王毓栋。1917 年，会长和副会长分别由张树棻和王毓栋担任。张树棻是近代潍县的著名学者，曾整理出版了《章实斋方志论文集》。张树棻任会长时正是潍县工商业和金融业迅速发展的时期，1917 年潍县的银号已有 50 余家，线业也在突飞猛进地发展。工商业在发展过程中出现了诸多问题，需要商会从中沟通、协调。由于张树棻是一介书生，对实业不是很精通，因此潍县工商界人士积极推动改选会长。在这一过程中，银线业发挥了很大的作用，瑞丰祥经理李双玉、永盛线庄经理康子周、德兴泰经理李级三、同祥号经理李翰臣、协聚泰经理李日三等人，经过酝酿后改选潘同科①为商会会长。1918 年潘同科就任商会会长后，一改商会的衙门作风，去掉了红黑棍、虎头牌，在墙壁上挂上“潍县商会公所”的牌子。商人合力改选商会会长，说明了商会已经由官府督办转向了商民自治。

从 1918 年到 1929 年 11 年间，潘同科一直担任商会会长，副会长先后由王毓栋和李德劭担任。1929 年，潍县商会在组织形式上继续进行改革，实行委员制，由各业公会和商号选派代表，选举出执行委员 15 人，监察委员 7 人。其

① 潘同科，字厘卿，曾在中国银行任职，在潍县的商界享有一定的声誉。

中，执行委员毛寄尘、毛采臣、张辉山、康子周、李景武、韩愉庭、杜汇川、王紫庭、李希仲、李梓山、李星五、赵星垣、程玉双、颜赞成、韩寿亭，常务委员有毛寄尘、康子周、李景武、毛采臣，张辉山。商会会长改称主席，推举毛寄尘担任，并在商会门前挂上“潍县商会执行委员会”的牌子。

1931 年 9 月，商会进行改选，选出了新的执行委员和监察委员，由胡镜心、毛采臣、康子周、韩愉庭、李星五、陈德吾、陈燕五、张干臣、杜汇川、康圣府、杨月如、于省初、郎次闻、王仲明、李中甫、郎吉人、王紫庭、魏子宜、魏彭龄、毕星五、程玉双等人担任，胡镜心当选为会长。

七七事变后，商会会长胡镜心跟随厉文礼[①]部出走打游击，商会执行委员会选举毛采臣为会长。1938 年 1 月 10 日日军占领潍县后，商界头面人物毛寄尘成为商会会长，绅商界组成了地方治安维持会，因为要与日本人打交道，便聘请李锦堂、牟德风等会日语的人做翻译。1939 年，商会会长由毛寄尘的哥哥毛采臣担任。1943 年 2 月，毛采臣生病去世，康子周继任会长。

抗日战争胜利后国民党政权接管了潍县，下令对商会进行改组，原来的商会头面人物被斥为汉奸，逐出商会。1945 年 10 月，张寿五负责组织商会，选举张寿五、赵捷臣、李英麟、谭子明、刘之芳、易文选、吕心斋、王芾村、张建堂、李级三、侯尧雪、丁子明、于粹亭、葛灼三、于省初等 15 人为委员，张寿五为主任委员，组成了整理委员会，挂上了“潍县商会整理委员会”的牌子，后来又增加魏子宜、杨月如、毕星五为委员。

1946 年秋，县长王有为离职，商会会长也随之换为张士林。张士林任职后，便着手改组商会，委员有韩嘉林、韩澍庭、张辉山、于蠡舫、韩玉生、王殷甫等人。张士林虽身为会长，却不经常到会办公，商会的日常工作主要由张辉山、于紫垣主持。1947 年，南京政府召开国民代表大会，胡镜心作为代表出席。胡镜心回潍县后，受到县长和绅商界的热烈欢迎，他在潍县的声望盛极一时，又重新担任商会会长。1949 年解放后，成立了潍坊市工商联筹备委员会，潍县商会至此结束。

---

① 厉文礼，时任潍县县长。

（二）职能作用

近代以来，帝国主义对中国的经济侵略日益加深，晚清一些有识之士认识到与其进行商战的紧迫性和必要性。如何更有效地与列强进行商战呢？这就必须振兴商业、发展商务，成立商会就是其中一个重要举措。郑观应较早提出了设立商会的建议和构想。1902 年盛宣怀奉命同商约大臣吕海寰在上海与英、美、日等国代表进行商约谈判，他深有感触："洋商总会如林，日夕聚议，讨论研求，不遗余力……彼团结而我散漫，彼谙熟而我生疏，彼尽得要领而事事占先，我茫无头绪而着着落后。"[①] 处在商战前沿的盛宣怀倍感列强官商相通、商商团结的优势，也深知我国官商相隔、商情不通的困阻，因此他上奏朝廷强调："创设商会乃是振兴商务之入手要端。"[②]

老潍县商会成立的目的和全国其他地方的商会一样，都是为了沟通商情、服务商业。七七事变之前，潍县商会无论是在组织机构上还是在职能作用上，都是沿着比较正常、健康的轨道发展，其组织形式愈益健全，对经济的促进、调解作用日益显著。

1918 年潘同科担任商会会长后，为了扩大坝崖街的商业区，促进潍县的商业发展，商会董事郎辑五、李崇德、郭蛟、李希仲、武焕之、张善堂等人提议：将城东门外的一段护城河填平，供商户使用。这一提议经商会同意、潍县公署批准后，正式实施。郎辑五等发起人组成董事会，全面负责整个工程的实施。1921 年工程完工，辟出了南北大约 600 米可供使用的平地。对土地的规划也是经商会讨论后决定的：先在中间留出宽约 10 米的街，取名为"保安街"，街的东边面积较小，作为坝崖街商号后院，街西紧靠城墙，面积较大。土地按照施工费用均价出售，买主多为商户，买后建成了很多商业用房，大的商号有聚祥永、同济药庄、义德栈等，还有一些小一点的商号。

随着老潍县工商业的发展，其与外地商业之间的竞争日趋激烈，尤其是织布业。19 世纪 20 年代潍县华丰机器厂成功制造出铁木合制的织布大机，它可

① 盛宣怀：《请设上海商业会议所折》，《近代中国史料丛刊续辑》，文海出版社 1978 年版，第 220 页。

② 盛宣怀：《愚斋存稿》，第 7 卷，第 35 页。

以织出和国外同样规模的布，大家争相购买这种机器。到20世纪30年代，潍县已经发展成为拥有10万台大机的织布业大县。织布业的发展带动了机器业、颜料业、轧布业、货栈业、印染业等一大批相关行业的发展。到七七事变前，潍县的布匹远销到河北、云南、四川、贵州、福建、河南、绥远、江西等地，土布业产值每年高达“二千万元”，占潍县全部产业产值的“百分之五十”。[①] 1934年江西省南昌市的织布业销售困难，南昌市织布业同业公会便向中国国民党江西省党部上告“鲁省潍县大宗布匹来赣倾销，查其所用棉纱等原料悉供自仇方。复有仇方国力资本为其背景，名曰潍县出品，实际乃利用国货工厂之名，改头换面，为虎作伥”[②]，认为是潍县布匹导致了本地产品的滞销，企图杜绝潍县布匹的进入。潍县商会迅速复函，据理力争：“潍县土布出品，纯系农村家庭手工织造，各工厂亦系放机于农村织户，不过各用本工厂之名义商标以志别耳。原料一节，潍县为便利起见，故多购自青岛纱厂，惟青岛之纱厂中外兼有，原料、手工又均系出自中国，尚得为之仇货乎？且该项棉纱行销于上海、天津各大商埠，从未闻反对其为仇货，岂因潍县之购用即目之为仇货乎？且以潍县土布之出品，屡经中央及本省政府派员调查，认为优良国货，誉为鲁省之冠，并减轻营业税以示优异而资提倡，从无异言。”[③] 正是由于潍县商会的及时、机智应对，才化解了这场风波，切实维护了潍县工商业者的权益。

20世纪以来，老潍县工商业快速发展，商号财力雄厚，商会多次组织商号对地方的突发事故进行善后救济。晚清时期，为了抵抗太平军和捻军的进攻，潍县政府大量储备火药。1869年，太平军和捻军相继被击退，十余瓮火药便被存放在庆成门谯楼，以备不时之需。1928年7月，东关保卫团认为庆城门附近是闹市，行人众多，将火药存于此处极不安全，因此决定起走这批火药，卖给南湖住村制作鞭炮，所得款项用于城防经费。但是，在挖掘旧存火药时发生意

---

① 彭泽益：《中国近代手工业史资料（1840～1949）》第4卷，三联书店1957年版，第11页。

② 潍坊市潍城区委员会编：《潍城文史资料》第3辑，1988年内部印行，第103页。

③ 潍坊市潍城区委员会编：《潍城文史资料》第3辑，1988年内部印行，第103、104页。

外爆炸，34 人尸首无存，160 多人重伤，轻伤 600 余人，炸毁民房 700 多间。① 一时间民怨沸腾。在这种情况下，商会联合绅商界成立善后救济委员会，派出多人分头向各个商号进行募捐，装殓死者，医治伤者，剩余的钱作为抚恤金发给遇难者家属。

1930 年春天，中原大战爆发，7 月底，晋军攻打潍县，潍县守军是赵心德率领的五十九旅。潍县绅商界积极参加保卫县城的战争，以毛寄尘和丁锡纶为首成立了“临时保安委员会”。在炮火连天、枪林弹雨中，临时保安委员会为守城部队积极筹借军饷 43000 元，还另出 3000 元酬劳守城官兵。在县城被困七八天的时间内，粮食稀缺，粮价上涨，士绅丁锡纶等人开囤粜粮，将粮食以平价卖给城内居民，解决了居民缺粮的问题。

1940 年日本宪兵队组织日伪军侵袭龙池、瓦城一带，杀死老百姓数十人，掳走 400 多人，押解到潍县城里文庙旁边的一个院落内。这些人缺粮少水，惶惶不安，商会安排人员给这些人送饭、送水，费用皆由商会负担。

1942 年春天，潍县发生了严重的粮荒，粮食供应紧张，粮价高涨。在商会会长毛采臣的号召下，潍县绅商界和十三镇镇长开会讨论此事，会议决定先由商会暂时垫付 5 万元，派人去济南购粮。粮食运抵潍县后，按原价卖给百姓，高昂的运粮费用由绅商界负担。1943 年潍县的春荒更加严重，伪县知事召集绅商界开大会，共同商讨赈灾事宜。会议决定成立“救灾委员会”，由毛寄尘任会长。救灾委员会积极从绅、商两界募集资金，购买粮食，并暂停了酿酒，向灾民免费供应粥饭。这次饥荒历时 4 个月，共计花费 15 万元，除由救灾委员会派人外出募捐 4 万多元，其余款项由绅商两界分摊。

在近代潍县动荡的时局下，商会在很多时候也起到了维护社会治安的作用，从而给潍县工商业的发展创造了一个相对稳定的环境。1928 年国民革命军北伐至山东，日本帝国主义以保护侨民为借口占据了青岛和胶济铁路，并提出了胶济铁路沿线两侧二十里内不准驻扎我国军政人员的无理要求。潍县的大小官员被迫撤到潍北华疃，一时间潍县城关守备异常空虚。在这种混乱的局面

---

① 参见潍坊市潍城区委员会编：《潍城文史资料》第 19 辑，2003 年内部印行，第 201 页。

下，潍县绅商界以商会为主组成维持会，商会会长潘同科兼任维持会会长，绅商界代表丁锡纶、郭雨若、张辉山、毛寄尘等人积极参加了维持会的工作。由于警备大队已经撤出县城，城外的土匪非常猖獗，威胁到商民的财产安全。因此，维持会成立督察处，由胡镜心任督察长，先后购买匣子枪 12 支，组成 14 人的督察队，与潍县城内仅有的警备小队和城厢保卫团一起维护县城的治安，并成功击退了张四等土匪的进攻。

在日伪统治时期，商人在横征暴敛、苛捐杂税、官吏欺压、特务勒索下，生命朝不保夕，财产更是无力自保，商会的正常工作被迫中断。多数情况下，商会屈从于日伪政权的淫威，沦为日伪政权欺压商户的帮凶。1938 年 1 月日军占领潍县时，商会会长毛寄尘亲自带领绅商界把日本侵略军迎进县城。后来日伪警察所所长王文泗以查缴囤积居奇为名，行敲诈勒索之实，借机查封了义成祥、德兴恒、华德祥等商号。商号无计可施，只好请求商会想办法解决，最后由商会会长毛采臣出面，花钱送礼，方才了事。1944 年 5 月，伪莱潍道尹王子枫以做警备队服装为由，让信丰染印公司总经理武伯平提供四百匹草绿色布。此时信丰已是日华合办企业，武伯平自恃这一点，再者又觉得自己是地方头面人物，因此对王子枫的话未加重视。王子枫一怒之下派人将武伯平和信丰经理王绍禹逮捕，并毒打二人。信丰染印公司急忙四处找人说情，未果。后来又是商会出面，并筹款购买四百匹草绿色布送给王子枫，王子枫才将武伯平和王绍禹释放。

日寇占领老潍县长达八年之久，汉奸、特务经常对商民软硬兼施、敲诈勒索，一些商会的头面人物怕这些民族败类将魔爪伸向自己，便用金钱、娼妓和鸦片等讨好这些民族败类，所用花费最终都落到商民身上。

抗日战争胜利后，国民党接管了潍县，为了和官员、军官搞好关系，商会经常以各种名目行贿，数额巨大，并且巧立名目对商民进行盘剥。国民党发动内战后，潍县驻军增加，开支巨大，大部分由地方筹集。1945 年秋，山东第八区专员兼保一师师长张天佐，以筹集军饷为名，邀请潍县工商界知名人士 20 余人到南门里专员公署开会。张天佐没有亲自出面，申集安副师长、程芸山秘书接待。申集安恩威并施地讲了一番话后，当场公布与会者每人应捐数额，共计法币 2 亿元，同时把交款方式和期限交代清楚。

张天佐摊派军饷数目表①

姓名	经营企业及职位	捐款金额
武伯平	信丰染印公司总经理	5000 万元
魏新泉	德聚染厂经理	3000 万元
刘英民	上海公司经理	1000 万元
李云台	大连天成炉经理	1000 万元
陈延智	青岛利兴染厂经理	1000 万元
于业臣	义和成颜料庄经理	800 万元
李星五	同祥永炭庄经理	600 万元
郎次闻	瑞兴泰、瑞兴祥经理	600 万元
谭祥芝	义盛祥颜料庄经理	600 万元
王寿臣	青岛义德栈总理	600 万元
王绍禹	信丰染印公司经理	600 万元
毕建初	大丰染厂经理	600 万元
李金三	蚨聚线庄经理	600 万元
张汉三	大华染厂经理	600 万元
于立臣	恒泰布庄经理	600 万元
杨希贤	德孚洋行买办	600 万元
韩愉亭	瑞丰酒店经理	600 万元
华德祥	英美烟公司经销处	600 万元
杜汇川	蚨祥银号经理	600 万元
康子周	谦和线庄经理	400 万元
	共计法币	20000 万元

在国民党统治时期，商会一声令下，各同业公会便按经费的数倍向所属商号分摊。经过八年的抗日战争，老潍县商业萧条，商户的财力大减，大小商号想停业，商会硬是不允许。

二、同业公会

鸦片战争后，传统的会馆、公所等商人组织仍延续和发展了相当长的历史时期。20 世纪以后，在政府的行政命令下，传统的会馆和公所等商人组织开始

① 潍坊市潍城区委员会编：《潍城文史资料》第 4 辑，1989 年内部印行，第 18 页。

向同业公会转变。

（一）历史沿革

1917年2月，北洋政府农商部命令各省革除行帮、会馆陋习，各行业团体依照规则组成同业公会。1929年，民国政府颁布《工商同业公会法》及《实施细则》，省政府下令各市、县遵照办理，并由建设厅督促各业行帮改组成立同业公会，作为省、市、县商会下的基层组织。同时，国民党中央政治委员会订立了同业公会的几条原则：第一，在同一区域内经营各种正当工商业之公司行号七家以上之发起，在该区域内得设立一同业公会；第二，同业公会于设立时应拟订章程，呈请主管机关备案；第三，同业之公司行号皆得为本业公会会员；第四，同业公会采取委员会制，并就委员会中互选常委；第五，同业公会应受省或特别市政府工商部之监督，遇必要时得解散之。①

在全国范围内同业公会普遍设立的浪潮中，1930年春，潍县政府根据国民党中央委员会的精神整顿潍县工商业，组织各行业成立同业公会，选举出主席和委员。

同业公会与传统的行会组织，最大的不同点在于竞争机制。同业公会不像传统行会那样，用行规把成员禁锢在一定的空间范围内，保守封闭，而是基于整个行业的整体利益，努力扩大自己的组织范围和地域范围，进行竞争，促进整个行业的良性发展。

同业公会主要有以下几个方面的职能和作用。第一，在经济活动中，代表本行业利益，与政府和其他行业处理好关系。一方面同业公会代表本行业，贯彻政府的各项经济政策，全权接受政府委办的经济事项，向政府反映本行业的利益和要求。另一方面同业公会有责任监督所属企业或商号，劝导其照章纳税，防止偷税漏税现象出现。第二，互通信息，指导本行业的生产、经营活动。原则上，同业公会常务理事每周开会，专门研究和交流各种经济信息，商定对策，并及时通知会员企业。第三，规范、协调同业的经济行为，对生产原料、工艺、价格、学徒等方面都有严格的规定，努力维护本行业的市场秩序和

① 工商部工商访问局编：《商会法、工商同业公会法诠释》，1930年印行，第68页。

商业信誉。新式工商同业组织在近代市场经济中充当了重要的角色，在一定程度上使近代无序的市场变得相对有序。

（二）设立状况

1930年潍县同业公会一览表①

同业公会名称	主席	副主席
钱业公会	吉瑞五	杜汇川
线业公会	康子周	
炭业公会	李星五	
酒业公会	胡镜心	
布业公会	王紫庭	
鱼店业公会	谭玉麟	
杂货业公会	谭风斋	李梓山
绣货业公会	程玉双	
颜料业公会	颜赞臣	
织布业公会	郝悦顺	谭敷九
油坊业公会	张慎斋	
西药业公会	魏子宜	
运输业公会	毛采臣	
洋广业公会	丁子明	
绸缎业公会	杨月如	
银首饰业公会	吕汝本	
铜首饰业公会	陈晏清	
货栈业公会	李禹臣	杨牖民
中药业公会	李景姚	
铁庄业公会	韩象九	
竹货业公会	王泽咸	
金漆业公会	郎珍三	
书笔业公会	韩寿亭	
酱菜业公会	毕星五	
鞋业公会	李中甫	

① 此表根据《潍城文史资料》第3辑，第89、90页整理而成。

1934年，潍县的同业公会共有25家：土布业同业公会、炭业同业公会、线业同业公会、竹货业同业公会、杂货业同业公会、绣业同业公会、书笔业同业公会、鞋业同业公会、药业同业公会、洋布业同业公会、新衣业同业公会、酒业同业公会、点心业同公会、广货业同业公会、酱菜业同业公会、颜料业同业公会、染业同业公会、染织业同业公会、铁器业同业公会、钱业同业公会、运输业同业公会、西药业同业公会、机器业同业公会、白铜首饰业同业公会、旅栈业同业公会。[①] 由《潍县志稿》对当时潍县城区工商业调查表可知，当时潍县的工商业共有2030家，对各个行业的划分非常细，共有116个行业，设立同业公会的行业占所有行业的21.5％。土布业有190家，炭业有43家，线业有24家，竹货业有15家，杂货业有208家，绣业有34家，书笔业有16家，鞋业有39家，药业有57家，新衣业有38家，酒业有41家，点心业有44家，酱菜业有16家，颜料业有26家，染织业有46家，铁器业有110家，钱业有43家，运输业有26家，西药业有14家，机器业有30家，白铜首饰业有34家，旅栈业有62家，缺少有关洋布业、广货业和染业数量的明确记载。在所记载的设立同业公会的行业中，杂货业家数最多，为208家，西药业家数最少，只有14家。

尽管1930年和1934年潍县的同业公会数量一样，但是设立同业公会的行业已经有所不同。1930年，同业公会中有鱼店业同业公会、油坊业同业公会、绸缎业同业会公、银首饰业同业公会、金漆业同业公会，到了1934年，这几个同业公会已经被取消，新增了洋布业同业公会、新衣业同业公会、点心业同业公会、染业同业公会和机器业同业公会。1934年和织布业相关的同业公会占了6个，有土布业同业公会、线业同业公会、洋布业同业公会、颜料业同业公会、染业同业公会、染织业同业公会，这和30年代潍县织布业迅速发展，从而带动相关行业的快速发展密切相关。从中也可以看出，只有那些和民生重要相关以及在地方经济中占有重要地位的行业才可能设立同业公会。当时潍县的饭馆共有102家，也没有设立同业公会。“普通商业系各商自外埠贩运大宗货

---

① 《潍县志稿》，第545、546页。

品，在县设店零售或批售于附近各县商贩。营业范围较大者为：杂货业、洋布业、颜料业、竹货业、药业、炭业、点心业、新衣业、西药业、广货业、书笔业、鞋业等，城关约五百六七十家。”①

七七事变后，潍县的渔行业成立渔业公会，代表渔行处理相关事物，调解同业内部的纠纷。抗日战争时期，日本侵略者当局将沦陷区的同业公会强行解散，代之以“统制联合会”，企图将潍县的工商业纳入日本军事当局的战时经济轨道。由于日伪当局和军警的强买强卖、敲诈勒索，大小商号举步维艰。抗日战争胜利后，南京政府接管潍县，各个同业公会相继恢复。但是全面内战随即爆发，潍县工商业还没走出抗日战争的阴影，又迎来内战的浩劫，这种情况下同业公会也无力发挥作用。1949 年中华人民共和国成立后，随着工商业社会主义改造的胜利完成，同业公会便结束了它的历史使命。

三、市场管理

鸦片战争以后，在外国资本主义的侵略下，中国自给自足的自然经济被打破，变为半殖民地半封建社会经济形态，中国经济被迫纳入了世界经济的轨道。从晚清政府、北洋政府到南京国民政府，其在市场管理上有一个共同特点，即“对外实行丧权辱国的半殖民地市场管理政策，对内承袭阻碍商品经济发展的半封建性市场管理政策”②。

（一）政府政策

近代以来，帝国主义通过一系列条约攫取了各项特权，对中国的经济侵略日益加深。1905 年，战败的清政府和日本签订了丧权辱国的《马关条约》，“日本臣民得在中国通商口岸城邑任便从事各项工艺制造，又得将各项机器任便装运进口，只交所定进口税。日本臣民在中国制造一切货物，其于内地运送税、内地税、钞课、杂派以及中国内地沾及寄存栈房之益，即照日本臣民运入中国之货物一体办理，自应享优例豁除亦莫不相同”③。《马关条约》签订后，

① 《潍县志稿》，第 539 页。

② 阎应福：《市场管理概论》，中国物价出版社 2002 年版，第 45 页。

③ 袁成毅：《谁来承担战争赔偿的责任》，黑龙江人民出版社 2011 年版，第 118 页。

帝国主义国家加快了向中国进行资本输出和商品输出的进度，破坏了中国原有的市场体系。

随着经济形势的改变，自晚清政府以来对市场的管理方式也在相应地发生着改变。1903 年，清政府设立了工商部，下设商务司管理市场活动，在商务司下设立了工艺局、商律馆、商标局、度量衡局等机构实施具体的市场监管。国民政府统治时期，设立了专门监管市场经济活动的工商部，并在各省建设厅设立了分支机构负责市场监管。近代以来还制定了一系列有关市场经济的法律法规：自从 1903 年开始，晚清政府以发达国家为蓝本，先后制定、颁布了《公司注册试办章程》《奖励公司单程》《商人通例》《公司律》《破产律》《商标注册暂核章程》等一系列法规，在接下来的北洋政府和国民政府统治时期，又借鉴西方制定了较为系统的一系列市场法规，仅南京临时政府就先后公布各种经济法规 109 条。

（二）市场章程

1904 年，潍县被辟为商埠后，经济市场化程度加深。抗日战争胜利后，潍县成立了交易市场，1946 年 4 月正式营业。交易市场位于老潍县东关大街路北的一座楼房内，大门上挂有“潍县交易市场”的招牌。交易市场以黄金交易为主，兼营棉纱期货，并且仿照青岛交易所制定了章程。章程规定，交易市场下设代理店 20 户，每户出交易员 1 人，参加交易活动。每个代理店交押金 100 万法币，退户时发还。代理店（包括交易员）按户编号，如再有增添，场方须征求代理店及交易员的意见，以维护他们的权利。① 为了维护市场的信誉和保护买卖双方的利益，章程还对交易数量、流程和原则进行了具体的规定：黄金交易以 1 两为单位，棉纱交易以 5 捆为单位，买卖双方都必须交纳 3 元的手续费；黄金期货交易每半月交割一次，到期只结算盈亏额；交易手续使用三联单，买卖双方各自填写一份，其中买卖双方互换 1 联，交易市场备案 1 联，留作存根 1 联；黄金和棉纱的开盘价为 3 万元，如果价格涨落超过开盘价，就暂时停止

① 潍坊市潍城区文史资料委员会：《潍城文史资料》第 9 辑，1994 年内部印行，第 162、163 页。

交易，待买方或卖方续交3万元押金后，交易再继续进行。[①]

老潍县交易市场的经理是袁以先，副经理是宋耿阳。交易市场开业后，生意非常红火，不仅本地的投机商人积极参加，青岛专营黄金交易的商人也来潍县交易。黄金交易额最高时一天成交近2000两，平时也在五六百两左右。交易额的增加为交易市场带来丰厚的收入，但是开支也不少，除了日常开支外，还有应酬地方官员的支出。后来，随着国民党的节节败退，法币贬值，黄金价格暴涨。1946年底，每两黄金的价格涨至40万元左右，1947年涨至100万元左右，最高时突破300万元。黄金价格暴涨导致交易市场冷清，市场上买主很多，而卖主却寥寥无几，交易市场已无法继续营业，至1947年底被迫关闭。

从性质上来看，商会是跨行业组织，同业公会则属于行业组织，二者同是近代以来中国经济社会发展的产物。从成立的目的来看，老潍县商会和同业公会都是为了促进老潍县工商业的发展，共同维护工商业从业者的合法利益。在近代潍县相对和平的时期，商会和同业公会确实在某种程度上制定了一系列的章程和规范，促进了潍县工商业的较快发展。但是，从总体来看，在近代中国国力衰弱、列强环伺的大背景下，潍县商会和同业公会在近代的不同历史时期或屈从于地方政治势力，或屈从于外国侵略者，未能很好地完成其历史使命。

---

① 参见潍坊市潍城区文史资料委员会：《潍城文史资料》第9辑，1994年内部印行，第163页。

第五章
儒商文化：老潍县商业民俗的历史意蕴与现代价值

商业信仰习俗是商业民俗的重要组成部分，主要是指流传于民间商业生活中的各种迷信或禁忌，大多都有从原始思维或信仰中不断传承和演变而来的某些神秘观念，并成为支配商人精神生活的重要因素，主要内容包括商业民俗心理和民间商业信仰、商业神崇拜、商业禁忌，等等①。老潍县商业信仰的崇拜对象可分为两类：一是对财神的崇拜，二是对祖师的崇拜。禁忌习俗是信仰习俗的一个方面，它是一种精神防卫现象。老潍县商人在经营活动中遵循避凶趋吉的禁忌习俗，希望能逢凶化吉，财运亨通。在老潍县的商业信仰习俗中，最能体现老潍县商业文化内涵的是老潍县商业精神，这就是老潍县商人在长期商业经营活动中所形成的敬业精神、诚信精神、社会责任精神、开创精神等。

一、商人信仰

商业信仰根源于人们在商业活动中求利避害的愿望祈求。人们在商业生活实践中，对利益、富贵、吉祥等，充满着强烈的向往与追求欲望。凡是想象中能够给人带来好运、吉祥和财富的神灵诸如老天爷、祖先神、行业神、城隍神、财神、灶神、门神等，都是人们崇拜的对象。这些崇拜对象借助某种形式或仪式表现出来，诸如神像、祭拜仪式以及寺庙、道观等。老潍县城厢有寺

① 王锐：《商业民俗学及其研究意义》，《商业文化》1997 年第 3 期。

庙、道观40余座，这些都是祭祀神灵的场所，也是商人心灵活动的信仰空间。

（一）祖师崇拜

《周礼·考工记》中讲："知者创物，巧者述之，守之世谓之工。百工之事，皆圣人之作也。""三百六十行无祖不立，七十二道艺有师同尊。"各行各业都有它们的创始人——祖师爷。所谓祖师爷，即被认为是某个行业的创始人，或是对这一行业做出过重要贡献的人神化而来的。有些祖师爷是源于民间的神话故事。祖师爷一般是超凡脱俗的神性人物，法力无边，能给后人带来福祉和恩惠。各行业都很重视行业祖师崇拜，视其为本行业的保护神。中国各地各行业自古以来均有供奉祖师爷的习俗。各行各业认为自己之所以能够从事一份衣食无忧的职业，完全归功于祖师爷，是祖师爷赏给的饭碗。树有根，水有源，行业也有开创者，人不能忘本，追根溯源，就要敬拜祖师爷，以表达感恩之情。同时，祖师爷也是炫耀本行业的招牌，每个行业都讲究"家法""师承"，并有"祖师"创业授艺的神奇传说。如果木匠不标榜"师传绝技"，郎中不炫耀"祖传秘方"，便难以取信他人，难以增强职业神秘感和神圣感。在这种心理和思维定势下，没有祖师爷也要"创造"一个出来。

商业的祖师崇拜常与许多手工业祖师崇拜结合在一起，既供奉保护神，也供奉相关手工业的祖师神。纸铺、刻字铺、笔铺奉文昌帝君为祖师，玉器铺奉邱处机为祖师，颜料铺奉葛洪、梅福二仙为祖师，糖饼糕点铺奉雷祖为祖师，茶叶铺奉陆羽为祖师，绸布店奉嫘祖为祖师，药铺和米铺奉神农为祖师，饭庄饭铺奉灶君为祖师，木器家具铺奉鲁班为祖师，铁铺和五金铺奉太上老君为祖师，鞋靴铺奉孙膑为祖师。织工、绸缎业的祖师是织女，弇兹氏织女是中国历史上最早的一位女首领，被后世人追尊为女帝，又称玄女、玄帝、素女、帝弇兹等。凡酒坊、酒馆、酒家均尊奉杜康为祖师。杜康即少康，为夏代的第五任君主。印刷业奉仓颉为祖师爷，仓颉是黄帝时期造字的史官，被尊为"造字圣人"。棉布业的祖师是黄道婆，又名黄婆，她是元代著名的棉纺织革新家。中医业的祖师爷是战国时医学家扁鹊，他创立了望、闻、问、切"四诊"医术。印染业奉东晋葛洪为祖师，葛洪曾在炼丹中提炼出各色染料，被后世用来印染布帛、纸张。裁缝业尊奉轩辕氏，传说轩辕黄帝曾教民众用骨针穿麻线缝树叶

和兽皮做衣服，故被缝纫业尊为祖师。当然祖师并不为某一行业所垄断，许多不同行业往往共奉一祖，而某些相同或类似的行业却信奉不同的祖师爷。如木匠、雕刻匠、锯匠、砖瓦匠、皮箱匠、竹篾匠、榨油匠等不同行业共以鲁班为祖。鲁班的发明创造很多，木工使用的很多器械都是他发明的，像曲尺、墨斗、伞、锯子、刨子、钻子等。然而，同为医药行业的药号医铺、江湖游医、民间郎中却信奉不同的祖师爷，前者以华佗为祖师爷，后两者祭奉的却是伏羲、神农氏和太乙真人。另外，各行业各店铺信奉的可能不只是一个祖师爷，祖师爷和行业保护神还相互交织。如盐民、盐商除供奉夙沙氏、胶鬲、管仲为祖师外，又常奉黄帝、炎帝、蚩尤、葛洪等为盐神。因此说行业祖师崇拜具有庞杂性，并形成一个庞杂的行业神祇谱系。

老潍县的民间造纸业，历经元、明、清各朝，历史悠久，迄今已有七百多年历史。其发源地是寒亭西北隅纸房、辛庄一带。纸房地处虞河之滨，虞河河床深陡，终年有水，且水深流缓，可供四季撞涤纸料所用，为造纸业提供了天然的有利条件。此处造纸业的制作过程简单易行，工具少，收效快，宜纸、农兼作，当地群众称作此业为“水中捞钱”。民间流传，此地造纸技艺是由东汉造纸先师蔡伦的弟子所传，至今有的造纸户仍供有“纪念先师蔡伦”字样。农历三月十四日为“蔡伦节”，逢此日造纸户摆供果祭祀。①

各行各业常在授徒、出师、开业、节庆时举行隆重仪式祀奉祖师爷，且一般备有祭祀祷告词。在徒弟出师时，师傅向祖师爷跪诵祷告词，实际上是师傅对学有所成的弟子进行道德教育，同时举行执业授权仪式。由于借助于“神”的监督和权威，这种神秘仪式具有极富意义的社会功能。神圣的仪式和高度戏剧化的表演，使本行业的新成员明了行业规范和自己的社会责任、权利，并以此作为自己终身行为的约束力量。这样一来，既保证了行业淳朴的职业道德和紧密的师徒关系，又实现了一种工商业集群在裂变中的统一性。“因为千篇一律的仪式性德化教育使走向独立生存道路的个体始终与行业整体保持有形无形的内在联系，也正是这种联系，使行业文化得以维持与延续，对行业个体达到

① 工业志办公室：《我区的民间手工业区》，《寒亭区文史资料》第1辑，第133页。

有效的道德控制。"①

利用祖师崇拜的仪式，营造神圣庄严的气氛，教育徒弟养成尊师敬业的习惯。延伸开来，即不但祖师要尊，同一行业的师傅、师兄也要尊，从而形成一定的等级秩序，便于商业管理和经营。其实这就是老板控制员工的一种手段，只不过这种手段附会在祖师爷身上，大家认为是祖传的规矩，从古以来就是这样的，只有逆来顺受，接受这种规则的安排。如这种等级秩序表现在报酬上，就是学徒一般没有薪俸可领，只有出徒了才能享有待遇，实际上等于白白给老板干活。如理发业的学徒制度：理发店的学徒工都是穷人家的孩子，因生活困难，有的孩子年纪很小就学理发。学徒期为 3 至 5 年，根据年龄的大小，小者学 5 年，大者学 3 年。在学徒期间，管吃管穿，出徒后才能够领工钱。学徒时间虽长，但开始的一两年里学不到手艺，每天只干些杂活，如打水扫地（一天不断地扫头发）、端洗头水、生炉子，甚至为师傅拿尿盆或者帮助师母看孩子，最后一年多才学会理发技术。②

表现在身份地位上，师傅、师兄的地位要高，他们入行早，经验丰富，他们的话必须听。据老潍县翻砂业的学徒工回忆："师傅下了班，有些活徒弟还得干，吃饭时先给师傅盛饭端饭，睡觉时给师傅铺床、提尿壶。大师兄打、二师兄骂，有时比师傅、把头还厉害。力所不及的活也得干，病轻不能休息，累大了借上厕所歇歇，盹大了摇着轮子能睡着，忙时三四天不洗脸。身上脏得不像样子，夏天到白浪河里洗洗澡，冬天利用化铁炉停火后的余热热点水洗洗。一个十几岁的孩子求亲告友，远离家乡，辞别父母，千里迢迢来到翻砂厂学徒，真像进入了人间地狱。"③

给祖师爷庆生日算是给员工的一点人生期盼和慰藉。当时各种各样的行业，基本上没有休假的概念，工人一年到头辛苦工作，只有在特殊的日子才得以休息。在祖师爷诞辰，老板往往会举行各种各样的庆祝活动，请戏班唱戏，

① 姜又春：《传统商镇的行业信仰、禁忌与语言》，《社会科学论坛》2008 年第 12 期（下）。

② 田明东口述，张冠群整理：《潍县理发业》，《潍坊市潍城区文史资料》第 5 辑，第 103 页。

③ 孟昭华、宋秀岩、于志华供稿，蒯兆松整理：《潍县翻砂业概况》，《潍坊市潍城区文史资料》第 5 辑，第 99 页。

请员工聚餐，以放松和娱乐身心。如旧社会的理发店只在正月初一休息一天，理发业的祖师爷罗祖生日（旧历七月十三日）休息一天。罗祖生日这天，理发业的人员都到东关南下河路东一家马车店里，扎着席棚集会庆祝。有个叫马奎的人诵保安经，为全体理发人员祈祷平安和幸福。1929 年罗祖生日时，全体从业人员曾在胡家牌坊武衙门的潍县大戏院演京剧一天以表同庆。①

（二）财神信仰

财神是能给人们带来财富和好运的神，商人最崇拜财神，认为财是由财神赐予的，敬财神就会生意兴隆。因地域差异或行业不同，财神的身份也不一样，一般有文财神、武财神、五路财神之分。尚文的人家供奉文财神，尚武的人家敬祀武财神。文财神有比干、范蠡之别，武财神有赵公明、关云长之分。比干是殷纣王的叔叔，生性耿直忠诚，公正无私。殷纣王无道，听信妲己的谗言，命人挖取比干之心为妲己治病。比干因为事先服用了姜子牙的灵丹妙药，剖心后而未死，变成了无心之人，来到民间广散财宝。因办事公道，所以他被后人奉为财神。范蠡是春秋末年越国大臣，曾辅佐越王勾践打败吴国，功成身退，隐居陶地，因善于经营和理财，又能广散钱财，被世人称为财神。赵公明是《封神演义》中的人物，即姜子牙所封的“金龙如意正一龙虎玄坛真君”，专司金银财宝，迎祥纳福之职。据《三教源流搜神大全》载，他神异多能，变化无穷，能够驱雷役电，呼风唤雨，除瘟剪疟，保命解灾。凡买卖求财，只要对其祈祷，便无不称心，故民间奉其为财神。民间所供奉的财神赵公明皆着战袍，

武财神

① 田明东口述，张冠群整理：《潍县理发业》，《潍坊市潍城区文史资料》第 5 辑，第 102 页。

执鞭，黑面浓须，形象威猛，身边聚集了聚宝盆、大元宝、珊瑚之类的宝物。关羽，字云长，为三国时期人物，一生忠义勇武，坚贞不二，从不为金银财宝所动，被后世尊为“武王”“武圣人”，神化为有司命禄、科举、治病除灾、驱邪避恶等“全能”法力的神祇。因其忠诚、信义和公正的品德，符合商业道德和诚信原则的要求，所以关公化身成为商贾和百姓共同信奉的公正不阿的保护神。祭祀关羽的神庙就被称作关侯庙或关帝庙。

根据祭祀时神像所在的位置，财神又分为正财神和偏财神。文、武财神是正财神，五路财神为偏财神。民间所说的偏财神通常是指正财神赵公明的四位义兄弟，他们与赵公明合称“五路财神”，即赵公明、招宝天尊萧升、纳珍天尊曹宝、招财使者陈九公和利市仙官姚少司。五路是指东、西、南、北、中五方，意为出门有五路神保佑可以得好运，发大财。五路财神都是吉祥神，也是民间吉庆年画中常见的形象。

老潍县所供奉的财神多为武财神关云长和文财神比干，尤以武财神关云长最为普遍，所以老潍县的关帝庙最多，城区及四关各街道、路口大都有关帝庙，最有名的是胡家牌坊街中段路北的关帝庙，香火最盛。关帝庙或家中所供奉的财神，多为瓷质或铜质雕塑的“关帝”像，并配有豪华的像龛。至于文财神比干，样式多为帝王模样的人物，后面有童子打扇，前面画“聚宝盆”和天官。对于财神的供奉，方法也有两种：一种是将“文财神”印到灶王上，让其与灶王同享香火；一种是单祭。“文财神”一般配有“招财使者”和“利市仙官”，“武财神”则配有周仓和关平。商铺必供的财神有武财神关公、赵公明，文财神比干，还有偏财神利市仙官（五路财神之一）。一些大店铺都设神堂以供祭祀之用，中小店铺则到纸铺请一张财神。文财神像轴上方横批是“惠我无疆”，两边对联是“总握人间福，专增世上财”。武财神像轴上方横批是“威震华夏”，两边对联是“兴家立业财源主，治国安邦富贵神”。

老潍县的百姓为什么将正宗的财神赵公明，换上了自己心目中的比干和关羽，这恐怕也只能从中国传统文化的影响去加以分析。由于《三国演义》《封神演义》的形成及创作流传的影响，比干和关羽在人们心目中的形象，已远远压倒了赵公明。比干披肝沥胆向纣王直谏，是我国历史上最早的“忠”的艺术形象，经过历代的宣传，明清之际已被神化，并在全神庙中挣得了神位。关羽

早在三国时代就有“威震华夏”之威，后被步步抬高，宋崇宁中封“崇惠公”，旋加封“武安王”，明万历中封“协天护国忠义大帝”，到了无以复加的神圣高峰。据学者考证，早在元代关羽就开始向赵公明的财神地位挑战了，赵氏能“除瘟剪疟，驱病禳灾”，“至如讼冤伸抑，公能使之解释，公平买卖求财，公能使之获利和合”。而建于元至正十一年（1315）关王庙的石柱上，也出现了这样的铭文：“孙阳保蒙古人毛锡施伯坡下保关王庙石柱一根，伏望保佑合家安康。”比干被封的历史不比关公短，据史料记载，早在贞观十九年（645），比干就被诏谥曰忠烈，春秋祠以少牢了①。既然比干、关羽都具有类于赵公明的本事，而赵氏又是道教中的人物，虚无缥缈，有点靠不住，人们撤去赵公明，而换上比干和关羽，恐怕就是很自然的事了。以历史上的“忠”“义”两个典型，取代骑黑虎的赵公明，不仅在老百姓那里能通得过，在统治者那里也是完全没有问题的。所以，从这个角度讲，财神易人是传统文化长期影响的结果，亦是历史的必然。这里还有一点应指出的是，农民对传统文化的利用是有选择的。他们喜欢传统文化里的忠义，却对财利并不轻视。因为赵公明形象欠佳，他们将他换下来，但又把他画到年画上，如炕头画《大发财源》就是赵公明的形象，希望他仍能发挥作用。②

老潍县还有一个财神是“增福财神”，归于文财神之列。增福财神原名李诡祖，淄川五松山人，北魏孝文帝时任曲梁县令，清廉爱民，善降水妖。民间传说李诡祖为太白金星下凡，得天齐嬷嬷之道，去世后葬于五松山嬷嬷幢并立祠祭祀。民间称他增福相公、文财神，又称他财帛星君、增福财神、福善平施公。唐武德二年（619）他被唐高宗赐封为“财帛星君”，唐明宗天成元年（926）被赐封为“神君增福相公”，元文宗天历二年（1329）被赐封为“福善平施公”。在三个文财神中，李诡祖最具神性。传说他是玉皇大帝帐下的太白金星，属于金神，在天庭的职衔是“都天致富财帛星君”，专管天下的金银财帛。他样子慈祥和善，有求必应，最乐于帮助善男信女。潍县人为这位财神修了一座庙，即潍县城区西南隅的“增福堂”。增福堂的称呼在明朝成化之前就

① 《纲鉴易知录》，第1177页。

② 张道路：《三神考析》，《寒亭区文史资料》第6辑，第63～64页。

有。成化十八年（1482），潍县商人曾经重修增福堂，重塑财神像，并且塑了观音等神像，香火旺盛。随着潍县商业的发展，商人越来越多，腰包越来越鼓，主管腰包的财神爷也是鸿运当头，每天来烧香礼拜的成千上万。尤其是到七月二十一、二十二这两天，四里八乡的人都来赶“增福会”，以致人山人海，水泄不通。前来求财的人太多了，以至于财神爷都感到为难了。在老潍县的一座财神庙前，有副对联写道：“颇有几分钱，你也求，他也求，给谁是好？点上三炷香，朝也拜，夕也拜，叫我为难。”[①] 颇有戏谑的味道。

除日常祭祀外，财神节把财神信仰推向高潮。明清以来，潍县作为山东重要的商业城市，过财神节的习俗由来已久。民国《潍县志稿》卷十四“风俗”载：“七月二十二日谓为财神生日，各商家无论巨贾小贩，皆设祭供神，饱恣饮啖。……相沿已久，至今不绝。”老潍县的财神节是农历的七月二十二日，相传为比干的生日，也是财帛星君的生日。每到这天，从早上开始，商户人家就忙着购买香纸鞭炮，置办供品佳肴，节日气氛之浓厚不亚于中秋节和春节。各商铺通常到下午四时就提前收工，五时许开始燃放鞭炮，人人脸上喜气洋洋，互相祝福着：“发财、发财，恭喜发财。”各商号经理与同行业或街坊商号互拜。财神节生活之丰盛，为一年所仅见。饭馆和食品业人头攒动，挤满了食客，他们放开肚皮饱恣饮啖，酩酊踉跄，醉汉满街。鞭炮、花炮声此起彼伏，热闹非凡，整个城区沉浸在一片节日的气氛中。六时许，鞭炮声再度密集起来，家家户户便在财神像前摆供燃香，磕头祈祷。供品大都是八色供或十二色供，富庶人家还会供蒸鱼整羊。供奉祈祷完毕，全家人再煮水饺摆宴席，庆贺一番。水饺谓之“元宝”，吃水饺意谓招财进宝。供祭庆贺仪式通常持续到晚上八时。[②] 这一天各商业行会还请戏班唱大戏，费用由各商号、店铺分摊，或者大家轮流做东。

财神生日这一天，各商家、各行业还要举行迎财神仪式。祭祀时，红烛高烧，鞭炮齐鸣，以争先为利。为了先接到财神，人们抢着打开大门，敲锣打鼓，燃放鞭炮。接过财神后，大家聚在一起吃“路头酒”，一直吃到天亮开门

---

① 潍坊市政协文史资料委员会编：《潍坊文史资料》第 2 辑，内部资料 1986 年印，第 306 页。

② 潍坊市潍城区史志编纂委员会编：《潍城区志》，齐鲁书社 1993 年版，第 764 页。

营业为止。据说这样可以保证一年到头“生意兴隆，财源茂盛”。

（三）上帝信仰

上帝不是中国传统文化里面的神灵，是一个舶来品，虽然在中国流传的时间很短，但在潍县的工商业者尤其是新式工商业者中有着巨大的影响力，从而在潍县形成了以教会人士为主的财团。

19世纪末，美国北长老会牧师狄乐播受美国北长老会的派遣，来中国传播基督教。狄乐播先去烟台，经由烟台转入登州。1883年，在烟台经商的潍县人李始元（人称李八先生）邀请狄乐播来到潍县。狄乐播经过一番调查，认为潍县是一块宝地。就交通而言，潍县东临烟台、青岛，西去济南、淄博，可谓沟通山东东西交通的枢纽。同时潍县商贸兴盛，手工业发达，市面繁荣。再者潍县城又素有“书香县城”之称，文化比较发达，因而他便把潍县作为开拓宗教活动的基地。同年，在当地教友的协助下，狄乐播在老潍县东关处购买了一片土地，然后在上面建立了“乐道院”。“乐道院”意为宣传“上帝”人道、博爱的场所。其场所很是显要，院内的钟楼为当时潍县城东部的标志性建筑物，潍县人称之为“洋楼”，里面有教堂、学堂和诊所，用来传教、办学和开办诊所。有了潍县乐道院作为宗教活动基地，狄乐播便在山东各城市建立起布道网。1915年，他在山东选了5个重点布道县，各县设布道干事。依靠乐道院的教会大学——“广文学堂”培养出来众多人才，狄乐播很快建立了一个密集的布道网络。高密县布道干事滕祥五、莒县布道干事刘福田、广饶县布道干事黄乐德、济南布道干事刘福增，他们都是乐道院“广文学堂”毕业后又转入神学院毕业的学生。在资金方面，美北长老会也给予了大力支持，拨发的1000银元经费，除各干事薪金外，其余均作为修建学校与整修教堂用资。在狄乐播的努力奔波下，山东省建立了基督教组织，名曰“区会”，它是山东省基督教的最高机构。

当年的乐道院占地200多亩，一度成为昌潍一带教会、教育和医疗卫生中心。西方的传教士、教师以及医务人员大多在这里开展活动，传教、办学以及免费为农民看病，名声越来越大。但是这些活动对潍县城里的人影响不大。城里的官宦人家与乐道院里“红毛绿眼的洋鬼子”很少走动来往，彼此相安无事。大户人家的子女也不到乐道院上学。这其中有两个原因：其一，城里的官宦人家看不起“洋鬼子”，不屑与之来往；其二，宅户人家，侯门深院，外国人不易接近。

不过，让他们接触见面的机会还是不期而至了。1916 年，袁世凯企图复辟帝制，激起全国的反对。山东反对袁世凯的革命军在青岛集结，计划沿胶济铁路直捣济南。战火逼近，警报频传。潍县城里的大户人家坐不住了，就想找地方避难。他们想到避难的地方就是离潍县城不远的乐道院。于是潍县的几大家族聚在一起商议办法，最后一致推举了几个阔家太太，由郭恩嘉的太太率领，携带厚礼到洋楼去。她们首先拜会了狄四师娘（狄乐播的夫人狄珍珠），说明了来意。狄四娘随即召集了院中的主要人员，共商此事。大家一致认为这是与城里宅户家交往的好机会，便慨然应许。对于乐道院的临难相助以及竭诚招待，潍县的大户人家心存感激，为了表达谢意，他们特制匾额一方，白底黑字，上书“仁里德邻”四个大字，然后组织乐队，吹吹打打，抬着大匾，披红挂彩送往乐道院。乐道院方面自然热情相迎，并且决定把北大门上的旧匾“乐道院”取下挂在大门的里面，把新匾“仁里德邻”挂在大门的外面。

这是“洋楼”建立 30 多年来的一大转折点，此后它与当地人的关系就密切了。城里人送子女到乐道院上学的多了，去治病的也多了，对外国人的印象也有所改变，逐步和他们有来往了。①

与城里大户人家的做派不同，老潍县新兴阶层对基督教并不反感，而且有一些人就是广文学堂的毕业生，是虔诚的基督徒。华丰机器厂的创始人滕虎忱和同和诚银号总经理张舆忱以及惠东大药房经理张执符等，都是美北长老会在潍县传教时的信徒。老潍县最有势力的一批工商业户，号称“七东八丰”，都是基督教会的信徒开办的。在开办之初，有些企业是通过发动教友注资才发展起来的。如福东号成立于 1933 年，地址在天顺和北邻，由天顺和的伙计陈立甫、王启之、谭明阶、彭金章等组成，资金是潍县教会人士（大部分为东字号）协助集股解决的。山东商店的经理丁子明不仅投资支援，还在募股方面起到了很大作用。再如惠东大药房在开办之初，仅有资金 600 元，为了扩大经营

---

① 崔德润：《潍县乐道院》，《潍城文史资料》第 4 辑，第 139～142 页。

规模，1925年副总经理魏子宜通过教会关系，发动教友入股，在潍县城里中山路路南，买下杨姓临街房5间，后房2间，然后改建修饰，建成了全新的惠东大药房。“惠东”的发展极为顺利，由1920年600块银元起家，到1937年已发展到拥有职工百余人，年创利20万元的大企业。[①]

同时，教友之间相互注资、彼此支持成为常态。以惠东大药房而言，惠东大药房董事长张世德（张舆忱）同时是同和诚银号经理，董事共有8人，其中刘英民是同和诚银号副经理兼上海烟草公司经理，丁子明是惠丰火柴厂经理，山东、大东百货店经理，福东百货店总理，泰东百货店副经理，滕虎忱是华丰机器厂经理，李义山是义丰木材厂经理，于翠亭是华东制革厂经理，孙升堂是惠东医院院长，尹焕斋是信丰染厂经理，也是广文中学校长，丁执庸是华丰机器厂副经理。惠东大药房总经理张执符、副总经理魏子宜同时在其他“丰”“东”厂店董事会任职或有投资，张执符在“七东八丰”连号企业中任副董事长。由此可见，企业之间彼此注资，彼此持股，关联度很高，形成一荣俱荣、一损俱损的利益共同体。张世德对教会人士所办企业尽力扶持，如亚东大药房资金一度周转不灵，陷于困境，在同和诚予以贷款的资助下才渡过难关。所以潍县教会人士所办的企业很少有倒闭的，[②] 这充分说明了教会在老潍县工商界的势力之雄厚。

凭借着雄厚的财力，老潍县工商界在教会中有着很大的影响力和发言权。美北长老会传入潍县之初，教会大小事务均须传教士定夺，中国教士无权过问且受到歧视。1922年滕虎忱、张舆忱等人联名上书美国教会，提出自立要求，表示坚决不受外国教会控制和干涉，并发出倡议书。倡议书立即得到了全国各地教会的纷纷响应和支持。1922年，“潍县中华基督教自立会”创立。1924年潍县商号以及各地教徒捐现洋7500元，向乐道院购买了城里和东关的两座教堂，城区内教会的所有事务被全部移交给自立会。自立会拥有教徒六七百人，实行长老制，由广大信徒民主推选出德高望重、熟悉教规教义的人担任长老，

---

① 刘炳旭、王继业整理：《潍县惠东大药房》，《潍坊文史资料选辑》第4辑，第69～70页。

② 张文光、刘秉信、王剑华：《张舆忱生平事略》，《潍坊市潍城区文史资料》第16辑，第112～113页。

负责处理教中一切事务，包括经管财务收支，聘请牧师讲道主持礼拜，以及处理每年春秋两季的长老考堂会受洗信徒事宜等，并推选出执事若干人共同处理教会事务。自立会经费主要依靠华丰机器厂提供，该厂经理滕虎忱是自立会发起人，同时也是第一任长老。1933年9月，冯玉祥参观自立会，接见了滕虎忱等人，鼓励其爱国爱教精神，并亲题“人格救国”四字，制成匾额赠送给自立会。

（四）多神信仰

俗话说，礼多不怕菩萨怪。很多行业为了兴旺发达，可谓见神就拜，希望通过各种各样法力无边的神灵得到全方位的庇护，从而形成了多神信仰。由此可以见证老潍县商人信仰的庞杂性、功利性和开放性特点。

从老潍县城里到四个关厢，无论在交通要冲还是街头巷尾，都可以看到寺庙的存在，其数量之多、种类之繁是其他地方所少见的。据粗略统计，仅城里和四关厢规模较大的庙宇就有40多处。老潍县城里的庙宇有关帝庙、镇武庙、文昌帝君阁、文庙、东岳庙、城隍庙、增福庙、岳王庙、石佛寺、天仙宫、药王庙、观音大士庵、玉皇阁、三官阁、观音阁、白衣阁、王母阁、碧霞祠、奎星庙、五道庙、仙师庙、三义庙、三官庙、准提庵、玉清宫，等等。至于小型的神龛之类更是遍布各处，数不胜数。这些寺庙建筑精美，历史悠久，有着多方面的文化内涵。寺庙的产生、存在和围绕寺庙的一些活动，体现着古老潍县的社会景观，反映了老潍县百姓的精神风貌。

寺庙的产生是由于人们信仰的存在。老潍县的寺庙之多、种类之繁，反映了老潍县百姓的信仰风气之盛和信仰对象之多。从老潍县寺庙的名称和所祭主神来看，人们信仰的对象可分为两大类：一类是神，一类是圣。神即神灵，圣即圣人。像文庙、关帝庙、岳王庙、药王庙、镇武阁、三贤祠、孔相祠等属于后者，这些寺庙所祭祀的孔子、关羽、岳飞、孙思邈、狄青、周亮工、赖光表、郑板桥（赖光表、周亮工、郑板桥三个县令入老潍县“三贤祠”）等，都是人间杰出的历史人物，或者是老潍县历史上的名人。玉清宫、石佛寺、城隍庙、观音大士庙、三观阁、保安庙等属于前者，这些寺庙祭祀玉皇大帝及二十八宿、如来佛及十八罗汉、城隍爷、观音菩萨、天地水三官等。而从文化角度

来看，老潍县的寺庙和人们的神圣信仰，涉及到了儒、道、释等多种文化。文庙、关帝庙、岳王庙、三贤祠等有关信仰圣人的庙宇基本上属于儒家文化范畴，玉清宫、仙师庙、天仙宫等属于道家文化范畴，石佛寺、观音寺、准提庵等属于佛家文化范畴。

人们在寺庙对圣人进行祭奠，除了表达崇敬之情外，还有祈求圣人先贤为人们赐福和使人们远离灾祸的意思。从这层意思上可以看出，人们是把这些圣人神化了，不仅将他们视为圣人，还将他们看作神仙，比如把关羽称作"关老爷"，把药王庙供奉的孙思邈称作"药王爷"。而寺庙里对神灵的祭祀供奉，主要是祈求赐福和避祸。比如对玉皇大帝、王母娘娘、城隍爷、龙王爷、财神爷等神灵，祈求赐福、赐寿、赐财、赐子等。老潍县城坝崖街上"保安庙"里供奉着龙王爷，很明显是人们祈求龙王爷不要发大水冲了坝崖上的商铺房屋，因为这里紧靠白浪河。另外，人们在一些佛教寺庙如南佛寺、观音庵供奉如来佛祖和观音菩萨，除了祈求赐福、避祸外，还希望自己死后有个美好的归宿，可以升天到极乐世界去。

人们对神灵的崇拜和信仰，从根本上说是由于生产力低下和科学不发达。老潍县虽是历史上的名邑大县，手工业较发达，物产较丰富，小商小贩和手工业者收入不稳定，生活保障性不强，再加上天灾人祸和社会动乱，老百姓普遍存在不安全感。因此，就需要一些精神上的寄托和慰藉，以抚慰内心世界。老潍县的寺庙过去这么多、这么杂，原因就在这里。

对于圣人和神灵，老潍县人从来不马虎，祭祀仪式庄重、虔诚。豪门士绅为求万事顺心如意，逢年过节时，往往给予寺庙施舍和捐献，多数人家送钱，甚至有捐房产、地产的。如东门城头关帝庙明德、明心师徒在城里郭宅街东首路南有房产一处，共二十多间，他们时常出租给东门大街商户存货。这处房产就是老潍县巨商同祥号东家李氏兄弟送给庙里的。他们怕幼子夭折，特地送子进庙寄养，以求佛祖保佑，把房产作为拜师之礼。①

在老潍县民间，孙膑和庞涓的故事流传甚广。老潍县城东关耀武门内（现

① 王振纶供稿，李志强整理：《潍县的寺庙和僧道尼姑情况》，《潍坊市潍城区文史资料》第3辑，第183页。

福寿东街西首）有座碧霞元君庙，庙内附有“孙膑祠”，专门供奉孙膑。相传孙膑受膑刑后常骑一独角黄牛，因而老潍县城乡居民在农历正月十六孙膑生日这天，纷纷赶到碧霞宫的孙膑祠给孙膑送“坐骑”，纸扎的黄牛数量非常多，连祠堂外和大路边都放满了。老潍县民间相传，患有腿疾的人给孙膑连送三年黄牛，腿疾即可不治而愈，长年在路上奔波谋生的人们对此深信不疑。民国时期人力车夫们曾经集资送了特大的纸扎黄牛，需十几个人才能抬起。正月十六这天过午，人们就把所有的纸扎黄牛搬到耀武门外大石桥西侧的白浪河畔沙滩上，点火焚烧，同时燃放鞭炮。由则尔庄特制的万头大鞭炮接连燃放，震耳欲聋，响声与火光经久不息，方圆百里的香客和看客络绎不绝，热闹非凡。[①]

由于老潍县寺庙文化内涵丰富，老潍县百姓对神、圣信仰非常热切，所以老潍县的庙会就比较多，寺庙的香火就比较旺盛。有庙会就有集市，到寺庙求神拜佛的善男信女多，商贸买卖自然就兴盛起来。老潍县的庙会有着更浓厚的商品交易会的色彩。

城隍庙是老潍县城里的大庙，城隍爷是老潍县县城最大的神灵，因此城隍庙的庙会非常隆重热闹。城隍庙的庙会在每年的正月初一至初五，道徒们将庙堂打扫干净，钟鼓齐鸣，焚香燃纸，等待香客。一群群善男信女，纷至沓来，祈福膜拜如仪。整个庙堂里香烟缭绕，声乐不绝。城隍庙街两旁摆满了摊点，卖香纸的，卖儿童玩具的，卖糯米糕的，卖糖稀人的，卖糖葫芦的，应有尽有。街上人流如潮，摩肩接踵，熙熙攘攘，热闹非凡。在逢庙会的日子里，城隍庙对面的大戏楼天天轮班唱戏。戏台两旁专门搭建了看台，以便招待当地官员及其家属等。其他观众则在台下或坐或站，挤满整个戏场。城隍爷每年五月初一出巡的日子也是庙会，而且应该说是规模更大、影响范围更广的庙会，轰动整个潍县城。城隍爷出巡时全城百姓都出门上街观看，街道两旁人山人海，如同过年一般热闹。

五道庙和先师庙的庙会也甚为热闹。五道将军俗称道神或路神，是道教的一个神灵。按照道教说法，五道将军是东岳大帝下属的神灵，掌管世人的生死

① 于沅伯、王季敏：《潍县岁时记》，《潍坊市潍城区文史资料》第 2 辑，第 131 ~ 167 页。

与荣禄。五道将军颇富同情心，他能帮助、成全弱者实现自己的梦想，是个具有正义感的神灵。[①] 仙师庙是一座坐西向东的庙宇，供奉俗称为“老师父”的仙师。民间传说仙师“老师父”是狐狸或黄鼬经过千年修行得道成仙的神灵。人们把“老师父”及其兄弟看作是福运、友善、祥和、治病除灾的人格化身。1922 年，潍县一位丁姓士绅倡议在五道堂南侧斜坡状洞口处重建仙师庙，故住在附近西南关新巷子的清末状元王寿彭笃信“老师父”，不仅鼎力相助，还为庙宇题写了匾额和楹联。

仙师庙建庙时间虽晚，但自从重建后，它的香火之盛却一直超过当地的任何一处庙宇。每月的初一和十五日，善男信女不约而同，纷纷到仙师庙顶礼膜拜。农历三月初八是“老师父”的生日，这天，远乡近村的善男信女纷纷赶来进香朝拜。前来祝寿朝拜的信众，不仅带着香纸、俸钱，还有鸡鸭鱼肉、蛋、点心等各种贡品，香案上摆不下，绝大部分都从“老师父”洞口送入洞内。一天到晚，庙里庙外，人群涌动，摩肩接踵，到处香烟缭绕，纸灰满天。人群中的妇女们都头插松柏、针线，手挎覆盖红色包袱的兜兜，三五成堆地席地而坐，有的诵经念佛，有的说道传经，还有的拜干娘、结亲、许愿，五花八门，热闹得很。三月初八是“老师父”的生日，也是五道庙的庙会，五道庙一带热闹非凡。五道庙前的五条大路上，满满的全是人，说书的、唱戏的、打拳的、耍猴的、卖艺的、卖小吃的，应有尽有。据说有时进香赶会者多达万余人。五道庙庙会成为民国时期当地规模最大最有影响的庙会。

二、商业禁忌

商业禁忌是商业信仰的一个方面，它是人类特有的神秘的精神防卫现象和信仰习俗。商业以求利为目的，开门营业都希望能赢利，因此凡是与经商赢利相违背的言语、行为都是禁忌。旧时潍县商业禁忌颇多，各行各业都有自己的禁忌，这反映了商人求吉避凶、怕蚀本的心理状态。

（一）数字和日期禁忌

商家有许多忌日。挑担行商忌单日出门，日子逢八最吉利，意大发、获利

① 王瑞甫：《揭秘老潍县五道庙》，《潍坊晚报》，2012 年 4 月 17 日。

多。外出办事或经商，有“七不出门八不归家”的禁忌，因为俗有“七煞八败”“七折八扣”“七上八下”的说法。“十四”与“失事”谐音，逢十四则说“太平日”。每年正月初一至初四关门休息，初五开始营业，届时店工、徒弟都要准时到店。因为正月初四为羊日，“三阳（羊）开泰”，凡事不宜破，而正月初五为牛日，牛气十足，凡事可破，故将正月初五称为“破五”。

商人讲究“争价归争价，不能在斤两上亏”，不能要秤杆骗买者。旧式秤为16两一市斤，俗以为16两代表天上16颗星，南勺北斗共13颗星，再加上福、禄、寿3星。如果做买卖斤两上坑害人家，少给人家1两就减福，少2两就减禄，少3两就减寿。在这个方面老潍县商人是信守不疑的，从而强化了职业道德的严肃性。

商家开业，选定黄道吉日，或以“8”“6”为日期，谐音取“发”和“顺”，开业时张贴对联，以示火红。

在有些买卖中，价钱数不直接喊出，而是用手语表达，如牲口交易谈价时用的就是手语。行话就是一留、二撇、三品、四格、五半、六搔、七捏、八叉、九勾、十整。一般在“钱褡”下或袖中摸手，避免第三者知道，叫“递码”。一般这种方法主要是便于经纪人“吃两头儿”，吃完买主吃卖主。谚曰“车船店脚牙，无罪也该杀”，“牙”即指经纪人，表明了人们对这行人的痛恨。

（二）行为禁忌

商店在清晨开门营业时，由管账先生开门，学徒卸门，并将活页门板按左右两边顺序正面竖放，不可以反放和倒放，意为“百事顺遂”。忌讳早上有顾客赊账、借钱、调零钱等，认为这样会一天生意不顺。忌人说货不好、不好卖等。此外还禁忌坐在柜台上，禁忌敲击账桌，禁忌拨弄算盘玩和反搁算盘。商人们认为这些行为会导致生意不好或蚀本。

忌讳早上第一个客人不成交而去，恐怕带来一天的倒运，所以都千方百计做好第一笔生意。尤为忌讳早上一开门，顾客就前来倒换商品或退货，认为不吉利，所以一般都会委婉请求顾客下午再来。店员为顾客取货要先取中等次等货，顾客嫌次再拿好货，避免“拿顶了”，即先拿好货顾客因要不起而受窘。“拿顶了”即为失职。店员不准与顾客吵嘴，吵嘴即犯铺规，即使顾客无理取

闹，也要化之为祥和。顾客出门，店员要站起来点头送行。无论有无顾客，商店伙计均不得面朝里坐，这种行为意味着无事可做，生意不顺，故为商家大忌。店铺忌坐门槛、钱柜，忌摔算盘、账簿。在店内扫地，须从外向里扫，这样能将生意、财气都扫入店内。倒垃圾应走后门或者边门，以示“进财纳福”。春节期间，不到正月初五（俗称破五）不可以向外倒垃圾，以免把一年的财气倒走。

商人外出采购，忌出门时遇到女人或棺材。挑担出门经商的人，出门忌见乌鸦，更忌遇见尼姑、和尚。行商的扁担禁忌别人从上面跨过，尤忌女人用脚踢或跨过坐过。商人外出，忌见人吵嘴打架，忌遇见自己不相识而且不打招呼的女人，忌丢三落四，忌走回头路，忌讳说不吉利的话。不能踩别人的脚后跟，否则总落人后，晦气赚不到钱。忌打喷嚏、眼皮跳，忌听见猫头鹰或乌鸦叫。交易时奉行明码实价，忌短斤缺两，但允许算账时存在差错。如果属于计算错误，对方不应责难，老潍县民间有俗语“算错不为瞒”。

店铺新开张、重开张第一天，正月初八开市，甚至每天早上开市，忌讳第一位顾客是妇女，说是女人会冲了财运，并往往以此占卜一天生意的好坏。如果刚一开门就来个进京赶考的举子，便认为是大吉大利，宁肯不收钱白送，以取吉利。如果第一位是妇女，尤其是孕妇、小女孩，等她们走后，必以草绕点而熏之，熏罢扔于店外，以资破解。[①]

漆工归家前只能用油腻布擦手，砌工也不用水洗砖刀，意忌“洗手不干”。木匠收工，经常故意留下一点活不干完，意为“留有余地”。

卖牲口不卖绳，也不送绳，而是解下来，再带回家去。绳为“财引子”，将绳卖掉或送给别人，就等于把财源卖给送给了别人。赶马外出做生意的人，忌说涉及豺、狼、虎、豹等的字句，否则外出不吉。

在店堂里，忌伸懒腰、打呵欠、坐门槛、敲击账桌、玩弄算盘和反着放算盘，民间认为这些举动皆是对财神不恭的表现，会冲撞财神，对经商不利。打扫店堂，忌往外扫，必须往里扫，意为扫进金银财宝。尤其是春节期间，不准扫地，不准往外倒脏水、垃圾，这等于“倒财”。这种规矩平头百姓都信守不

---

① 王衍军：《中国民俗文化》，暨南大学出版社 2008 年版，第 196 页。

疑，至于商家更是奉若神明。商店忌讳伙计躺睡于账桌、钱柜上，说是会压了柜上的财神，赚不到钱，甚至忌讳伙计睡在待客的条凳上，说这也会压了顾客，明天登门的顾客必定减少。

相比其他行业而言，药铺则充满着神秘色彩，禁忌也最多。学徒进店，先学着分拣“万金枝”“金银花”和“金斗”等中草药，取拣黄金、银子之意，或拣“柏子仁”，因为“柏子仁”形似米粒，很难分拣，以此培养徒弟细心办事之风。扎药包，要扎得形如金印，方方正正，正月里还须用红线扎结。伙计在为顾客抓药时，忌用鼻子嗅药；送药忌转手，否则认为是触其霉头。为了保守职业技能的秘密，一些行业还有“传子不传女”甚至“传媳不传女”的禁忌，特别是一些行业秘方，如药方、菜谱，甚至拳谱，往往由家族男丁代代相传，以维持对技艺的垄断。不仅如此，很多行业，如饮食业，高明的厨师在做菜时往往背着人做，以免被人偷了艺。即便是传授手艺，也往往在关键技术上留一手，以免“教会徒弟，饿死师傅”。

（三）言语禁忌

店铺招幌、标记就是“招财进宝”的象征，在商人心目中最为神圣。每天挂幌子，必须说“请幌子”，忌讳说“挂”。尤为忌讳挂不牢而坠地，如有伙计不慎将幌子失落于地，便被视为得罪了财神，立即解雇。旧时香蜡铺卖财神像，忌讳说卖，必须说“送”，否则便被视为对神不敬，生意必赔无疑①。跑生意的忌早上出门碰见兔子，说见了则会全天一事无成。最忌说“黄”字，因“黄”有倒闭之意，故称黄表纸为吉表，称黄瓜为王瓜，称黄豆为元豆，甚至把黄金称为元宝。

重大节日，如春节、祖师圣诞、祭财神之日，忌说不吉利的话，尤忌话语中带着与“赔”字谐音的字眼。有则笑话，说有一家店铺的掌柜与伙计在大年夜一起吃五更饺子，一位姓裴的伙计掌灶。这位伙计见锅内有煮破的饺子，就对掌柜的说：“您看，这回可砸锅了，破了不少。”掌柜的听了很不高兴，说：“学了这么多年买卖，连行规都不懂？大过年的，怎能说‘破’呢，得说

---

① 王衍军：《中国民俗文化》，暨南大学出版社2008年版，第195页。

‘挣’了。”

卖猪头要说卖“利市”，而不是直呼其名。顾客买结婚用品，若失手敲碎，要说“先开花，后结子”，以免顾客晦气。卖乌贼，要吆喝卖墨鱼，乌贼不好听。卖棺材忌问顾客谁死了，并称棺材为“长寿席”。卖药忌嗅，民间以为嗅过的药失效；递给买主时应说“送补药”。药店、棺材店的经营者，送客时忌讳说“再来坐”“欢迎再来”之类的话，否则会被顾客认为是在诅咒自己。药店年初进货，须进胖大海和大莲子，取大发大利之义①。

旧历年底，一些小商贩往往到店铺兜售财神年画，称为“送财神”，价格比平时要高一些。店主往往立马掏钱购买，但不能说买，而要说“接”或“请”，以示虔诚，图个吉利。店主即使已买了很多财神年画，面对“送财神”的人也不能说“不要了”，而只能说“请了”或“接到了”。

为求避凶趋吉、财运亨通，老潍县商界形成了上面所说的信仰与禁忌习俗。尽管有的商贾并不迷信，但为了安心，也奉若圭臬。这些商业信仰是老潍县商人在商业活动中创造出的文化适应性手段，也是调节人与自然、人与社会关系的重要规则。在农业社会，对商人行为的约束、公平买卖的进行、对商业风险的防范、对商业利润的赚取等，只有依靠自发形成的行业习俗来调节，事实证明这些习俗在当时是极为有效的。时至今日，老潍县生意人创造的商业民俗文化依然影响着后人，“讲良心”“做人要诚实”“勤劳致富”等观念是不变的道德训词。

三、老潍县商业精神

老潍县商人在长期的商业生活实践中，逐渐形成一种团结协作的意识和敬业、诚信、开拓的社会责任精神。正是这些精神的弘扬，使得老潍县的工商业经济走向繁荣壮大。

（一）团结协作精神

老潍县商人的团结协作意识主要表现在资金的筹集上。老潍县商人特别是

---

① 王衍军：《中国民俗文化》，暨南大学出版社2008年版，第195页。

新兴工商阶层，大多起自阡陌贫寒之家，创业之初，首先受到资金限制。在这方面，如果缺乏融资渠道，那么任何企业都难以办成。老潍县人发挥了聪明才智，利用股份的形式，积少成多，集腋成裘，以小搏大。可以说，如果没有这方面的相互信任，相互协助，就不会有老潍县工商业的繁荣。

山东商店是老潍县较大的百货店，其前身山东药房是集资成立的，共凑了10股，每股100元，共合资金1000元（银元），后来向商业方面扩展业务，逐渐成长壮大。① 老潍县翻砂业的兴起是从同盛铁厂建立开始的。1915年，河北省胶河县的贾玉波、贾玉昆、贾玉峰因拥有翻砂技术，便凑集了600元钱来潍县开办同盛铁厂，生产当地的传统产品。到1935年建厂房30多间，安装了十万马力柴油机，职工达到60多人，年产量700吨。②

老潍县信丰染印公司也是采取集资的模式创建起来的。股东们以华丰的“丰”字为基字，取名信丰染印公司，议定筹资12万元，每股500元，共募240股，按“公司法”组成股份有限公司。以尹焕斋为首的教会帮为一方，以王绍禹为首的东乡帮为一方，以武伯平为首的地方帮为一方，三方共同负责筹募资金。当时这三方人士均有社会地位及经济基础，他们很快募足股金，由于管理有方，技术精良，生产发展蒸蒸日上，产品畅销各地。信丰从1934年开工，到1936年3月，期间生产日趋发展，职工将近200人，每年盈利五六万元，股东都分到了数目可观的红利。当时潍县共有6家染厂，成为华北地区有名的机械染布基地。其中以信丰生产规模最大，技术力量最雄厚，资金活动力最强，因此信丰执潍县染布业之牛耳。③ 大华染厂、华丰机器厂、惠东大药房等老潍县有名的大企业，也都是靠股东入股筹集资金而发展起来的。

老潍县商人的团结协作精神还表现在相互支援上，特别是在资金的调度使用上，他们更是抱成团，相互调剂余缺，共同渡过难关。这在教会帮中体现得最为明显。老潍县新兴工商阶层中，教会势力比较雄厚。1930年后，通过在济南开办裕顺和裕昌两大砖瓦厂发家的张舆忱回到了潍县，开始在家乡一心一意

---

① 张冠群：《简述潍县百货业》，《潍坊市潍城区文史资料》第2辑，第114页。

② 孟昭华、宋秀岩、于志华供稿，蒯兆松整理：《潍县翻砂业概况》，《潍坊市潍城区文史资料》第5辑，第86～88页。

③ 宋伯良：《潍县信丰染印公司》，《潍坊市潍城区文史资料》第2辑，第16～17页。

创办工商业。他先是在华丰机器厂、信丰染印公司、惠丰火柴厂、泰东商行等多家企业大量投资，华丰机器厂二期工程扩大添置设备时，他成为最大的股东之一。他又在老潍县东关大街路南新建了楼房，开设同和诚银号，他任总经理；在老潍县火车站创办上海公司和老潍县烟叶复烤厂，兼任总经理。同和诚银号吸收了华丰机器厂、信丰染印公司、惠丰火柴厂、泰东商行、山东商店、惠东大药房、华东制革厂、义丰木厂、乐道院医院等新兴工商业的存款100万银元左右，形成了老潍县雄厚的金融集团之一，也是教会人士所办各企业的后盾，经常为处于困境中的企业提供周转资金，起到了寒中送衣、雪中送炭的作用。

（二）创新精神

老潍县人的开拓创新精神体现在敢想敢干、不保守、善于学习和接受新鲜事物上。

兴办新式厂矿企业，对于大多数老潍县人而言，可谓新生事物，没有现成的经验可以模仿，只有大胆创新才会有出路。老潍城东乡邓村的胡玉瑶是首开风气者，他家祖祖辈辈以织布为业，到他这一辈因看到当地土布获利微薄，甚感忧虑。胡玉瑶不甘心坐等倒闭，在得知我国东北三省已有铁机织布厂的消息后，他就派他的长子去辽宁省营口学习新法，待其学成后便从那里买了几台铁机，带回家推广使用。胡玉瑶不保守，也不独擅厚利，他在亲朋族人间大力倡导使用新式机器，许多人都发了财。

前邓村人胡日汉聪明好学，善于思考，尤其喜欢钻研机器方面的知识，他曾经到哈尔滨的俄国机器厂当学徒，经过刻苦学习，成为了该厂的技术专家。他认为家乡土法织布必须改良，认定手工生产必将被机器所取代。民国建立后，他购买了4台日本产的铁木机回到家乡，然后联络乡里王举才、董凤偕等人，使用这种新机进行生产，并号召和资助邻里乡亲使用。他们生产的产品质量堪与外来品相比，质地之优良为社会所公认，因而畅销各地。人们纷纷淘汰旧设备，使用铁机织布，织布业逐渐成为老潍县的支柱产业。①

老潍县人的创新精神还表现为没有小富即安的思想，富有勇于进取的精神，他们不断更新设备，扩大生产规模，积极把企业做大做强。这在聚祥永织布厂体现得最为明显。聚祥永织布厂 1922 年建厂。该厂初设时只有资金 6400 元，在保安街租用了八间房子，买了四五张木机，雇佣了四五个工人。过了几年，该厂生产经营有所好转，就又在郭宅街租了二十多间房子，还新添了十几张木机，工人也增加到三四十人。原址改为门市部和仓库。为了增加产量，他们除自己织布外还到农村放机加工。到 1931 年，聚祥永织布厂有了较大的发展，资金已达 3 万多元。为了继续发展生产，经理们不断研究改进措施，他们认为使用木机产品产量低、利润小，于是派人去沈阳花了 4000 元买来 21 台日本“丰田”生产的铁机。聚祥永是老潍县织布行业中最早使用铁机的，它的发展和壮大，主要得益于改用了铁机，其效率高，生产的产品质量好，品种多，利润大。因此，该厂从使用铁机以后年年赚钱，用股东的话来说，是“旱涝收”。为了提高和改进生产技术，该厂尽量采用了比较先进的技术设备，从华丰机器厂购买了柴油机，用以发电，还修建了水塔，安装了四节的大锅炉，染线车间用上了鼓风机。以后又陆续增添了压布机、台布机、橡筋机、打辘轱机、合线机等生产设备，大大提高了生产效率。这些设备在当时来说都是比较先进的。例如在当时的织布行业中，只有聚祥永织布厂拥有压布机，其他织布厂如果需要这道工序时，就必须到聚祥永进行加工。到 1936 年前后，聚祥永已发展到全盛时期，资金达八九万元。②

华丰机器厂的创始人滕虎忱也是创新的典型。1920 年滕虎忱在东关大街创办了潍县第一家机器厂，专门生产织布机、弹花机、压花机等机器设备，用来满足市场需要。1932 年，华丰机器厂自行研发生产出中国北方第一台 15 马力柴油机，使潍县成为除上海外中国第二座能够生产柴油机的城市。1933 年，华丰机器厂又开始研制市场前景看好的 8 马力、9 马力、25 马力、40 马力等多种

---

① 王俊卿、栾云洲：《潍县纺织业发展史话》，《寒亭区文史资料》第 5 辑，第 160～161 页。

② 孙燮臣口述，谭绪德整理：《潍县最早使用铁机织布的聚祥永织布厂》，《潍坊市潍城区文史资料》第 2 辑，第 30～35 页。

型号、多种用途的柴油机，很快便获得成功。随着业务扩张，滕虎忱很快在东关城外扩建新厂，又在大马路建了第二厂，并到济南设立了分厂。华丰机器厂成为华北最大的机器厂之一。他制造出铁制织机以代替木制织机，使老潍县纺织业发生了革命性变革，获得空前发展。他又改良了水车，制成了轧花机、弹花机、棉籽剥皮机、榨油机等，以电力带动，把原来的手工业带到机器时代。1935 年，华丰机器厂在原有资金 20 余万元的基础上扩大一倍，达到了 40 万元的规模水平。于是，他们在老潍县南关大马路购置土地 3.6 万平方米，新建厂房 140 余间，并且大量招收学徒工，企业人员增至 500 余人，各种机器设备高达 70 余台。1937 年，华丰机器厂达到极盛时期，资产 150 多万元，工人最多达 700 多人，机器产量大幅提高，销路遍及山东、江苏、华北和西北地区。随着老潍县城乡织布业的大发展，华丰机器厂培育的技术管理人员纷纷出来开办新厂，在东关大街、李家街、南北下河街等地相继开办了洪丰、天丰、蚨丰、阜丰、大丰、新华等十几家机器厂。

张舆忱的创业史也是敢于创新的历史。济南开辟为商埠后，到处是建筑工地，平房、楼房拔地而起，所需的砖瓦等建筑材料供不应求，只好从国外订购，先用船运到海港，再由火车运到济南，大量白银从而流入外国人腰包。后来，洋人开始在中国土地上建立瓦厂，他们只让中国工人在砖瓦厂里干粗笨活，不让他们接触技术资料，以便垄断市场，攫取高额利润。张舆忱自己筹集资金 10 万元，在七大马路小纬六路南岔路街购置土地 60 亩（大亩），建起了一处大型砖厂，起名“裕顺窑厂”。他自任总经理兼厂长，副经理张荫召负责经销业务及总会计，副厂长马勋臣负责生产。张舆忱和马勋臣商量决定研究“洋瓦”烧制技术，上烧瓦项目。他表示不惜倾家荡产，也要亲眼看到中国人烧成的瓦盖在中国大地的建筑上。两人整日苦思钻研瓦坯、烧窑技术。最初，他们把少量瓦坯与砖坯一起装窑烧。结果，瓦坯烧制过火，全部成了废品。后来，他挑选出心灵手巧的工人组成一个班组，经过多次实验，终于将砖瓦烧制成功。他的砖瓦国产化的梦想也终于实现。[①]

---

① 张文光、刘秉信、王剑华：《张舆忱生平事略》，《潍坊市潍城区文史资料》第 16 辑，第 109～110 页。

（三）敬业精神

老潍县商人在经商过程中表现出来的敬业精神，具体地体现在商人对商业经营这一职业的执着追求，以及由此而衍生出来的百折不回、坚忍不拔的职业精神上。

近代潍县始终处于动荡不安的社会环境中，对商人而言，在风险经营中是否具有执着追求，是事业能否成功的重要因素。这种敬业精神在老潍县商人身上表现为在经营中诚心为人、勤苦执着、不甘失败。老潍县商会会长康子周家道贫寒，“幼年在本村读私塾半年，因贫辍学。自十五岁跟本村织小机（织土布）户学织小机。由于干活勤劳，满徒后，他被业主留用为雇工。每日早起晚眠，干活十五六小时，任劳任怨，从不言苦，甚得业主倚重，乃着赶集卖布……有时土布卖不出去，便向王汉伦赊购棉纱，言明还钱日期，从未有误，因而得到王汉伦的信任，认为康子周说一不二，办事认真”。“棉纱商人王汉伦出清钱 3 万吊，让康子周来潍县，在东关下河街九曲巷以北开设永盛线庄。”康子周辛勤创业，节俭成家，不到 10 年间，事业就取得成功。

老潍县新兴企业在发家之初都有一段艰苦的创业史，靠着辛苦打拼，熬过艰难时光，然后迎来企业的兴旺。聚祥永在创业之初非常艰难，股东、老板自己做饭吃，有空就打辘轳，还和伙计一起挑担上市场卖货，甚至在空闲时间做小本生意。发达之后这些企业家依然保持了勤俭的本色，强调严谨认真，处处精打细算，以降低企业成本。分管销售的两个经理，全天候靠在门市部上，无论什么时候来了客商，他们都热情接待，并坚守信用。逢年过节，各商号都关门休息，聚祥永却照顾到客商的需要，从不间断业务。管理工厂的两个经理则亲自掌管生产过程。该厂明确规定，工人工资到年底一并发放，平时需要零钱，可以按照工资数额支取一定比例的金额，不能超支，剩下的工资余额存在账上，到年底一并算。这样既保证了企业资金的周转，为企业的发展打下了稳固的基础，同时也避免了工人胡乱花钱。为了降低成本，节约开支，厂里还安

装了磨、碾，自行加工粮食，从来不到市场上买加工好的粮食。[1] 新式企业的经营者们非常敬业，视企业为自己的生命。华丰机器厂的丁执庸经理每年都不辞劳苦，风尘仆仆，席不暇暖，前往全国各地进行业务调查和宣传。[2]

老潍县商人的敬业精神还体现在对文明经商、礼貌待客的讲究上，对于店员的接待用语、行为方式等都有细致严格的规定。时间长了，有经验的店员伙计大都能够察言观色，根据顾客的不同需要提供恰到好处的服务。很多老字号商号长期坚持各种便民服务，如送货上门、包退包换、缺货代购等，深受顾客欢迎。福聚祥茶庄在做销售时，安排一个售货员专门招待一位顾客，绝不会让茶庄出现顾客上门却无人搭理的现象，而且服务态度好，树立了良好的形象。

福履斋地址在城里东门大街路北，是济南人集股创办的，最初的经理人叫梁御书，后任是崔慕韩。福履斋备货齐全，质优价廉，买卖公平，除了保持货真价实、童叟无欺的商业道德，更以服务态度好而声名远播，很受老潍县百姓青睐。顾客进门，营业员笑脸相迎，主动打招呼，使人感到亲切温暖，融洽舒适。营业人员精力集中地注视着顾客，顾客指向什么或说出要什么，他们毫不怠慢，百拿不厌，多问不烦。如果售罄无货，他们就介绍同类商品或代替品，并说明性能及特点，使顾客放心地买到满意的需用物品。有时你要买牙刷，他又介绍着买上无敌牙粉，买毛巾又介绍上香皂，如果顾客是爱漂亮的人，还劝其买上优质雪花膏，倘若是夏天，就给选上冷香霜。凡看到顾客有意买东西，营业员是绝对不会让他空手出门的，总是想方设法做成生意。这种接待顾客的方式是经过较长时间的学习和实践形成的，旧社会所谓“学生意”三年出徒，也就是要先学会接待顾客这一套本领。福履斋的经理人经常在门市上观察伙计们的动态表现，如果一言一行有失检点，令顾客不满意，那就是错误的，下班后就会受到批评和训斥，所以谁也不敢疏忽大意，都尽力做好有可能成交的每笔生意。该号为赢得商场竞争的优势，采取了薄利多销的办法，其一般商品的零售价格总是比同行们低一点。此外他们还注意到顾客的心理特点，商品定价

---

① 孙燮臣口述，谭绪德整理：《潍县最早使用铁机织布的聚祥永织布厂》，《潍坊市潍城区文史资料》第 2 辑，第 31 页。

② 张蓝田：《潍县华丰机器厂设在各营业部的概况》，《潍坊市文史资料选辑》第 4 辑，第 103 页。

时不向上凑整数。例如，某种商品定价一元就已经比别家低了，但该号偏要再减下几分，使顾客心里感觉不到一元钱，从而舍得购买。总之，该号坚持了热情的工作态度，重视了经商之道，运用了灵活的工作方法，吃透了顾客的心理，严格了内部人员的管理，在传统的“和气生财”、薄利多销的思想指导下，赢得顾客的好感，有些人甚至慕名而来，专门上门体验。所以福履斋营业情况长盛不衰，并成为本县闻名的商号。①

“和记号”的经营也颇有头脑。待人热情、服务周到，是“和记号”照应买卖的一贯风格，柜上要求伙计们要千方百计地让顾客将东西买走。“和记号”规定，站柜台的不准坐着，一律穿大褂，一见顾客进门即满面春风，笑脸相迎。对年龄大的叫大爷、大娘，对年轻的叫先生、大姐。不准态度冷淡，也不准大声说话。对农村妇女要和颜悦色，慢声细语，一定要做到让顾客满意。有时某种商品一时脱销，掌柜的往往让伙计快去库里拿，实际上库里不一定有，他们是去别的商号买了来再卖给顾客。这样虽然不赚钱，却能避免顾客不高兴，并落得个商号大、货物齐全的口碑，保住信誉，利于招揽买卖。如果发现顾客不买东西就走了，要及时查明原因。如果是因货物品种不全，就按情况进货；如因站柜台的态度不好，就及时批评教育。有的顾客确实是为了看看货品和行情，不想买东西，对这样的也要主动热情接待。掌柜的（经理）经常坐在门市上，边翻账本边指导伙计们照应生意，以便直接了解和掌握经营情况，谁揽的顾客多，就把谁的名字记下，久而久之，以成交的生意多寡作为增长工资的标准。②

顾客至上，把顾客当财神，是“宏祥茂”兴旺之本。“生意兴隆要艰苦，财源茂盛要勤劳，货不停流利润恒。”“没有笑脸勿开店，没有知识难理财。”“宏祥茂”老板焦立中常对伙计说：“要尊敬顾客，他们是来送钱的。”当伙计的要会“麻衣相”（相面之术），对顾客要一观，二看，三询问。一观，就是顾客进得门来，要注意观察他的表情状态；二看，就是弄明白顾客是要买货还是闲逛；三询问，就是热情询问顾客要买什么东西，干什么用，给顾客当好参

---

① 张冠群：《简述潍县百货业》，《潍城文史资料》第4辑，第116～117页。

② 范文海口述，邱家淦整理：《诸城“和记”和济南“大观园”》，《潍坊市文史资料选辑》第10辑，第252～253页。

谋。他经常向伙计传授应酬不同顾客的方法。例如对殷实富户有钱人家，要送货上门，采取赊销方法，先使用后交钱，一年分六月十五日、腊月十五日两次结账。阔佬进店，小伙计要主动搬凳，递烟，倒茶，冬天送上火盆，夏天递上蒲扇，使顾客有宾至如归的感觉。如果是携带小孩的顾客，要送给小孩一件小玩具，这样他们下次再来街上时，小孩子就又要拉着大人光顾“宏祥茂”了。地方官吏进店，须倍加小心，殷勤招待，尤其不可错了礼数。对待乡下顾客，不以衣貌取人，仍以礼相待。柜台外常年备有长条凳，可以随到随坐。顾客进店来，不打算买东西的，要千方百计让他买点，打算买的，要让他多买。任何人不得慢待顾客，否则年底要扣工钱。有一年，一位伙计和一位外地顾客吵了几句嘴，这位顾客当场找到了掌柜，掌柜立即赔礼道歉，好话说了不少，总算将事平息下去。到年底结算工钱时，这位伙计因为此事被罚款 10 元。因他认错态度好，工作勤恳，焦立中后来又补给了他。焦立中常训导伙计：顾客进了门，咱就是打个滚，也要沾他点“黄砂子”。①

亚东大药房同样以经营有方而闻名。为了开拓业务，亚东大药房每年都派出得力人员，到省内各大医院、诊所进行联系，以低于同行价格向他们供应药品，与之签订供货合同，同时设立缺货登记簿，力求药品、医疗器械齐全，能够按时供货，以取得顾主信赖。对于登门的主顾，他们更是殷勤招待，周到服务。他们要求在门市上售货的店员穿着整洁，礼貌待客，顾客进门要打招呼，并一一介绍药品性能、疗效及注意事项。另外专门设置了夜间售货窗口，店员轮流值班，应急药品准备齐全，并设专人看守电话，医院、诊所所需药物随要随送，这项制度一直坚持不懈。如 1950 年冬天，亚东大药房值班人员夜间接到益都中心医院长途电话，对方急用狂犬疫苗，于是他们立即派专人乘夜车及时送到，使病人安然脱险，赢得了用户的赞扬。②

（四）诚信精神

小财靠勤，中财靠德，大财靠运。诚信不仅是中华民族的传统美德，也是

---

① 王洪三口述，高安平、李焕章整理：《宏祥茂百货院兴衰纪实》，《潍坊市文史资料选辑》第 4 辑，第 109～110 页。

② 张温光、刘秉信：《亚东大药房》，《潍坊市潍城区文史资料》第 11 辑，159 页。

商人经商的基本原则。诚实信用是商家立业之本、生存之源，商家只有把信誉放在第一位，才能人和事通，财源广进。靠掺杂使假、欺诈蒙骗虽有可能得一时之利，但终归不能持久。诚能生财，信能赢心，商人最理解诚实信用所蕴含的深刻义理。“诚招天下客，义纳八方财”，是商人们奉行的金科玉律。聪明的商家总是靠回头客赚钱，以诚信为本，在消费者心目中树立起诚信的形象，这样才能赢得顾客的信任，进而获得长足发展。

老潍县商人的诚信精神是其商业伦理道德的一个方面。在商业经营中，近代潍县商人所表现出来的商业伦理道德具有复杂性与多元性。从总体上看，近代潍县商人队伍庞大，鱼龙混杂，既有尔虞我诈、欺诈获利的情形，也不乏以信为本、取财有道的事例。讲求诚信、以义取利的商业伦理道德无疑占据主流。

深受儒家传统思想影响的老潍县商家，素来遵守诚实守信的商业道德，在生产、销售等经营的各个环节，都确保商业信誉，赢得了良好的口碑。外埠商家也都愿意与老潍县商人做生意。如“宏祥茂”百货店开办初期，生意日趋兴隆。老板焦立中总的经营原则是：信誉第一，顾客至上。他无论和青岛商行交易，还是和一般顾客交易，从来说一不二，非常讲信用。有一次他到青岛进货，本来买了十元钱（银元）的花线，可是库房错当成一百元钱的货发给了他，他立即找到商行经理，把多发的货当面退回。因此他深得“裕东奉”经理的赏识。“裕东奉”经理指令部下，以后老焦来这里要什么就给什么，如果缺货，就介绍到上海、广州去进。①

同祥号的创始人李翰臣出身于贫穷家庭，生活无着，就想做点小生意补贴家用。因为家徒四壁，缺少做生意的本钱，他就托人赊了点原料，又向以做寿衣寿裙为业的邻居李厚纯借了条裙子做样子。他先仿照着做了一条，又托人赊购了部分原料，然后自家裁剪，自家绣花，自家粘缝，正式做出了自己的产品。他靠着自己的信用和厚道拉来了买家，按时偿还了赊购原料的欠款，为再赊原料打下了基础。他的产品做得比较认真，得到了顾客好评，很快打开了销

① 王洪三口述，高安平、李焕章整理：《宏祥茂百货院兴衰纪实》，《潍坊文史资料选辑》第 4 辑，第 108 页。

路，竟供不应求了。[①] 同祥号尤其注重对顾客的信用，在经营中力求货真价实。而且凡是与同行业相同的产品，他们不但价格公道，而且有所降低，以达到薄利多销的目的。[②] 李翰臣开设的文聚祥茶庄，为搞好货源，在采茶期间派人到茶区亲自收购，做到了进货质优价廉，销售利润倍增，茶庄因此成了同祥号年年发财的一棵摇钱树。[③] 就是靠着诚信精神，曾经一文不名的李翰臣发展成为一个拥有百万资金、经营多种行业的大商人。

信誉的赢得首先要靠货真价实、质优价廉。老潍县商家以诚取信，在生产过程中，精选上等原料，精心生产制作，绝不滥竽充数，绝不粗制滥造；在销售过程中，价格公道合理，并且从不以次充好，蒙骗顾客。“崔字”牌小磨香油，精选颗粒饱满、成色上乘的芝麻原料，并且坚持石磨水代法的传统生产工艺，生产的香油香飘万里，远销海内外。开业于1902年的福聚祥茶庄，主营茶叶，兼营山珍海味，常年在南方茶区设茶厂两处，就地采购加工，其质量上乘，以货真价实著称，业务维持了数十年而不败。[④]

裕鲁颜料股份有限公司在生产经营和管理方面也是以严格著称，例如其生产配料，都是由总经理张荆芳亲自过磅。他很重视产品质量，每天出的染料，都是先用旧线染样子，符合标准才包装入库，否则另行处理，决不马虎。他还注意了解市场情况，听取用户意见，改进产品质量。他们生产的“蓬莱阁”牌青膏，质量稳定，纯黑不带红头，很受广大农民喜爱；“万年青”牌青膏，质量较优，黑中带红，受到了潍县及山东各地染坊的欢迎，成为市场上的畅销货。[⑤]

张舆忱在开办窑厂的过程中，对产品质量要求极严，对于不合格的瓦，要求全部砸碎，决不准出厂。有人建议对次品进行削价处理，以节约成本，他坚

---

① 民建会潍坊市委6会供稿，区政协文史工作组整理：《潍县同祥号》，《潍坊市潍城区文史资料》第3辑，第106页。

② 民建会潍坊市委会供稿，区政协文史工作组整理：《潍县同祥号》，《潍坊市潍城区文史资料》第3辑，第111页。

③ 民建会潍坊市委会供稿，区政协文史工作组整理：《潍县同祥号》，《潍坊市潍城区文史资料》第3辑，第113页。

④ 乾隆《潍县志·建置志·学校》，第49～50页。

⑤ 王中廷供稿：《潍县裕鲁颜料股份有限公司概况》，《潍坊市潍城区文史资料》第2辑，第6页。

决不答应。凭着过硬的产品质量，他很快打开了市场，其产品遍及大江南北，全部资产超过100万银元，仅窑厂运土的车辆就拥有外国产的10轮卡车40辆之多，实力相当雄厚。①

药材行业也视质量为企业的生命。药材经营的特点是库存大，周转慢，占用资金多。如果粗制滥造，以次充好，时间一长就失掉顾主。因为同行太多，大家互相竞争和监督，所以要想获得利润，在竞争中处于有利位置，只能从进货渠道上采取措施，多想办法。只有买到价廉物美、适销对路的药材品种，才可以增加利润。老潍县的中药业经营商除了按时到本省诸城白岭山、周村黄山和济南南关药材会采购地产药材外，还到在河北省安国县举办的全国药材交流会采购。另外，对于全国其他有名的中药交流会如安徽亳州、河北禹州、陕西三元，也去参加并购买，甚至还派人到四川、广西、云南、贵州采购，个别的药材则去香港购买。药材经理人只有对业务特别熟悉，活动面广，了解各地药材的行情，才能做到心中有数。药材经纪人还必须识药本领高，因为即便是同一种药材，如果成色、产地、季节各不相同，疗效差异就比较大。如果没有高超的专业技能，买进了次品或者上当受骗，就会给企业造成难以挽回的损失。当事人要受到严厉的批评，甚至被解雇，所以从业者无不认真细心，不敢轻率。②

老潍县点心铺规模大小不等，但是不论是供应富豪官绅的精细点心，还是面向普通百姓的粗点心，从原料到制作工艺，全都注重点心质量，从不因对象不同而粗制滥造，掺杂使假。例如炒糖是最大众化的粗点心，但员工在制作时也一丝不苟，十分认真。他们把黄米面（黍子）和好切条，油炸后再放到熬好的红糖中（也有用白糖的）滚一滚就可以了。如果火候掌握得好，做出的炒糖就又香又脆又甜，即便时间较长不脆了，也香甜可口。南关的福源永，门面不大，点心品种很多，尤其是粗点心，美味可口，很受顾客欢迎，焦饼（甜、咸两种）、口酥等，也颇负盛名。焦饼使用的油是香油（芝麻油），而其他商号用的是大油（猪油）或花生油，所以即便福源永的价格高一点，慕名而来者还是络绎不绝。福源永的后人于鸿起说，当时该号制作的重油月饼，也是用的香

---

① 张文光、刘秉信、王剑华：《张舆忱生平事略》，《潍坊市潍城区文史资料》第16辑，第110页。

② 郭重钦：《潍县中药业简述》，《潍坊市潍城区文史资料》第2辑，第93页。

油。每年中秋节时，就保留数斤，待到来年中秋节依然香甜可口，其品质之优良，确实令人惊叹不已。①

（五）社会责任精神

老潍县绅商在发家致富后，在满足个人及家族享受的同时，还不忘回报社会，从而在社会公共事务中承担起很大的责任。

19世纪中叶前，潍县的地方领袖就是典型的士绅阶层分子。老潍县传统巨室豪门一向有投身社会公益的传统。精英分子在为公众提供服务和资源的非官方领域一直占据着显要位置。老潍县的丁、张、陈、郭等绅商家族在时人眼中都是有财有势的世家大族，其中丁家占田最多，约有24000亩，其他三家各自拥有的土地面积约在6000至9000亩之间。同时，他们还是社会公益领域中的活跃分子，在很多方面成为社会公共事务的有力承担者。

传统绅商在乡梓公益领域的业绩主要集中在以下几个方面。一是赈济灾荒。老潍县历史上曾多次发生灾荒，灾民缺衣少食，流离失所。在这种时期，绅商大族往往开仓放粮，或者设场施粥。郭尚友晚年辞官回乡，正逢山东灾荒，而潍县尤为严重，于是他不顾年老体弱，设场施粥救济灾民，协助地方军政事务，朝野有名。胡氏家族中胡梦星为道光举人，累官至内阁中书，归田后热心乡梓福利事务。光绪二年（1876）潍县大饥，胡梦星慷慨解囊，襄助施粥，为一方善长。张氏家族中的张兆栋在广东巡抚任上，听说潍县闹饥荒，马上从海道运粟赈济家乡父老。丁氏家族为潍县最大地主，财势雄厚，祖祖辈辈住在潍县，是潍县士绅中的代表。为了笼络人心，他们一向乐善好施，为地方所称道。丁克成在嘉庆年间大饥时曾捐巨金施粥，存活数万家。道光年间潍县歉收，他又设赈局，当街施粥。其长子丁廷模捐三千金设粥厂，放签放饭，赠衣施棺，发放药品。为志其善行，地方官奉旨为其建坊。光绪二年（1876）潍县大灾，丁彝厚的儿子丁肇吉与从叔丁善宝、从弟丁敦仁捐出巨资，购买大批粮食药品，发放给广大灾民。陈介祺响应县衙号召设场施粥，并且亲自查看米粥的稀稠程度，以插上勺子不倒为准。另外，他还在县城中心的潍阳书院设了

① 张冠群：《潍县点心业概况》，《潍坊市潍城区文史资料》第2辑，第69页。

担粥局，得到百姓和官员的一致赞誉。

二是修桥铺路。这也是世家大族报效乡梓的重要途径。丁克成曾经倡修城东石桥，山东巡抚奏闻朝廷，奉旨为之建立“急公好义”坊。丁廷珍曾经独自出资修建东城外的万年桥。东关耀武门外的白浪河上有大石桥，西通北关大街，东接北大路，是胶东、登莱一带通往济南的必经之桥。在胶济铁路未建时，商旅行人都要过桥往来，车马络绎，客商不断。夏季洪水泛滥，漫桥前仍可赖以通行。但这座大石桥年久失修，残石裂缝，桥面不平，坑坑洼洼，丁毓庚乘车经过，颇有颠簸不适之感。为此他雇工备料，把大石桥修补完整。光绪三十年（1904）《重修西门石路暨迎恩桥记》记载，在这项修桥工程中捐钱者有十四家，共计捐钱1520千。其中丁毓庚（清慎堂）与本家清勤堂共捐钱600千。当时出捐者多是豪门大户，平均每家出捐100千余，而丁氏世家所捐钱数可以抵六家，由此可见当时丁氏之富有及其在潍县的地位。

三是捐款修筑城池。城池是安全的保障，老潍县绅商大都住在城里，城池安危直接关系到他们的身家性命和财产安全。因此，老潍县绅商大户对于修筑城池极为热心，只要地方当局一声令下，他们无不慷慨解囊，出钱出工，共襄此举。老潍县城池先后经过数次大修，每次都是在豪门大户的支持下完成的。如郑板桥出任知县时，潍县城墙需要大修。潍县城内住有许多富商和豪绅，修筑城墙对他们有益。为了带动潍县城内的富商豪绅响应出资修城的号召，郑板桥率先出资360两，修城60尺。在他的亲自带动下，这次捐资修城活动进行顺利，修城工程从乾隆十三年（1748）十月开工，次年三月完工，历时5个月。士绅富豪们共捐了8786两银子和若干粮食，修城1800余尺。

四是捐建书院，赞助家乡教育事业。老潍县文风颇盛，靠科举起家者为数不少。老潍县豪门也希望老潍县多出高官大员，为家乡造福，因此他们在教育投资上毫不吝色。潍阳书院在县治南、大十字口西路北，共有厅房、楼房29间，是乾隆二十四年（1759）知县韩光德以及潍县士绅、盐商、铺户共同捐款建成的。其中韩光德捐银300两，士绅郭伟业、田廷琳等9人捐银1100两，盐商、当铺商人共捐银1000两，各商铺捐银640两，一共捐银3040两。[①] 西关

① 乾隆《潍县志·建置志·学校》，第49～50页。

的高其因带领富绅出钱修建书院，资助学子，荣膺“急公好义”匾额；同时，他又建牌坊一座，从而备受邑人崇敬。道光二十二年（1842），潍县举人杨玉相会同陈官俊、刘鸿翱、田继聪、郭梦龄等缙绅名流19人，出资2万缗，历时3年，大修了学宫。杨玉相看到当时潍县城乡每年有上千名应童子试（入县学考试）的学子，雨天在临时搭建的席棚里外挨淋，他又于咸丰二年（1852），独自捐出4万缗（一缗顶1000文，俗称一吊钱），在县城东门大街置地建成了有40多间房屋的潍县考院。

五是周济宗族。中国传统社会是家国社会，家族势力在地方上举足轻重。为了团结、维系家族势力，老潍县豪门对宗族也给予多方面的照顾。丁廷模任官工部郎中，他乐善好施，凡族中贫不能学者，婚嫁丧祭不能办者，老病无依者均获其捐助。丁善宝热心于族中福利事务，为修建宗族祠堂，其耗费超过万金。他又捐助祭田900余亩作为族中公产。他们不仅从衣食上周济族人，而且从教育上对族人进行救助，实际上也是希望宗族出更多的人才。老潍县儒学公署设有教谕、训导两个学官，凡学子进学（入泮），都要给他们送束脩，家庭穷困者就得求亲告友。为解决学子的燃眉之急，丁善宝捐银钱2万缗，以3年的利息六千余缗（一缗等于一千文，俗称一吊钱），给入泮生作学礼，同时免除了学子进学送礼的惯例。这样一来可以防止学官因贪腐而破坏了礼制，二来能够资助贫困学子入学。用丁善宝的话说，这叫“不惜金钱倡大义”。丁善宝由此得到“嘉惠士林”的牌匾。[①] 丁毓庚为照顾本家族的贫苦子弟上学，利用自己在曹家巷的闲房，设立了一处私塾，聘请老师，让族中学子免费就读。如果学子仍有困难，还酣情给予补助。清光绪三十二年（1906），丁善宝嗣子丁毓赓（字星甫）改办新学，校名叫“继志小学”。其三子丁锡纶当校长。校址在城里东门大街，学生100余名。后迁至太平街，再后迁到西马道。这是老潍县最早创办的一所私立小学，当时丁锡纶只有19岁。宣统三年（1911），24岁的丁锡纶又创办了私立丁氏初等小学，他任校长。该校后来扩建为高等小学，名为私立丁氏第一小学，学生180余人，而后丁锡章、丁献之相继任校长。

① 叶汉明：《论二十世纪初潍县地方绅商层的形成》，《潍坊市潍城文史资料》第19辑，第70～74页。

1933 年，私立丁氏第一小学改称为潍县私立丁氏益群小学（以下简称“益群小学”），由郭荆玉任校长。当时这所学校以治学严谨、教学设备齐全、教学质量好而闻名。1934 年，潍县举行小学选优观摩会时，益群小学从六年级选出 4 名学生参加会试，有 3 人占了前三名，另一人考了第五名，在潍县教育界传为佳话。1916 年丁毓庚出资兴办了丁氏第二小学，他的次子丁锡田任校长，招聘教员五六人，学生七八十人，丁姓学生免收学费。①

此外还有其他善行义举。如丁毓庚向穷人施舍从不吝啬，丁四宅经常在大门洞里备着干粮，用来给乞讨要饭的。每年到了数九寒天，他将自己当铺出号的棉衣、棉裤，施舍给无衣过冬的穷人。遇到灾荒之年，他就拿出部分粮食，低价卖给缺粮的人。他还设点舍粥，帮助饥民度过荒年。为此，他在本县得到“济物助人，善人之家”的美誉。丁四宅户大人多，上上下下数十口，难免有生病就医者，因此家中经常备有一些中成药，如膏丹丸散之类，以备家人不时之需。邻里前往求药者，丁毓庚也慷慨赠送，日久成习，来求药者络绎不绝，所以丁四宅施舍药品也成了享誉乡里的善举。丁毓庚死后乡谥为惠恪。②

清道光年间，潍县城里的举子杨玉相在山东鱼台县当训导时，曾到京都参加会试。他亲眼见到，京都的广东会馆开设保婴局，为婴儿施种牛痘，并听说这能让孩子一辈子免生天花。杨玉相辞职回到家乡后，当时正值潍县天花蔓延，他先是组织数十名亲朋好友，带着他们的婴儿，由他带领，出资雇车、免费食宿，不远千里，到京城接种。后来，他又在县城创办了牛痘局，自己花钱从京都买来牛痘疫苗，并聘请名医。每年春天，他在自己宅内开设种场，每天总有上百名婴儿前来免费接种。一连二十多年，“全活童男女十二万有奇”，他是老潍县一带提倡接种牛痘疫苗的第一人。

上述老潍县丁、陈、张、郭四氏，均为地方世家大族，凭着士绅的背景，他们得以在权力、财富和声望等方面称雄一方。作为传统中国典型的地方领袖，他们都热衷地方福利事务，无论在慈善还是防卫方面，他们都是重要的赞助者或主持人，其事迹均载于方志及史册。这些大族的家风，由其后人代代相

① 《丁氏三所小学名扬潍县》，《潍坊晚报》，2015 年 6 月 15 日。

② 郭兰村遗稿，张冠群整理：《潍县富绅丁毓庚》，《潍坊市潍城区文史资料》第 6 辑，第 74 ~ 76 页。

传，及于民国而不衰。至于不具备官宦背景的普通商人也都急公好义，为家乡贡献自己的力量。老潍县商人陈尚志经商致富后，“邑中凡有大工役，糜不慷慨纳赀，前后修补西北隅石城，修学宫，修文昌祠，多赖其倡捐多金”。方志也记载另一位重视家族福利的绅衿田熵，他在乾隆时以恩例叙官，授刑部安徽司主事，富甲一方，膏腴阡陌，其家族聚居于近城关的南屯庄。凡庄中田氏有生男子者，即给地3亩，又立塾供族中青年就读，成为地方慈善大家。①

近代中国的国门被打开，海上贸易文化和商业文化日益渗透到商民生活的各个角落，一些老潍县商人也逐渐抛弃了以往惟利是图的做法，发扬传统商人文化中所具有的“儒商精神”，积极承担起自己的社会责任。在回报社会方面，他们的思路有沿袭，也有创新的地方，如修桥铺路，赈济灾荒。1929年，潍县商会出面倡议，商民捐资建起了潍县大戏院，这是潍县最早的戏院。1932年，潍县绅商店铺捐助修筑绿瓦阁以南道路，这次捐款者共280多家（人），又分为个人和商号两部分。商号包括货栈、鱼行、酒店、线庄、银行、银号、当铺、铁庄、车行、布庄、皮铺、绳铺、酱园、炊饼铺、肉行、书局（印刷厂）、商店、药店、理发铺等工商各行业。其中多有在当时潍县、全省乃至全国有影响的商贾、商号和工厂，商贾如毛寄尘、毛采臣、张俊卿等都是当时潍县商界的风云人物，商号如义德栈、协和公司、悦来公司等是有全国影响的大公司。义德栈捐洋500元，经理张俊卿捐洋400元，占全部捐款的四分之一还多，可见这家商号有多么财大气粗。1943年春天，潍县闹粮荒，商会号召商界赈灾，潍县商人为赈灾捐款10万多元，购买高粱60万斤。据统计，当时每天有9000多灾民凭证到指定供粥点领饭，潍县居民藉此渡过了灾荒。②

老潍县商界大佬张舆忱热心于地方公益事业。当时潍县城厢居民主要饮用白浪河的水，但随着工业的发展，有的工厂把污水排到河内，造成了污染，居民饮水困难。经县政府批准，张舆忱与华丰机器厂的滕虎忱、信丰染印公司的武伯平共同出资，在南门外开设爱丰打井厂，由戴礼贞负责，雇用季节工，在潍县城里、东关、西关、南关、北关、东北关及沿河村庄打了若干水井（压水

---

① 叶汉明：《论二十世纪初潍县地方绅商层的形成》，《潍坊市潍城文史资料》第19辑，第70页。

② 郑板桥：《郑板桥全集》，齐鲁书社1985年版，第547页。

井），解决了居民的吃水问题。①

张舆忱关心群众生活。早在济南裕昌时，为改善职工生活条件，他陆续在岔路街新建了10余排职工宿舍，供职工和其家属居住，并附设了一处岔路街小学，除满足本厂职工子弟入学外，还招收附近居民子弟入学。他企业中的职工生活待遇一般从优，职工如果有困难找他时，他都加以照顾。他还经常出资，对生活困难的教友给予救济。他自己虽腰缠万贯，却一直保持俭朴的生活习惯，尤其对公益事业的捐助，毫不吝啬。他的所作所为一直被家乡父老所称道，充分体现了一个现代儒商的精神风貌和追求。②

近代潍县商人为维护公共福利事业和慈善事业提供无偿捐助，承担了重大的社会责任，这本身就是“儒商精神”的宣传和张扬。

传统老潍县商人的生财之道、生意经和开拓精神，对于今天的商家来说，应当作为一笔宝贵的精神财富传承下去。

---

① 张文光、刘秉信、王剑华：《张舆忱生平事略》，《潍坊市潍城区文史资料》第16辑，第111～112页。

② 张文光、刘秉信、王剑华：《张舆忱生平事略》，《潍坊市潍城区文史资料》第16辑，第113页。

第六章
商人社会：老潍县绅商的社会生活习俗

老潍县在明清时代科甲蝉联，文风亦盛，封建官吏、士子游宦京师，广通声气，因而将一些官僚生活习惯和风尚带回家乡，各自夸耀门阀。一些中上阶层家庭纷起效尤，影响所及，使城内的社会习俗为之一变。如逢年过节，即便是细枝末节也必须得“讲究”，讲排场，摆阔气，以维持贵族之家的形象和体面。这样虽然扩大了社会影响，但也助长了社会奢靡之风，造成了浪费。

晚清以来，老潍县辟埠，胶济路成，工商业资本家应运而生，并发家致富。他们利用财富参与社会公益，取得地方公益事务的话语权，获得地方百姓的尊重和认可，成为士绅阶层。他们在交往、饮食、娱乐、服饰和婚、丧、嫁、娶等方面打破传统礼制的束缚，在生活方式上也开始仿效封建官僚家庭的做派，争奢斗靡，极尽铺张之能事，尽显豪华之排场，推动了社会奢靡风气的蔓延。

不过，老潍县绅商两界由于门第、出身不同，彼此在各种习俗上存在着鸿沟。老潍县士绅阶层一向是老潍县上流社会的风向标，讲究多，礼数全，一举一动都显示了世家大族的做派。新兴工商业者在资财上也许不亚于缙绅大族，但很多人出身草根阶层，根基浅。他们急于夸耀家财，企图快速得到社会的承认和尊重，多多少少带有暴发户的痕迹，举止做派市侩气息浓厚。不过到了后期，有些官宦人家家道中落，手中没钱了，却还要讲排场、顾面子，因为不好意思上街叫卖，便委托一些卖破烂（旧衣物）的妇女，变卖家中什物，如清代的官衣、靴帽以及零星绸缎、镶边布帛，还有小玩意如鼻烟壶、手镯、帽花、团扇、象牙筷子乃至文房四宝、石印字画等。每逢“二七”大集，一些中老年妇女便在棋盘街两侧就地摆摊出售，人称“老婆市”，这也成为老潍县街头的一大景观。而投身于工商业的资本家越来越有钱，呈现出此消彼长的趋势。

一、社会交往

（一）世家交往

在社会交往上，老潍县官绅与商人阶层由于出身、门第不同，有着不同的社会交往圈。以四大家族为代表的老潍县官绅阶层虽然程度不同地有着商业地主的色彩，但其底色还是官宦本色。丁氏家族因为家资富足，致力于科举者少，故在外做官者亦少，他们广有田产，又经营当铺等生意，可谓标准的商业地主。这是丁氏世家较老潍县其他世家的一大特点。但是丁氏子弟均擅长诗文书画，以诗书传家，一派书香气氛，他们的交往圈可谓是“谈笑尽鸿儒，往来无白丁”。

老潍县丁氏十四世祖丁廷珍故后，其三子析产分家，长子丁善宝继承四宅，二子丁善庆为五宅，三子丁善长为六宅。长子丁善宝博览群书，行游天下，眼界开阔，善于为文交友，他延揽知名学者在十笏园吟咏，自己也留下著作十数种。

丁氏家族毓字辈中，对外交往以丁毓庚为代表。丁毓庚是丁善庆的长子，交游颇广，本县各界人士，只要是有点名气或者有些用处的人，他都愿意与之交往。他还请一部分人到他家作门客，当时他的上等门客有陈恒庆（清末御史）、梁文灿、于普源（清末翰林）、陈贻馨（清末知县）、郭子芳（广东候补知县）等，民国后地方知名人士张树棻、杜佐宸（同盟会员）等也成为他家的座上客，亲戚如妻弟陈厚其、表弟李箕等亦时常上门攀谈。这些人是他的核心交往圈。一般门客有他的族人丁逸民、丁守诰、丁玉堂以及银钱经纪人王廷绅、中医于尔康等。他在管家理财、社交活动、生活享受等方面，都得到门客们或多或少的帮助，所以他对这些人也尽可能地给予照顾，逢年过节给点东西，平日遇到困难则给些必要的物品或用金钱接济。凡是上等门客借贷，他即慨然应允；其他门客相求，亦多酌情解决。丁氏所处时代正是清廷软弱腐败之

时，接着民国成立，随之军阀混战，民不聊生。他生逢乱世，能够随机应变，并依靠门客的智谋和地方势力的支持，得以排除一些不必要的麻烦，较为平静地度过了他的一生。①

丁氏锡字辈以丁锡纶为代表。丁锡纶，字叔言，是老潍县丁氏世家发展史上最有影响的人物之一。丁六宅拥有土地21000余亩，在老潍县境内的24个自然村，以及诸城、胶县、蒲台、博兴、沾化等地30多个自然村，都有田产。丁锡纶后来又是老潍县电力公司、中华大戏院、和记印刷局、义丰当铺、义德栈等数家大公司的董事长，其中义德栈设在青岛，在高密、老潍县、青州、博山、济南、上海和天津都有分号，并在上海参股南阳兄弟烟草公司和五洲大药房，在济南投资鲁丰纱厂。当时丁六宅已经超过了丁四宅，成为老潍县首富。丁锡纶工诗文，擅长山水画及书画鉴赏，老潍县“同志画社”创办人之一，担任社长10余年，为画社举办多次画展。在人际交往上，他依然承继祖上风气，喜欢与文人墨客来往。当时潍县文化名人宋书升、刘抡升、郭杭之、丁良翰、陈恒庆、张昭潜、梁文灿、安丘诗人王瑞麟、平度文人白永修都是十笏园的常客。他们辗转交接，以文会友，以园为文。丁锡纶曾经与泰戈尔、徐志摩、蔡元培、康有为、王统照等很多文化名人都有交往。王统照是诸城人，是丁锡纶内弟，也是当时名噪一时的作家诗人，两人交往最密切。丁锡纶尤其喜欢举办教育事业，1922年10月他去济南会见蔡元培，加入了“中华民国教育改进社”，并参加了该社第二次年会，被编入“初级教育”“幼稚教育”两个组。大会由蔡元培主持，梁启超、黄炎培等出席了会议。1924年，他又去江宁参加“教育改进社”年会。1924年，印度著名诗人泰戈尔来中国，到各地演讲，王统照为他作翻译，丁锡纶在济南铁路宾馆参与宴请泰戈尔，席间同泰戈尔纵论文学艺术的创作。他还会见并宴请过中国著名现代诗人徐志摩。1924年康有为迁居青岛汇泉湾畔，购宅居住，题其宅为“天游园”。1925年康有为漫游各地，路过潍县。丁锡纶听说后，极力延请，并在十笏园接待了康有为。② 康有

① 郭兰村遗稿，张冠群整理：《潍县富绅丁毓庚》，《潍坊市潍城区文史资料》第6辑，第72～73页。

② 丁云峰等供稿，宋伯良整理：《潍县邑绅丁叔言简况》，《潍城文史资料》第4辑，第69页。

为为之题诗纪念，留下了著名的《十笏园留题》："峻岭寒松荫薜萝，芳池水石立红荷。我来山下凡三宿，毕至群贤主客多。"①

从联姻圈子也可以看出世家大族交往之广。以丁氏家族为例，丁氏家族虽为商业地主，却与官宦之家联姻不断。丁善宝夫人为陈官俊的弟弟陈官良之女。丁善庆的夫人为布政使司经历、候选同知陈述曾之女。丁善庆夫人 1921 年去世时，晚清状元刘春霖亲自为之写了墓志铭。丁善长的夫人是老潍县大官僚进士、江西巡抚陈仟的女儿。同治九年（1870）陈阡病卒后，荣禄、赵长龄、李鸿章等亲自为他撰写了墓志铭。丁毓庚一生妻妾继室四人：一为诸城王氏，是诸城县王丞继的长女；二为老潍县陈氏，是陈介祺的侄女；三为诸城戴氏，戴氏出身诸城名门；四为章丘孟氏，孟氏为山东巨富，其最著名的产业即济南和北京的瑞蚨祥绸缎庄，孟氏娘家的侄女孟昭兰则嫁与王统照为妻。丁毓庚的女儿嫁与安徽寿县晚清重臣孙家鼐之子为妻。丁锡纶原配夫人臧淑玉，来自诸城望族大户，为臧慎堂次女，好诗文书画，27 岁病逝。继娶的夫人王淑贞，也是来自诸城望族大户，为王秉慈长女，是思想家、作家王统照的胞姐。丁锡彭的夫人是张兆栋的儿子张僖的次女。

由于联姻关系，丁氏世家与潍上郭尚友、陈官俊、张兆栋世家，以及诸城王、戴、臧，章丘孟，安徽孙氏均有亲戚，彼此之间盘根错节，由此而织成了由老潍县而联系全省全国的姻亲大网。

丁家与老潍县其他家族是多年的老亲，祖祖辈辈一直保持着密切的联系，经常在一起欢宴娱乐。据陈蕴慧回忆，陈柏岩很好客。"每年夏季请亲朋在院子里吃甲鱼。院里打着天棚，摆着四五十盆兰花，一进棚清香扑鼻，大家一边品尝甲鱼，一边观赏兰花。每年冬至交九后天气很冷，他就请亲朋吃烤羊肉。把羊肉冻后削成薄片，用酱油、香油、味精、花椒面作调料，把肉片泡在里面，围盆七八人，各人随泡随烤，烤熟了用鼓烧饼卷着吃。选大雪天请客，桌子放在厦檐台上，油烟冲天，香味扑鼻。大家饮酒赏雪，乘兴作诗。有一次，丁锡纶、丁倬千、丁笏丞、郎子和、郎锡泉诸位表兄及我父亲陈紫绂、胞兄时

① 骆雁峰：《十笏园的前世今生》，《潍坊日报》，2011 年 11 月 10 日。

霖轮流作诗，一人一句，四人一首。那些诗句，可惜我都忘记了。”①

关键时刻，四大家族往往施以援手。1932年韩复榘主鲁时，大肆逮捕共产党人，陈介祺的曾孙陈秉忱被潍县县党部告发，说他家是共产党的秘密据点，陈秉忱被抄家并被逮捕入狱。韩复榘来潍视察时，以丁锡纶、陈启之为首的绅商两界联名保释陈秉忱，陈秉忱被释放回家后，丁锡纶又把他安排到自己的电灯公司工作。②

（二）官府交往

地方政府与地方势力是中国传统社会的普遍现象。“士绅社会”是一个由获得功名的精英主宰的社会，它处于由地方行政官代表的公共事务领域与个人及其家族的私人领域之间。由于传统中国的政治权力只达到县一级，所以在地方权力与乡村社会之间有很大的权力真空，这一权力真空由地方士绅们所填补，形成一个具有自治性质的“士绅社会”。一方面，士绅是地方官治理地方的助手，是连接政府与广大乡村的重要媒介，离开地方士绅势力的支持，地方官就等于孤家寡人，基本上无法对所辖地方实施有效治理。另一方面，地方士绅在与官府打交道的同时，也获得了部分政治资源，进一步强化了其在地方的权威，增强了其在地方的话语权。两者相互强化，相互支持，相互为用，彼此借重，结成了牢固的政治同盟，这种政治上的结合是地方精英活动的一个重要领域。

老潍县豪门大族甚多，陈兆鸾的侄子、十二世陈尚志与先后任老潍县县令的赖光表、郑板桥交往甚笃，他带头捐资倡建书院修筑城墙，深受两位县令器重。老潍县丁家一直和地方官府保持密切联系，通过捐资修筑城池获得官府的敬重。

清末民初，军阀割据，战乱不已，潍县绅商势力怕政治动荡危害他们的商业，便通过各种关系，结交官府、军阀和新旧政客。他们在交往上基本上不持

① 陈蕴慧供稿，谭先民整理：《忆堂兄陈柏岩》，《潍坊市潍城区文史资料》第5辑，第135页，138页。

② 刘秉信、陈端章：《陈秉忱同志事略》，《潍坊市潍城区文史资料》第5辑，第8～9页。

政治立场，谁在台上就为谁服务，这是乱世交往的特征。

1912 年，丁锡纶当选县议会议员，开始参与地方兴建事务，曾助资修建了潍县的西大营、团防局和县公署。孙中山由济南赴青岛，火车过潍时，丁锡纶率领地方士绅在潍县车站候迎，并予以殷勤接待。1916 年，在护法运动中，居正组织“中华革命军东北军”进驻潍县，丁锡纶以县议会地方代表身份，迎接总司令居正入城，司令部即驻其家。同年，丁锡纶任中国红十字会济南分会驻潍办事所所长。1921 年，任中华民国众议院议员兼大总统府（黎元洪）资政。

1925 年，张宗昌上任山东军务督办不久，便东巡视察，由济南专车到青岛，改乘海轮到烟台，又沿烟潍公路回原籍掖县（今莱州）省亲，路过潍县回济南。潍县县长曹蕴健立即召集绅商筹备迎接事宜。丁锡纶为了讨得张宗昌的青睐，主动提出将自己的十笏园作为张督办的行辕。在得到大家的赞同后，丁便组织工匠将园内的亭台楼榭整修装饰得焕然一新，并打造木床几百张，将生活用品一应备好。十笏园内的砚香楼作督办寝室，十笏草堂作督办会客厅。厅内一色楠木家具，几上陈列着古玩，墙上张挂着字画，荷花池内每枝花朵都安装上小灯泡。十笏园大门写对联云：“万家生佛；一路福星”。门外扎一松坊，松坊大匾用小灯泡凑成，曰“照临下土”。张宗昌在潍期间，丁锡纶与其多次接触，并送给他一块匾额，上书“一方幸福”。翌年丁又赴济为张宗昌的父亲祝寿，关系趋密，张宗昌将自序出版的《百忍堂十三经》赠丁锡纶一部留念。1928 年，张宗昌在国民革命军的威胁下自济南撤退至潍县时，就以丁家大宅为军事大本营。省主席韩复榘多次巡视潍县时，也以著名的丁家花园为大本营。国民党第 74 师师长李汉章也曾经住在十笏园，老潍县当地人曾经亲眼看到士兵持“手提式水压机枪”站岗。1930 年 6 月，晋军围攻潍县城，丁锡纶参加组织临时保安，筹集巨款，慰问守军，并著《潍县半月围城记》。1933 年，潍县县长厉文礼在十笏园也住过一段时间，士兵穿灰色军装站岗。丁家可说已将其住宅变成全县的政治中心。1933 年，丁锡纶任潍县第一区区长。1937 年初，丁锡纶当选为国民政府第一届国民代表大会代表，出任潍县公民训练处第一大队长。该年 7 月，任潍县自卫队大队长，领导民众参加军事训练，以备抗战。

如果说老潍县绅商与官府交往纯属功利的话，那么丁锡纶与厉文礼则有着惺惺相惜的交情。厉文礼在潍县任县长期间，多与潍县绅商打交道，其中与名

绅丁锡纶交往尤为密切。厉文礼在潍县做的许多事情，大都得到丁锡纶的支持和帮助，如修朝阳桥、拓建南坝崖、修自来水打压水井，等等，莫不如是。厉文礼每遇县里的重大事宜，都与丁锡纶商讨，征求他的意见，取得他的支持。他们相互敬重，视为知己，在共同治理潍县的过程中结为好友。如在厉文礼拓建南坝崖商业区的时候，丁锡纶积极响应，在该处购买了一块较大的地段，出资兴建了中华大戏院，又建了中华池澡堂。1935 年厉文礼拍摄《潍县大观》的时候，丁锡纶也出了不少钱，影片《潍县大观》中有丁锡纶、丁稼民兄弟与所建丁氏学校的师生在一起的镜头。

不过，在乱世风云中，在政治漩涡中摸爬滚打的丁锡纶，最终被政治所吞噬。因为曾经随同厉文礼投降日寇，抗战胜利后，山东省八区专员兼保一师师长张天佐拘捕了丁锡纶；又因其所有土地八年未交粮银，故当时部队整编急需粮饷时，勒令丁锡纶交纳法币 2 亿元补充军用。丁锡纶虽有土地两万亩，想卖却无人问津，只得变卖东门里房产两处，并以百分之十的月息借取黄金 1000 余两，凑足法币 2 亿元交给了张天佐。张天佐又要丁锡纶为其全师官兵每人发一套军服和一双军鞋，否则就追究他“陷害国民党党员罪”。这时国民党政府的金融体系已面临崩溃，物价一日数变，黄金价格更是扶摇直上。丁锡纶已经无力归还先前所借黄金的本息，更无法填平张天佐的欲壑，遂生厌世之心，于 1946 年 12 月 30 日服毒自尽。丁锡纶在自尽前曾作山水画一幅，赠送厉文礼作纪念，并有绝命诗一首，留给后人。丁锡纶在绝命诗中写道：“如此世界，何足留恋；五十九岁，不为少年；吾乃达观，并非短见；一生过程，化为云烟。九年前今日，是为了国家民族谋生存；今年的今日，是为了个人精神求摆脱。”

丁锡纶自杀曾在当时社会上引起过轩然大波，许多人表示了同情。当时的潍县县长杨绪钊在诗中写道：“自我来潍县，治军整一年。曾无杯酒欢，亦无文字缘。何日闻君死，我心惊如煎。只为正义感，迫我是自然。君年五十九，白发早满头。良田空千顷，还有百丈楼。人发国难财，君负胜利债。可怜身死日，惨局竟难收。积金置田园，徒遗儿女累。”①

① 丁云峰等供稿，宋伯良整理：《潍县邑绅丁叔言简况》，《潍城文史资料》第 4 辑，第 67 ~ 75 页。

（三）职业交往

新兴工商业者多数出身低贱，暴发户的形象比较明显，虽然坐拥巨资，但根基尚浅，社会能量尚未完全发挥，交往圈中多为同道人，可以称之为职业交往。

1. 生意交往。新兴的老潍县工商阶层，多数出身贫寒，靠不断在商场上打拼把生意做大。做生意讲究地利人和，和气生财，人脉关系对于经商而言是绝对必要的。这方面的人际交往，有着等级、身份的差异，彼此之间关系有深有浅，有密有疏，有的因为生意往来而成为朋友，有的仅仅是以利为目的。

老潍县教会在新兴工商业中有很大的影响力，许多教友成为朋友和商业上的重要合作伙伴。张舆忱与华丰机器厂的创始人滕虎忱是老教友，他们被称为潍县“二忱”。两人在生意上相互投资，相互支持。如张舆忱在筹建新厂“裕昌”窑厂时，请滕虎忱为其设计改进设备，制作了钢制瓦模，并成立了铁工部，提高了制瓦质量和产量，在同行业竞争中立于不败之地。①

滕虎忱一直想在济南开设机器厂，就请他的老朋友们帮助他解决工厂用地问题。张执符（老潍县惠东药房总经理）和韩立民（济南利民医院院长，美国留学生）都是滕的老朋友，在社会上比较有声望，认识的人多。打听到济南日本三井洋行停业，准备出售，张、韩两位便与三井洋行洽谈，出价大洋3.6万元购到日本三井洋行全部房产，而且还向该项目注资。这个项目由三方出资，即老潍县华丰机器厂代表人滕虎忱，老潍县惠东药房济南营业部代表人张执符，济南裕顺砖瓦厂、裕昌砖瓦厂代表人张舆忱。他们三人商定，统一建筑，统一分劈，根据房产多少，分摊购置费和建筑费，成立了惠东建筑部。②

20世纪30年代初期潍县经济迅速发展，有钱人大量增加，这自然引起了绿林豪强的觊觎，其中来自南部山区的绑匪团伙最猖狂，他们频频拦路抢劫，绑人勒索，一时将潍县搞得人人自危，民不聊生。张舆忱的长子张培松被土匪

---

① 张文光、刘秉信、王剑华：《张舆忱生平事略》，《潍坊市潍城区文史资料》第16辑，第111页。

② 张蓝田：《潍县华丰机器厂设在各营业部的概况》，《潍坊市文史资料选辑》第4辑，第93~94页。

绑票，索要"一牛大车现大洋"作为赎人的天价。在滕虎忱的帮助之下，张舆忱才凑齐赎金，把人赎了回来。

同学是新式企业重要的人脉关系资源。华丰机器厂用的高级管理人员都是滕虎忱的同学。济南分厂营业部负责人李占元（滕县人），是滕虎忱在青岛惠国水师工务局船厂的同学。滕虎忱打算在济南生产电动机和发电机，以供应市场需求。李占元在船厂时，专门学习制造电动机和发电机技术，曾在天津德商礼和洋行担任工程师。济南营业部经理李泽圃与滕虎忱也是同学，他在青岛德国水师工务局船厂专门学的会计，曾在山西省太原市英商孔士洋行工作过。类似的关系在惠东大药房也比较突出。

生意伙伴之间的交往就是为了增强联络，加深感情，以求得生意顺遂。如同祥号拥有资金约一百万元，在当时是一个资金很雄厚的商号。其老板李延文为了招揽生意，可谓费尽了心思，下足了功夫。同祥号规定，凡来到潍县采购绣货的客商，可以住在同祥号内，不但食宿不收费，而且有专人招待伺候，比住客店、货栈舒适得多。为博得客户欢心，满足其所好，该号常年备有鸦片和烟具，还备有赌具，并指派专人陪着顾客打牌消遣。至于请客人饮酒吃饭更是常事，甚至还带领爱寻花问柳的顾客到平康里（妓院）去尽情玩乐，使客人舒心快意，乐不思蜀。因此，凡是到潍县采购绣货的外省客商都喜欢到同祥号吃饭住宿，顺便洽谈业务。①

西药业也要注重人脉关系才能打开局面。当时西药原材料、名牌成药、药针都操纵在外国人开设的洋行手中，如想获取利润，必须与他们沟通关系，直接进货，这样才能降低成本。亚东大药房与德国拜耳药厂驻山东的代理人徐金亮始终保持着密切的业务往来关系，对于各大药厂的名牌药品，都派精干人员分赴各地采购，如德国的606、灭疥、加当止疼片，法国的九一四，美国的孟山都糖精，日本的坦巴尔散、老笃眼药、仁丹等。国产货有上海四大药厂名牌产品维他赐保命、一天淋、至路斯梯新、奎宁，磺胺药"消治龙"药针、药片等，医疗器械也是从厂家择优进货。因为推销名牌药品，疗效好，销路快，加

---

① 民建会潍坊市委会供稿，区政协文史工作组整理：《潍县同祥号》，《潍城文史资料》第3辑，第110～111页。

速了资金周转。[①]

2. 东家与伙友的交往。东家与伙友之间是雇佣与被雇佣的关系，有着等级和身份的差异，然而由于生存在一个利益共同体中，彼此也就少不了交往。东家在与伙友的交往中当然有一定的感情投入，这种投入是为了让伙友更好地为其服务。

老式管理模式比较成功的以同祥号为代表。这种模式建立的关系是不平等的，老板完全掌握员工的命运。李翰臣非常精明，善于用人，但也惯于使用阴招治人。按同祥号的惯例，老、少伙计们都没有西股（即不分红利），也没有固定工资，只是年终“听开除”（年终结算），但日常开支可以借支使用。李翰臣对伙计的借支完全按照自己的意愿灵活掌握。他认为有能力并为他效力的，借支多少都可以，没有任何限制；对能力低不受欢迎的黑伙计，则加以限制。他用这种办法拉拢住了有能力的伙计，因为借支多了，超过了年终开除的数额（长支），想辞职就得先还长支，无钱还长支就走不了，只能年复一年永远为他效力。如于蠡舫是他最得力的伙计，李翰臣除任其借支，还主动出钱给他买房子，并把侄女许配给他，从而把他拴牢，以便使他衷心不渝地为商号效力。对于有技术能力而想辞职的伙计，李翰臣最为恼火，但从不表露于外，而是暗中使用阴招。如李树声是同祥号收购绸子的能手，鉴别能力很强，周村有一巨商想利用他的特长与之合作，许以比同祥号更高的待遇，能共同经营绸子的贩卖业务。李树声为之动心，打算到年底辞去同祥号职务。因为事机不密，这件事被李翰臣知道了，李翰臣到年底开给他的钱特别多，这是为了先把他稳住，让他不至于很快辞工。第二年李翰臣就派了个伙计去当他的助手，实际上是向他偷学技术。等到这个助手的技术熟练了，而且能独立工作时，李翰臣就毫不留情地辞退了李树声。李树声去找原来想与他合作的那个商人时，人家已另干别的买卖了，他只好再找地方当伙计。但当时社会上公认同祥号伙计收入高，一般商号怕雇不起，都婉言谢绝，李树声竟然因此而失业。[②]

---

① 张温光、刘秉信：《亚东大药房》，《潍坊市潍城区文史资料》第 11 辑，157 ~ 158 页。

② 民建会潍坊市委会供稿，区政协文史工作组整理：《潍县同祥号》，《潍城文史资料》第 3 辑，第 115 ~ 116 页。

同祥号有个制度，每年正月初四日吃供养（供养财神的食品）时，决定伙计的去留。正月初三李翰臣就开出名单，叫伙计挨门去请，凡是被请去吃供品的伙计，就是来年被东家留用的，否则就是不用了。同祥号每到年底都分过年的用品，如鱼、肉、鸡、粉皮、粉条、葱、姜、八角、花椒、芥末、木耳、绿豆、花生仁等一应俱全，甚至还分有京香、灶马等。同祥号这样做的原因，一是年关渐近，业务繁忙，免除伙计们办年货的麻烦，使他们能集中精力为其效劳；二是以这种福利拉拢伙计，收买人心。其他商家因为没有这些福利，都不敢用从同祥号辞工的伙计，所以同祥号伙计很少是自己辞工的，多数是被李翰臣辞退的。长此以往，同祥号的伙计全都兢兢业业，爱号如家，投入全部身心经营业务，生怕被辞退。①

与同祥号的管理方式不同，有一些比较开明的企业，尤其是知识分子开办的现代化企业，内部管理制度比较开明，雇员与管理者之间的关系没有那么等级森严。惠东大药房的用人标准是忠诚肯干、事业心强、办事能力突出者都可委以重任。当时，被惠东大药房录用很难，一般要托亲告友介绍，经店方慎重考察后才可能被录用。惠东的用人特点是重用有真才实学家居农村的人员，而油滑不安分的城里人则不受欢迎。惠东大药房三个资方代理人、分号经理，都不是董事会或总经理的亲友，也没有大学学历，都在农村长大，靠着忠诚肯干、事业心强、有办事能力而被委以重任。惠东大药房店员的收入和待遇都是让人羡慕的，董事及副总经理以上人员的薪水随用随支，按期结转。其他人员实行月薪制，但个别医道高、名声大的骨干医师的月薪高于分号经理、院长、厂长，主要店员与一般店员月薪的差距也较大，学徒无工资，视个人表现年终一次性给予一定报酬。奖励待遇方面，每年春节，每人加发两个月工资以示奖励。工作待遇方面，店方供应伙食，所有人员一个标准，同桌就餐；每年圣诞节，所有人员每人发一件长衫，时称“圣诞大褂”；较高层次雇员和老店员每人每年发两套服装。福利待遇方面，每年春节，所有人员发 5 公斤猪肉、两条鱼，职位较高者增发 10 到 15 公斤橘子；所有人员及其亲属的治病费用，只要

① 民建会潍坊市委会供稿，区政协文史工作组整理：《潍县同祥号》，《潍城文史资料》第 3 辑，第 116 页。

经理同意，都可由店方承担。春节期间放假5天，平日请假不扣工资。家属来店探望，店里管食宿。高级店员以上员工可以随带家属，生活费用自理，但店里可以为其报销水电费用。职工或职工直系亲属婚、丧、嫁、娶时，店里发给相当于本人一个月的工资作为补助。所以惠东药房的店员对这份工作非常珍惜，无不谨慎小心，一天工作8小时，业务不太忙时，就主动到后面制药作坊生产药品，开箱点货，忙个不停。[①]

亚东大药房也注意照顾职工的生活待遇，如从不拖欠工资，每月按时发放工钱，这一点在当时很多企业都是难以做到的。年终则根据全年经营效益分红，分红数额与个人工资挂钩，工资高者多分。每周公布菜谱，调剂伙食，定期改善生活，按时发放衣物。店内人员生病，用药实报实销，大病住院费用也由店内负担，甚至家属用药也能报销。外地人员回家探亲，春节往返路费，婚、丧均有补助。还自建了浴池，夏日可每天洗澡，冬天报销洗理费。上述做法调动了业务人员的积极性，大家群策群力，给店内带来了竞争活力，生意一直兴隆，在全省有一定名气。[②]

华丰机器厂在招揽和留住人才方面很舍得下本钱。该厂曾分别以月薪60银元和80银元的高薪聘请机器制造技术人员和设计绘图专业人员，而该厂经理的月工资则只有40银元。该厂也注重尊重和使用人才，厂里出资让有发展前途的员工学技能、宴会会餐时请有突出贡献的销售人员坐上座等事例在当时都曾传为美谈。该厂在成立之初即废除当时各厂商通行的徒工无偿效力数年的惯例。徒工4年学徒期间，管吃管住，并发给一定数额的补助费。学徒期满后发给固定月工资，且每两年增资一次。员工生产超额有奖，加班有补贴，周日休息，年终按工龄长短和工作优劣适当分红。工厂拥有伙房、宿舍、俱乐部、篮球场、澡堂等生活设施为员工服务。当时，社会各界对华丰机器厂的实力、产品质量，特别是它管理的文明和对人才的尊重都是有口皆碑的。

同盛铁厂是当地最早的现代铸造企业。该厂的徒工管吃穿，有年薪，三年

---

① 刘炳旭、王继业整理：《潍县惠东大药房》，《潍坊市文史资料选辑》第4辑，第86～89页。

② 张温光、刘秉信：《亚东大药房》，《潍坊市潍城区文史资料》第11辑，159～160页。

出徒，学徒期间的年薪以10银元的额度逐年递增，熟练工、技术工的年薪60至120银元不等。员工被厂家辞退后仍可以在厂里吃住，直至找到用工单位后重新就业为止，时称“住闲”，体现的是厂商对被辞退员工的关照。

裕鲁颜料股份有限公司员工管理注重赏罚分明，根据员工各自工作成绩，年终发给一定数额的奖金，以示鼓励。

惠祥染织工厂注重任人唯贤，生产管理、财会、产品销售等关键和重要岗位的人员都慎重选聘资历深、业务精、能力强、对企业忠诚的员工，用人上不搞家族制和裙带关系，确保了这家拥有约一百名员工的现代工厂生产和销售的长期兴旺。

二、消费习俗

老潍县绅商坐拥巨大家产，在个人消费上喜欢追求享受，讲究档次，并且成为老潍县社会消费的风向标，影响了老潍县消费风尚的转移和变迁。

（一）饮食习惯

历史上的潍县曾是商贸重镇，客商云集，又是官宦之乡，明清两代出了很多高官大吏，他们食不厌精，脍不厌细，刻意追求生活的享受，由此逐渐形成了别具一格的老潍县菜。

老潍县菜名声远播，是与历代潍县人在京城及各地做官分不开的。传说陈官俊、张兆栋等人做官时，将老潍县菜引入宫廷。老潍县的拌辣皮、芥末鸡、炝芹菜、麻汁杂拌四大凉菜为代表的凉菜系列是由清代两广总督张兆栋以及兵部武选司兼车马司行走郭简之倡导发展起来的，成为鲁菜的重要组成部分，并影响到京津地区。现在流行的经典鲁菜中，黄焖甲鱼就是从清代乾隆年间潍县首富陈尚志招待郑板桥而来的。另外，著名的豌豆黄、“鸡鸭和乐”等名吃也都是官宦们从京城带回潍县的。潍坊菜以清淡为主导的口味、制作手段精细的特点就是在那段历史中形成的。

传统的老潍县菜讲究“四四到底”，也就是人们常说的四红四喜，四凉菜、四热菜、四锅烧、四饭菜。四凉菜初为芥末鸡、甜酱肉、五香肉、焖藕等，后来又增加了蒸鸡、酥锅、拆骨肉、松花蛋等。四热菜讲究“参打头，鱼作尾”，即以烧海参为先，随后是烩鱼肚、芙蓉干贝、炒腰花，最后为红烧鱼。四锅烧是炸里脊、炸春卷、炸丸子、炸大虾等。四饭菜是四喜丸子、大杂烩、苜蓿肉、炒韭菜等。

老潍县菜讲究调味纯正。老潍县人大多不喜油腻而好清淡，口味偏咸、鲜，讲究清汤和奶汤的调制，清汤色清而鲜，奶汤色白而醇。常用的烹调技法有 30 种以上，尤以爆、扒技法独特而驰名。爆法讲究急火快炒，迅速出锅，以保持食材鲜美纯正。扒技法为鲁菜独创，食材腌渍粘粉，小火慢煎收汁，菜品味浓质烂。

老潍县有很多著名的小吃。据文献介绍，豌豆黄是京城的名小吃，是由豌豆沙、白糖、枣汁熬制冷却后，自然凝固成固体，再切成菱形装盘食用。在京城做官的老潍县人把这一名吃传到了老潍县。豌豆黄主要是官宦、乡绅、商家等有钱人家作为夜宵食用，所以每当夜幕降临，小贩就挎着筦篼，提着灯笼，沿街叫卖豌豆黄。

杠子头火烧也是有名的小吃。老潍县农民时常利用农闲来做面饼到市场上售卖，借以增加收入，补贴家用。他们把面和得非常硬，难以用手揉搓，只好用木杠子来压面，待到面压好后，就开始制作名为“火烧”的面食。火烧为圆形，周围厚中间薄，一面凸，一面凹，用细火慢慢煨熟，水分基本上蒸发干净，口感筋道厚实，易于保存。因为是乡下人做成的，城里人叫它“乡火烧”。于河镇流饭桥村的乡火烧最出名。每逢集市，他们用专门制作的长条筐子盛着火烧挑到大集上卖，各商号及大户人家都买上几筐火烧存在家里，不怕霉，烩着吃也方便。

老潍县的宴席风格从老潍县接待张宗昌可见一斑。当时潍县有二十几家酒楼饭店，每家上等饭店都要派出 2 名厨师听差，每一招待场所设一食堂。本次宴会为老潍县传统的燕窝席，即最高标准的宴席。大厅内摆五桌，花棚下摆十余桌。宴席规格是 6 人一桌，每桌标准 24 元，酒、饭除外。另外备有下马点心，每人一份；鸡丝挂面一碗，小包子一碟，凉糕一碟，用于饭前充饥。香烟有 50 支一盒的大前门、三炮台、白金龙，还有 10 支装的普通烟。茶叶有大方、龙井、时雨、寿眉等。酒水有白兰地、啤酒、白干以及汽水。这些都从代办处领取，由专人负责。张宗昌吸的雪茄烟，代办处准备了两盒，每盒数十元的雪

茄，张宗昌只吸了一支。据说这次招待费用就花了两万余元。

清末民初，潍县较大型的饭店有20多家，中小饭店、流动的摊点百余个，潍县大十字口、南北坝崖，食肆鳞次栉比，蚨盛馆、福成馆、如意村、潍中饭店及东关的庆德楼等等，都名噪一时。1930年后，随着潍县经济的迅速发展，餐饮业也随即蓬勃崛起，潍县厨师开始分赴济南、北京、天津等地学习酒店烹调、管理经验，同时外地人也来潍县开饭店，使潍县的饭菜质量有了明显的提高。泰丰楼饭店于1934年开业，是北京泰丰楼的分店，从北京、济南调来高级厨师，专做京津名菜及北京烤鸭。经理徐静海照搬总店模式，备有精细瓷器与银质餐具、象牙筷箸，桌面铺台布，地面有地毯，电扇、电话、留声机、暖气和水冲洗手间等设施一应俱全，门厅还有礼仪小姐迎送，档次不亚于北京、上海的豪华酒店。酒席一般四品盘，热菜有6大件、8大件、10大件三种，还有四饭菜，并分燕席、参席、翅席三类。泰丰楼拿手好菜多为汤菜，如燕窝汤、银耳汤、鲍鱼汤、清汤海参等。据说泰丰楼的清汤，最好的要清三次。餐具精美，有银质的匙子、匙垫和象牙筷箸、精细瓷器。泰丰楼资金雄厚，经常存储鱼翅千余斤，海参千余斤，燕窝数斤，是伺候官僚、巨富、显贵的豪华大饭店，到泰丰楼吃饭的多为暴发户。

老潍县城里“丁、郭、张、陈”四大家族以及商界大佬，各自府上大宴“三六九”，小宴“二五八”。那时女眷不能抛头露面在外吃席，所以就要经常从饭馆叫菜。“聚丰楼”为了满足顾客的需求，购置了德国造的自行车，配备了送菜员。送菜员每天骑着自行车，一只手扶着车把，一个肩挑着食盒，头上顶着簸箩，在大街上来回穿梭，成为老潍县街头常见的一道风景。要求送到府上的饭不能凉，菜不能撒，这就需要送菜员手脚麻利，既快又稳，车技过人。

（二）衣着打扮

“十里重人，百里重衣。”穿着打扮一向是个人身份地位的宣示，也是生活状况好坏的标志。在中国传统社会里，衣着打扮是事关朝廷礼仪制度的大事，历代王朝都用礼制规范社会秩序。人们按照自己的身份等级，而不是财产多寡过着相应的生活，尊卑贵贱不可逾越。老潍县商品经济比较发达，富裕户多，所以老潍县人的衣着打扮比周围县份要高档一些。特别是家境宽裕的工商户人家，在衣着打扮上非常讲究，由此形成了一套风俗习惯。

老潍县开埠之前，传统的工商业地主为了与官场交往方便，大多捐资买一个名义上的官衔。如大商人田炜有刑部主事的官衔。陈尚志贡生出身，考授州同，相当于六品顶戴。陈汝梅，贡生出身，嘉庆六年（1801）候选州同加三级，敕封徵仕郎、光禄寺典簿，六品顶戴。丁氏家族的人物大多有着大小不等的官衔。十二世丁庸行，诰赠通奉大夫，嘉庆年间为兵部武选司郎中，候选道员加三级；十三世丁克成，捐职都察院都事加二级，诰赠资政大夫，二品顶戴，山西雁平兵备道；丁克成的儿子丁廷选贡士出身，有吏部郎中的官衔；丁廷珍的儿子丁善宝因咸丰年间捐巨款以助军饷，恩赏举人，有内阁中书的官衔；丁善宝的儿子丁毓庚是附贡生，分省补用道；丁毓麒是附贡生，中书科中书。就连从来不愿与外界交往的丁善长也有着刑部郎中的官衔，军功议叙四品衔，诰授中宪大夫。这些官衔都是虚阶，从官阶上来说，都比潍县知县的级别高，可能是有意为之。在官场应酬时，他们经常按品级着官服，郑重其事；无公务时大多着休闲便衣。便衣在春秋时节有小褂、夹袄、夹袍、马褂之类。夏季，除穿漂布、杭纺单裤褂外，有时也穿夏布大衫、蜀罗大衫、官纱大衫（或大褂）、丝纱马褂、蜀丝裤褂等。到了冬天，因品级职别不同，棉衣分为绸缎面的、布面的，有的加皮袍，有的加皮马褂。仕宦富绅之家的妇女，着装大多考究，追求时髦，夏天有蓝、白色夏布以及罗、纱之类，冬天穿皮袄。皮袄领子，也是显示身份的标志，达官贵人之家，皮领一般较高档。如果出门做客，富贵人家的中青年妇人喜欢穿红绸或红缎裙，老年妇人多穿蓝绸裙。如果是朝廷钦封的诰命夫人，外出时要加外套，春秋是石青或青色，冬季则为皮质。

老潍县中下层工商业户则没有那么讲究，大多随行业着装。如手工艺人、铁匠、木工、瓦工等一般穿短装，腰间有“扎腰”，显得利索，便于做工。金银活工匠干活时着短装，出门会客则换上长褂。小买卖人一般也着短装。首饰店、丝绸店、点心铺、茶庄、钱庄、赁铺、当铺等行业，掌柜、先生（会计）等高级管理人员一般穿长衫，伙计也穿长衫，因为他们要抛头露面，接待客人，至于作坊里的学徒工和工人则穿短褂。旅馆、客店的伙计外出接客，衣着一般较为整齐。塾师、学生、中医等，大多春秋着小褂、夹袄、夹袍，也有穿马褂的，布料者居多。绅商户的妇女虽然兼穿丝绸，但不如仕宦之家高档排

场。城内大户男子以及教师、医生、商贾等，多戴绸缎帽，而从事体力劳动的人常戴毡帽头、耳帽子。

辛亥革命后，随着老潍县工商业的兴盛，社会风气逐渐开通，人们的打扮开始走向多样化。尤其是一些有知识的新兴工商业者，多数喜欢西装革履。属于老潍县的洋派人物，也有的穿中山装。凡是教会人士创办的企业，常有一些宗教色彩。如惠东的大老板张执甫往往过西方的节日。每年圣诞节，惠东工作人员每人发一件长衫，俗称"圣诞大褂"。[①] 儿科中医大夫蒯仰山穿着长袍、马褂，时新整洁，时常佩戴一副金丝墨镜，出诊有专用的黄包车。留日学生、老潍县劝学所所长张柏庄则短发留须，带着金丝眼镜，胸前露怀表链子与梳头的梳子，谈吐文雅，举止不凡。他的太太比他小 20 岁，身着绸缎，浓妆艳抹，出出进进在人群中非常显眼。这充分昭示了在社会变迁的大环境下，人们衣着形象的变化。

而老潍县的老派商人穿着也不再像清朝时期有那么多讲究，以穿着舒适为准。1926 年起，商户时兴脖上戴皮领子，皮子有灰鼠、猞猁、狐狸等。后来有了围巾，大多数人将皮领改换成了围巾。这时的青年妇女喜欢穿旗袍与大褂，新娘的花袍变成了花衣。[②]

（三）日常生活

老潍县旧式绅商家族，坐拥巨大财富，田庄生意有人代为打理，不用自己劳心费神，过着养尊处优、无所事事的生活，培养出一批只知道吃喝玩乐不知道稼穑艰难的纨绔子弟，这在老潍县四大家族中很是常见。如陈氏家族很多后人"要面子""讲排场"，挥霍无度，过着纸醉金迷、醉生梦死的生活。死了人，出大殡，老潍县土话叫"耍死尸"，是夸奢斗富的场合，尤喜铺陈，奢侈成风。陈汝梅去世时，家人为了讲排场，竟然花了十三万七千两银子出大殡，扎大牌坊，搭中军楼，席棚高搭，择日开奠。出殡之日，仪仗浩荡，前列二十

---

① 刘炳旭、王继业整理：《潍县惠东大药房》，《潍坊市文史资料选辑》第 4 辑，第 89 页。

② 于沅伯遗稿，周庆元整理：《清末民初潍县人的衣着风俗》，《潍城文史资料》第 19 辑，第 235 ~240 页。

八宿旗，依次排列有旌亭、主亭、影亭、醴亭、鼎亭、旗罗伞扇、中军鼓手、纸草幡幛、俑偶顶马、香炉香盘。“三二架子”（三十二个人抬棺材），架顶有精绣彩披，辉煌耀眼。在到墓地途中，沿街设有“祭棚”，叫做“路祭”。仪仗逢此，必住吊唁。结果出葬完毕，陈家也倾家荡产，这是最极端的个案。对此不良世态，郑板桥予以强烈讽刺：“席棚高揭远招魂，亲戚朋友拜墓门。牢醴漫夸今日备，逮存曾否荐鸡豚?”我们可以通过对丁氏家族几代人生活轨迹的追溯，来了解世家大族的生活方式和生存状态。

前面已经说过，丁氏从第十二世祖丁庸行开始，经商致富发家。第十三世祖叫丁克成，他守成创业，家门更兴，他四个儿子丁廷模、丁廷举、丁廷选、丁廷珍都受过良好教育，分别考上举人或进士。兄弟四人分家后，就成了所谓的“一宅”“二宅”“三宅”“四宅”。其后，丁四宅成为丁氏家族中财富最雄厚的分支。丁廷珍有三个儿子即善宝、善庆、善长，兄弟三人再分家，丁善宝承续四宅，丁善庆为五宅，丁善长为六宅。

丁善宝（1841—1887），字黻臣，一字韫山，号六斋，是丁氏善字辈的代表人物。1852 年被恩赏举人，1862 年任内阁中书。著有《六斋诗存》《六斋文存》和《十二种文萃》等。丁善宝有五个女儿，不得已过继了丁善庆的长子丁毓庚为子。有了儿子丁毓春后，把丁毓春又过继给六宅丁善长为子。丁善宝博览群书，行游天下，眼界开阔，善于为文交友，并广施善行，承前启后，遵父祖之训，肇子孙之贤，是丁氏世家发展史上一位典型人物。他承续祖上遗风，修庙堂、建桥梁、固城池、救灾民、办学校、助军饷，“不惜金钱倡大义”，老潍县乡贤祠供奉其牌位。丁善宝广交天下文友，延揽知名学者在十笏园吟咏，自己著作十数种，其居室为碧云斋，内为书画文玩，典籍几案，一派书香气氛。兄弟三人中，最有特色的是老三丁善长。

丁善长（1854—1901），字心臣，号莲峰，室名望云楼，乳名叫“龙”，当时人们给他起了个外号叫“龙王爷”。他出生在富贵之家，养成了唯我独尊、为所欲为的脾气。丁善长不但看不起社会上的一般人，就是在当时许多显贵的地主官僚当中，他也想高出别人一等。例如多数士绅都走动官府，互相攀附，他却深居家中，偏不和地方官吏来往。士绅之间彼此走动，相互拜访，声气相投，形成老潍县的上流社会圈子。丁善长却是连一班族人亲友也不来往见面，

只是深居寡出，谢绝交游，尽情享受。家族事务有老大丁善宝处理，他作为老三，无所事事，可谓标准的“富贵闲人”。[①]

丁善长嗜好鸦片烟，整天躺在烟榻上吞云吐雾，无所事事，天天琢磨个人怎么享乐。有时感到无聊，他就想用小说故事来消遣，但看书又怕劳累，他便想出了一个两全其美的办法。他吸食鸦片时，需有别人给他烧烟上泡，这种人俗称“烟架子”。他的烟架子名叫刘万森，本是个帮闲，但却熟悉《三国演义》《水浒传》《聊斋志异》等古典小说，口才很好。丁善长吸足鸦片后，如果忽然想听某本小说，就叫刘万森拿着书在旁边看着说，还要绘声绘色，表达出书中各种人物的神情动作，这样他就可以不动心思，解除烦闷。

丁善长还在卧室南窗外搭有木棚，设有桌椅，长期雇用会弹唱的瞎子艺人数人。每天上午，瞎子艺人带着乐器来到棚内，靠窗坐下等候点唱。丁善长躺在烟榻上吸着鸦片，喜欢听什么小曲或什么戏词，便隔窗下令，他们就演唱起来。如果这一天丁善长不愿听唱，他们就静坐窗外，像上班一样，终日守候。[②]

丁善长拥有泼天的富贵，但是人丁不旺，没有任何儿女，只好过继了大哥丁善宝的儿子丁毓春为子。兄弟们分居后，他就和妻子陈氏过日子，陈氏是老潍县大官僚江西巡抚陈阡的女儿。家中奴仆成群，有婢仆、账房、厨役、车夫以及常用的泥瓦工、油漆工、木工等，上上下下三四十人。他的妻子住在道西的宅子里，主持管理全家事务。他为了清静，自己带着伺候他的人，住在道东住宅的9间台屋里。他的妻子每天也到这里来，往来两处，照管一切。

丁善长富贵一生，锦衣玉食，极尽奢华，他尽情享受，却总感觉自己多财多福难免招人嫉妒，就渐生疑心，老是怀疑别人要暗害他，霸占他的财产，天长日久就成了心病，整天疑神疑鬼，时时防备。他怕遭到危险，于是深居简出，尽量不和外界接触，但又害怕财产被别人私自侵吞，所以隔些日子便亲自去检查宅内仓库和储存屋的标记。每次外出，他都用钱收买随身伺候的仆人，使他们忠实地保护自己。往往是前头一个，手持明灯照路，他自己在中间，将发辫缠在脖子上，跟在灯光下行走，后面的仆人双手高擎长杆大刀，紧随其

① 郭兰村：《潍县乡绅丁善长》，《潍坊市潍城区文史资料》第5辑，第160页。

② 郭兰村：《潍县乡绅丁善长》，《潍坊市潍城区文史资料》第5辑，第163~164页。

后，要将大刀罩在他的头顶上，很是滑稽，而且走走停停，不时改变路线，因此他出去一次要花费很长时间。到了后来，丁善长疑心愈来愈重，好像每个人都暗算他，以至于连酒店的酒、菜馆的菜都不敢吃了，只有家中厨师做的饭菜才敢吃。以后又怀疑厨师也不可靠，只好叫他老婆亲手炒菜给他吃，还不断提醒他老婆说，你肯定不会害我吧，如果我死了，你就没有依靠了。

丁善长虽然极力追求个人享乐，肆意挥霍，但对自己的钱财却抓得很紧，从不轻易帮助周济别人。如王华堂长年在他家中绘画，因客居在外，家中妻小只依靠汇寄的薪水度日，难以支撑，七八年时间欠债累累，已经快揭不开锅了。无可奈何之际，他就托丁善长近侍仆人传话，想借点钱以救燃眉之急。丁善长认为王华堂在他家挣钱已经不算少了，没有答应他的请求。王华堂觉得丁善长无情无义，顿时心灰意冷，悲观失望，竟然吞鸦片死了。[①]

丁善长并非无所事事，他精于绘画，尤其善于描绘人物、佛像，有《历代名人画像》《云台二十八将》《历代画像传》《十八罗汉图》《菊谱》《诸神朝天图》画册行世，又著有《印谱》。其中，《初学人物十八则》共收古今人物版画十八幅，为清光绪二十二年（1896）丁氏以黄杨木自刻本。当时丁氏高价遍集黄杨木，高价聘请当时潍县名画家丁东斋（另一说是掖县画家王华堂），请他按照自己的构思绘画，创作整套的画册清样；高价聘请当时潍县名书法家王寿伟创作图赞文字清样，逐篇用不同字体写成，甚为工整细致；又高价聘请当时潍县有名的雕版艺人孙嘉（字仙坡）和陈铭晏（字次婴），将丁东斋（或者王华堂）的图像清样和王寿伟的文字部分雕刻为黄杨木版，花了整整两年时间，才将这部《初学人物十八则》的木雕版雕刻完成。此书刊于清光绪二十三年（1897），线条纤丽工致，人物刻画细致入微，线条飘逸流畅，形态生动逼真，神态栩栩如生，唯美可人，是晚清颇负盛誉的画谱。

丁善长无子，过继丁善宝子丁毓春为子。丁毓春后来夭折，又过继丁毓庚三子丁锡纶接续香火。丁善长的万贯家财到底还是落到了别人手里。

丁毓庚，字星甫，本是五宅丁善庆的长子，过继给四宅丁善宝为嗣子。丁善宝死后，他继承了丁四宅的财产，计有土地4000余亩，房子700余间，草庙

① 郭兰村：《潍县乡绅丁善长》，《潍坊市潍城区文史资料》第5辑，第167页。

子花园一座，还有利亨钱庄和诸城利丰当居等大商号。此外，他还掌握了丁氏公用土地2000余亩，其他浮财不计其数。他靠地租和商业的收入过着奢侈豪华的生活。

他的房屋有住宅一处，约400余间；闲房（包括粮仓）4处，约200余间；商业房约100余间。他住城里胡家牌坊街路北，临街瓦房数十间，中间有广亮大门，往里有大厅、对厅、小厅、明楼、上房、客屋、账房等，约200余间，占着宅子的东面和中心；西面有花园、亭台楼榭、假山、花池，布局优美，风景秀丽，名为十笏园，约有房屋七八十间；后宅有荷花池和玻璃屋厂，有土井一眼，上带水车，供灌池浇花使用。此外还有木匠屋、油漆匠屋、储藏室、仓房、碾磨房以及可容养骡马20多头的大马棚，约占房屋七八十间。再后是一片空场，辟有菜畦，有园丁2人，专管种植蔬菜，该场周围还有房屋20余间。

丁毓庚有用不完的金钱，有无比优越的环境，自然可以为所欲为，尽情享受。他有一妻一妾，4子5女和4个儿媳，家中人口共16人。专门侍奉他们的人很多，有男佣人12人，厨司3人，熬鸦片的1人，老妈子15人，婢女3人，账房10人，家庭教师1人，马号、车夫及勤杂工8人，长年雇用木匠5人，泥瓦匠12人，油漆匠3人，裱工1人，花匠1人，裁缝1人，共有70多人。

丁毓庚的富有是人们所公认的，但大户人家也有他的难处，例如北洋军第五师被迫撤退时，向潍县士绅们索取巨款，一时不易筹措，就以丁毓庚的名义向银号贷款应付过去。以后这笔巨款无人应承，只能由丁毓庚独自承担。丁毓庚受此事拖累，只好卖掉了青岛东莱银行使用的房子用来还债，再加其他原因需款较多，在经济上逐渐吃紧。随着胶济铁路通车以及老潍县开埠，有远见的富户多将余钱投向新兴工商企业，很快兴旺发达。如陈启之除在本县有布行、银号等，还在济南设有经营机构，所以日益富有。但丁毓庚思想守旧，跟不上形势的发展变化，一直坐守田园，主要依靠土地收入，在金钱支配上就不能得心应手，逐渐成了空架子，在老潍县士绅当中一直保持了外强中干的形象。①

丁锡纶（1888—1946）是丁毓庚的三子（长子、次子先后亡故），出生不

---

① 郭兰村遗稿，张冠群整理：《潍县富绅丁毓庚》，《潍城文史资料》第6辑，第77～79页。

满月，其生母就亡故，十三岁又过继给丁善长为孙子，深得其喜爱。十四岁时，丁善长去世，丁锡纶继承了丁六宅的全部财产，从此就担负起了丁六宅家政管理的任务。在主持家政时期，他一方面从事土地、商号等旧式经济活动，另一方面又创办现代工商企业。由于他“精明过人”，家族事务在他手里处理得很好，在同辈和后辈眼中他是“家长式的人物”，实际上成为丁氏家族中丁四宅和丁六宅的年轻掌门人。丁六宅的资产已经超过四宅，家有土地2.1万余亩，遍布老潍县、诸城、蒲台（博兴、沾化）、胶县4个县的30多个自然村。在潍城、诸城各设1处当铺。家有住宅两处，其他房舍遍于潍城，为潍城士绅首富。丁锡纶虽然拥有巨额财产，却不像一般的富家子弟那样，吃喝玩乐挥霍浪费。他持家严谨，衣着朴素，生活节俭，从不胡乱花钱。老潍县有些人认为有钱人应该仗义疏财，但丁锡纶在这方面的作为很少，从而引起一些人的不满。丁锡纶社交广泛，亲友众多，很多人向他借钱，但往往遭到拒绝。曾经有人为丁锡纶写了一首瘸脚诗：“潍县丁叔言，唯独他有钱，有人向他借，不谈。”同时本县部分人在评论丁锡纶时，也往往责其吝啬，是个十足的守财奴。①

至于老潍县的新兴工商阶层大多忙于生意，尽管在发财后也讲求个人享受，但毕竟根基浅，与老牌世家比较不在一个档次上，也没有给老潍县人留下深刻印象。

三、消遣休闲

（一）修建园林别墅

老潍县传统缙绅贵族，优游多暇，往往凭借丰厚财力，附庸风雅，在城内城外，选择风景幽雅之处，纷纷建造园林，享受奢华安乐的生活。这些园林多筑于居宅附近，便于会友、吟咏、游乐，或作为养病养老之所。老潍县能跟苏州相提并论的就是“园林多，庙宇多、牌坊多”，从而留下了很多名胜古迹。

---

① 丁云峰等供稿，宋伯良整理：《潍县邑绅丁叔言简况》，《潍城文史资料》第4辑，第73页。

田煻暴富之后，捐刑部主事（正五品）官衔，生活奢侈讲究。他除修建了十三处住宅外，还在城西高家庄建“绿筼山庄”花园一处。该园规模颇大，有高达数丈的山石，峰峦嵯峨，怪石琅琊，隐然有层云荡胸之势；又坎地为渠，引水灌其中，画桥置栏，可俯而瞰。每逢闲暇之时，他便携带妻妾婢女，驱车前往花园寻欢作乐，至晚始归。

陈尚志经商致富后，在城内仓巷子路西修建了半亩园，为晚年静养之所。乾隆后期，其曾孙陈迪聪与诗文益友韩梦周、高守训、刘济川经常饮宴会文于此。此园占地不广，楼台亭阁、池桥山峦错落分布，园中建有听雨楼、楫青轩、来青馆、待月廊等建筑。还有一亭，四周镶嵌五色玻璃，亭下池水一潭，望之如在画中。亭柱悬联：“秋水绿无际，夕阳红到楼。”

叠石山馆在城北马道，清乾隆时陈阳敷在自宅居西院所建，面积不大，有亭有池有回廊。园内假山嵯峨嶙峋，后为丁善宝所有。丁善宝在此邀约友人雅集，多有诗文传世。潍上名人宋书升于光绪癸未（1883）夏作《叠石山馆记》，同游者还有柯劭忞、刘抡升、郭杭之、丁良翰等文化名人。

颐园是清光绪初年张兆栋修建之园。时张兆栋任福建巡抚，命弟兆椿回家治宅于城西门大街路北，又在宅西用闲地建园。叠山引水，筑台绕榭，种植名花翠竹，颇有园林逸趣。当时其母宋夫人年八十五，皇帝赐给一寿匾，上书“懿矩颐龄”四个大字，因名其园曰颐园。后张兆栋由福建巡抚归老林泉，即以颐园为退休之所，并绘图留念，又请当时社会名流加以题咏，装潢成册，永久保存。参与题咏者有合肥刘铭传、李鸿章，湘乡曾纪泽，德清俞樾，湘阴杨昌濬，钱塘张预等人，他们都是当时的封疆大吏。如曾纪泽题诗：“叠石为山潴水池，数弓园就命名颐。潭心印月双轮澈，山下鸣雷万物滋。笙间补联风雅颂，徽章永宝纻纶丝。栽松未作龙鳞老，已是东山再起时。”

十笏园在城内胡家牌坊街路北，清光绪年间丁善宝修建。园址原是明嘉靖时期刑部郎中胡邦佐的故宅，清初彰德府知府陈兆鸾、咸丰时直隶布政使郭熊飞，都曾在此居住过。以后此宅荒废，为丁善宝购得，遂辟为园林。园中有假山、莲池，又有春雨楼、砚香楼，山巅有亭叫蔚秀亭，池中有亭叫四照漪岚、小沧浪、稳如舟。又有十笏草堂、深柳读书堂、秋声馆、静如山房、碧云斋。从丁善宝筑园起，到其子丁毓庚，孙丁锡纶、丁锡田，祖孙三代在此生活60

余年。因他们是以诗书传家，故十笏园成为山东东部文人雅士会集的活动中心，当时潍县文化名人宋书升、刘抡升、郭杭之、丁良翰、陈恒庆、张昭潜、梁文灿，安丘诗人王瑞麟，平度文人白永修，还有侨寓潍县的胶州人柯劭忞，都是十笏园的常客。

复园原名西园，在城东南三里草庙庄，清乾隆年间著名学者韩梦周在此讲学。园中有郑板桥所书楹联："花落家童未扫，鸟啼山客犹眠。"至道光初年归蒯栋，该园遂称蒯氏园。光绪三十二年（1904）转卖给丁毓庚。丁毓庚购得此园后，因敬慕先贤韩梦周，遂将之命名为复园。当时郭氏园、陈氏园倾圮，丁毓庚将两园的山石、匾额、楹联尽移于复园，一时园中奇峰怪石、美竹嘉葩无不具备，又植牡丹千百本，游人络绎不绝。康有为宿十笏园，于复园欢宴后赋诗一首："北海待清来胜地，西园游宴正清秋。磊砢石山似云气，蒙茸林壑兴沧州。百年乔木风怀旧，群李芳尊俊秀流。草树深深郊野旷，相携登顶更登楼。"

莲池别墅在城西南25里莲池庄，为清道光时丁彝厚所建。丁彝厚，字朴庵，为丁氏家族丁廷模之子，家庭富有。园中左水右山，园地沃野平畴，中开一池，种莲万本，因以为名。池北有小楼三楹，两厢、客厅、月门以外，有一小桥通到小沧浪亭。地方不过数亩，景色宜人。[①]

以上园林别墅均为老潍县早期的富商大贾所兴建。至于老潍县的新兴工商阶层，则由于忙于开拓事业，没有闲情逸致去修建这类设施。

（二）把玩文物

老潍县的绅商贵族文化素养高，收藏和把玩文物是他们的一大业余爱好和生活消遣。明清以来，潍城的几家大户望族，家资豪富，收藏文物者较多。他们有的在京城任高官，有的在地方官府任要职，其文物来源，或接受馈赠，或高价收购，不一而足。他们除收藏民间流传的贵重文物与珍奇古玩外，也收集漆器、锡器、竹木器等当地特有的名贵产品，然后带回故乡，成为他们各自的传家镇宅之宝。其中以陈氏家族收藏的珍贵文物为最多，代表人物为陈介祺。

---

① 高默之：《潍县的私人园林》，《潍坊文史资料》第10辑，第268～277页。

陈介祺，字寿卿，号簠斋，清道光进士，任翰林院编修。他一生酷爱金石，为此不惜重金，多方搜求，其藏品之多与精，当为潍人之冠。他的藏品门类有青铜器、古印玺、封泥、陶器、陶文、铜镜、碑碣、古砖、瓦当等，可谓门类齐全，无所不收，无所不富，无所不精。他收藏的商周青铜器有248件，秦汉铜器98件，石刻119件，古文字砖326件，瓦当923件，铜镜200件，封泥548方，陶器63件，陶文5000片，泉布、泉范、镞范数千件，铜造像、书画等也是质精量大。因其鉴赏水平极高，故其藏品多珍贵文物，如毛公鼎、曾伯簠益、迟簠等西周青铜器，都是绝世珍品，国内景仰，饮誉海外。他还收藏秦汉印玺七千余方，并筑“万印楼”（又名“十钟山房”）藏之，自号为“万印楼主人”，被金石学界誉为“南有西泠，北有万印”。鲁迅先生曾指出：“论收藏，莫过于潍县的陈介祺。”郭沫若先生认为陈介祺是收藏家中“前无古人，后无来者”的一代宗师。《清史稿》则说“介祺绩学好古，所藏钟鼎、彝器、金石为近代之冠”，所论至为公允。

清末潍城一些文物收藏家去世后，后继无人，或因家道败落，一些文物逐渐出售，不少珍贵文物流入异国他乡。如陈介祺收藏的“秦瓦量三十三种”，由其后人于1934年卖于日商；汉画像“君车等字残石”由上海来运公司经手，售于法国巴黎博物馆；“魏曹王僖造像”于20世纪20年代初也由上海来运公司经手售于法国巴黎博物馆。张兆栋收藏的“汉李夫人灵第题字”，即汉墓门残石，俗称“汉鹿”，一端空白，一端刻隶书“将佐命功苗东藩琴亭国李夫人灵第之门”等字，中部浮雕卧鹿，鹿角冲出边栏，极为生动，后流失于日本。高鸿裁收藏的“汉十二字砖”也于20年代被日商购去。陈介祺收藏的“毛公鼎”，几经转手，幸未外流，现存台湾省“故宫博物院”。

除上述几家官宦大户及文物收藏家外，尚有几家巨商与土著大户也不惜重金购买文物，并以收藏之多为荣。也有若干中产商人有此偏爱，但限于经济条件，购买数量相对减少，他们的考古知识及鉴赏水平也有一定局限。

民国以来，潍城一些新兴的工商业主也加入文物收藏的行列，不过他们对品类各有偏爱，收藏也不尽相同。如丁子明以字画、瓷器为主，字画多于瓷器；武伯平以瓷器、字画为主，瓷器多于字画；胡镜心以铜器、瓷器为主，铜器又多于瓷器。一些巨商大户，因以经商为主，以收藏文物为副，考古知识和鉴赏水平有限，难免被某些外地古董商人所愚弄，以高价购买赝品之事时有发生。另有于均生、王季敏等人，属于学者型商人，因博学多才，能悉心研究，鉴赏水平较高，故其藏品中赝品较少。丁锡田是古籍收藏家，对乡邦文献及山东学者著作广为搜集，还对地方志书广泛搜求，山东各县县志多为之收藏。[①]特别是于均生，旧学功底深厚，酷爱收藏文物，家中藏有古籍数万册，其中有《古今图书集成》《四部丛刊》等珍本，名人字画近千幅，碑帖三百多部，印章五百多方，还有精墨佳笔和拓片等。他为自己的书斋题名为“抱瓮庐”。他精于书法，为人写字后就盖“抱瓮庐主人”印章。[②]

（三）休闲个案

传统士绅阶层喜爱消遣娱乐的代表人物是丁善长。丁善长两耳不闻窗外事，个人消闲的办法很多，由此我们能够观察到老潍县上层家庭的个性化生活方式。

丁善长爱看小说，好看戏剧，好听鼓书，也会画一点国画。那时潍县还没有戏院，只是在传统节日时，如年节、清明节、关帝诞辰等，在城隍庙戏楼或白浪河滩搭台演几天戏。这种野台子戏都是平民百姓拥挤台前站着看，官僚士绅们是不屑观看的，丁善长却喜欢看这种戏。

有一年清明节，白浪河滩演戏三天，丁善长叫人在白浪河水中央，对着台子搭一看台，高度与戏台相等。开戏时，丁善长就在水中看台看戏。丁善长坐在那里，面前摆着香茶、细点，两旁站着伺候的仆人不时为他斟茶递烟。他看倦了，不等收戏就乘车回家。当时潍县的士绅们如果要看戏，大都是堂会戏。逢家里为老年人庆寿或者有婚娶喜事时，就在自己大厅院内临时布置矮戏台，雇戏班在家中演唱，当地叫做办堂戏。凡是办堂戏，都要摆宴请客，在大厅内一面吃酒一面看戏。但在家办堂戏花钱是很多的，当地封建官僚大户，一年能

---

① 郭子宣、谭先民：《潍城文物收藏管理情况琐谈》，《潍坊市潍城区文史资料》第11辑，第176～179页。

② 于濯之供稿，崔明义整理：《于均生传略》，《潍坊市潍城区文史资料》第6辑，第61页。

办几次堂戏的也还是少数。①

丁善长却因为自己好看戏，不怕花钱，独自在家组成了一个戏班，成员达四五十人，又从济南、北京等地延聘名角作为台柱。如当时京剧名伶李万隆、段翠葵等，都在这个戏班中演出过。

丁善长在“藤萝树底”住宅的大厅院中，叫自己的木工根据院子尺寸，用木柱木梁特制活动戏台，用时拼凑成台，不用拆除，经常在家开锣演唱。他纯是为了个人娱乐，不请外客观看，只有自家人和仆婢等可以随之观赏。这戏班的行头均新鲜精细，大都是派人到北京、苏州定制的。他还依据戏剧情节，独出心裁，自己增加新的道具。他家常年雇用的油漆扎彩工人于伯松，善于仿制各种“像生”，他就叫于伯松创制一些新式戏剧行头。如演《安天会》时，曾自制“四大天王”“十八罗汉”等各种奇怪的面具；演《胡迪骂阎》就特制了“高鬼”和“大头鬼”的形，还有地狱场面中磨人的假磨；演《济公传》《赵家楼》就用细布缝制裸形女子等。其制作精致灵巧，惟妙惟肖。这些新型道具都是丁善长构想，然后叫于伯松等“像生”艺人动脑筋想办法制作出来的。每次初制的形象如果不符合丁善长的心意，他就让毁了再做，一件东西甚至要返工十几次，直到满足了他的要求为止。至于所费的工夫、材料是从来不计较的。

市场街头的玩意儿，如西洋景傀儡戏，当时的士绅们是不屑一顾的，丁善长偏要欣赏这些玩意儿。他找人在家制作西洋景和傀儡戏，供他个人取乐。他的傀儡戏舞台宽大，能容纳数人在内挑弄俑头。俑头按照大戏的规模，做得身形长大，袍带盔甲均是精工绣制，和外面流行的迥然不同。他从家中的戏班里挑出人来演习挑弄，所以他家的傀儡戏能演皮簧、梆子等剧种，如《借东风》《甘露寺》《三娘教子》等都能上演。

制作西洋景，需要高手绘画“洋片”。丁善长打听到掖县有个绘画艺人王华堂善画人物画，尤其善画时装人物，在掖县常画西洋景画片，就用高薪把他请来，让他专门在丁家画西洋景片子。西洋片内容也是随着丁善长的意思，要什么就画什么。有一张洋片画的是女儿国打围，画面上是带雪山林，有老虎、

① 郭兰村：《潍县乡绅丁善长》，《潍坊市潍城区文史资料》第5辑，第161页。

猩猩、豺狼等野兽，打猎人有的骑马，有的步行，全是赤脚女子，画得很是工细生动。[①]

丁善长就是过着这样奢侈而又百无聊赖的日子，这是旧式大家庭中常见的生活场景。

（四）乐聚轩

清道光年间京剧传入潍县，在京昆两界中产生了一个特殊的群体，这就是“票友”。能唱几句或几段只能算是京剧爱好者，还上不了票友的档次。老潍县的“票友”有专业水准，唱念做打，样样都行，拉琴的、打鼓的也是有板有眼，不亚于专业演员。为了学习、切磋技艺，票友们经常约定时间、地点聚会练习，于是便有了时间、地点、人员分工相对固定，有组织地学习演练的组织，这便是票社。

老潍县最早的京剧票社是乐聚轩戏班。乐聚轩戏班是由清末在北京任官职的潍县人与潍县当地的京剧爱好者组织建立的。清朝光绪初年，当时在北京做官的潍县人，有些爱好京剧的，常出入剧院，去听京剧名演员的演唱。老潍县人陈恒庆是光绪十二年（1886）进士，曾任巡城御史等职，做京官多年。他的次子陈佩珩、孙子陈筱珩爱好京剧成癖，并且对京剧有所造诣。陈佩珩唱须生，曾得谭鑫培传授和余叔岩的指点，唱、念、做俱佳，功夫颇深。陈筱珩是司鼓，也非常出色。1904 年陈恒庆退休，他们便回到潍县老家。

邑绅刘子虔也酷爱京剧，尤其欣赏杨小楼的戏，他终日揣摩唱腔，练功不辍。刘子虔还去济南拜师学艺，在一次票戏时出演了《黄鹤楼》，赢得满堂喝彩，博得观众好评。他还遇到了名演员李万隆，李万隆对他的水平深为赞许，称赞他有唱戏的天分。两人志趣相投，一见如故，刘子虔就邀请李万隆到潍县传授技艺，得到潍县票友的热烈欢迎，刘子虔的唱戏功夫也得到很大提高。

陈佩珩叔侄与刘子虔本属老亲老谊，又有对京剧的共同热爱，于是征得其他京剧爱好者的同意，在城里南巷子郭寿甫住宅内组成乐聚轩戏班，以资娱乐。戏班公推陈佩珩、刘子虔二人为正副轩主。其他参加者如郎子和打鼓，兼

---

① 郭兰村：《潍县乡绅丁善长》，《潍坊市潍城区文史资料》第 5 辑，第 161 ~ 163 页。

唱老生，郎锡泉扮须生，谭义长扮净角，于秀婷唱老旦，吴观澜扮青衣花旦，琴师是刘墨侯，鼓老是陈筱珩。乐聚轩系俱乐部性质，组员又多是绅商子弟，没有家庭经济负担，又有闲暇时间，彼此聚在一起，唱念做打，纯粹是自娱自乐，消磨时间。

参加乐聚轩的演员，虽非科班出身，但颇有功底。陈佩珩在《四进士》中饰演的宋士杰、在《九更天》中饰演的马义救主等，都达到较高的水准，赢得满堂喝彩。刘子虔演的《黄鹤楼》能响遏行云，其扮相、唱腔，很有名演员杨小楼的韵味。陈筱珩的鼓老、刘墨侯的琴师、于秀婷的老旦以及其他人所演《空城计》《捉放宿店》《打渔杀家》《红鸾禧》等，是叫好又叫座。刘子虔还自编了新戏《武训劝学》，曾经在南沙滩举行公演。当演到武训跪地求捐时，观众为之感动，纷纷将铜钱抛上台去。

陈佩珩、刘子虔、郭寿甫等相继谢世后，陆续参加的有丁颖川、丁子阳、郭菊畦、郭松畦、周步珊、陈伯涵等。在演唱艺术方面，除陈伯涵外，其余人员均属一般，人称“小乐聚轩”，技艺已较前辈逊色很多。其后又成立了新的票社同乐轩和国剧研究社。在这些老票友和票房演出活动的影响带动下，人们不再认为唱戏演戏是下流事或不务正业，无论白天晚上，街头巷尾不时能听到由爱好者家中传出的琴音和演唱，一些后起之秀陆续加入到票友活动中。抗日战争爆发后，成员分散各处，乐聚轩也随之结束了。①

除了专门票社，还有“跑单帮”的业余爱好者。东关鱼店街的谭叔明，非常喜欢京剧，在北京上大学时他就经常泡戏园子。他喜欢老生戏，特爱余叔岩，喜欢听，喜欢唱，喜欢模仿，时间长了居然唱得有板有眼。大学毕业了，余派戏也让他学了个八九不离十。他的父亲谭玉麟是鱼店街德祥鱼店的老板，他坚决反对儿子从事这种“下九流”的行当，谭叔明只好当票友伴琴音，亮亮嗓，过过戏瘾算了。从北京回来后，他出资专门建了个大戏院，有时登台演出，扮相英俊潇洒，又有一个俨然余叔言的好嗓子，也有余叔岩先生做派的神韵，在老潍县票友中可以说是出类拔萃。城里胡家牌坊的丁士修在北京读大学，学的专业不是戏曲，却爱上了京剧。他喜欢荀派戏，后来编了《鸳鸯剑》

① 丁云峰：《京剧在潍县的流传》，《潍城文史资料》第4辑，第163～165页。

剧本，为荀慧生先生所采用，由陈墨香改编成《红楼二尤》，成为荀派的看家戏。[①]

既然是玩票，就不以营利为目的，只要有演戏的机会他们就不放过。如为文昌阁小学募集资金，为全县联庄会募集经费，为抵制日货募集活动费等，票友们都登台献艺，颇得社会好评。1915 年，袁世凯承认日本“二十一条”，全国人民极大愤怒，要求废除“二十一条”，潍县城京剧票社乐聚轩走上街头唱戏，与潍县学生一起筹集救国资金。[②] 1919 年，益都（今青州）何仲启娶儿媳，请了济南票友、潍坊票友（乐聚轩）、青州票友在家唱堂会，达七八天之久，可谓过足了戏瘾。[③]

票友不但不挣钱，为了过戏瘾，唱戏还要倒贴钱。票友真要过戏瘾，就要到剧团。顶什么角，花什么钱，还要给配戏的、文武场等份子钱。另外还有场地、化妆、行头租赁费等，所费不少。老潍县的票友多为富家子弟，因此被人称为少爷班，有时会发少爷脾气。一次乐聚轩组织在街边搭台唱戏，其中一富家子弟郭少爷登台，唱错了《一马离了西凉界》的词，观众中有人喝了倒彩。台上郭少爷一生气，摘下胡子来冲底下喊：“你们叫什么倒好，当我白唱啊，我可是花了 20 吊钱呐!”

也有票友不花钱就能唱戏的，那就是剧团邀请，同乐轩的少壮派须生陈伯涵就是其中一位。1945 年春，兴亚剧场从徐州邀约的须生名角朋菊庵因故未到，剧场老板紧急邀请了陈伯涵暂代演出，用红纸贴出广告，说明原委，特请“票界名宿陈君伯涵献演三天”。“陈君伯涵”四字，每字用一张大红纸书写，庄重而醒目。虽然名角未到，剧场依然座无虚席。剧团在戏演完后，一般备厚礼一份以表谢意。陈伯涵玩票年久，功夫精深，1949 年后竟然参加了大同剧团，成了专业演员。[④]

---

① 陈正宽文，人民网“潍坊”，10 月29 日。

② 《潍坊文化志》，第 7 页。

③ 《潍坊文化志》，第 72 页。

④ 王延琰：《票友故事》。

（五）斗蟋蟀

老潍县地质属于第三纪地层，北温带季风大陆性气候，冬冷夏热，四季分明，还有潮土、棕壤土、沙姜黑土，河漫滩形成的褐色土、河潮土，加以沿河水资源丰富，为蟋蟀的繁衍生息提供了优越条件。黏潮土壤土质坚硬，锻炼了蟋蟀的身躯和牙齿，使它们具有北方蟋蟀的好斗性和耐力，因此老潍县一向出产好的蟋蟀品种，斗蟋蟀也就成为老潍县富家子弟消遣的娱乐项目。

老潍县玩斗蟋蟀的习俗已有四百多年的历史。光绪十八年（1892）住在潍县城里小十字口东的壬辰科进士田智枚在京先后任翰林院秘书郎、弼德院秘书长，他幼年就喜欢养玩蟋蟀。其子田文宽在京城见过斗蟋蟀的盛况，更是热衷于此，如痴如迷。田氏父子回到家乡后，每年秋季邀集潍城的富家子弟，在其庭院中玩斗蟋蟀，宾客盈门，观者如堵。

在民国年间潍县城内盛行各种斗蟀活动，虫源多半“一买二送三捉”。“养虫如养兵，选虫如选将”。每年立秋过后，热心斗蟋蟀的人士，便请当时的养虫专家李承孝搜求蟋蟀上品，传授斗蟋蟀知识和技巧，以进行决斗。当时，社会上的富家子弟、社会名流、工商界头面人物田文宽、曹孔修、陈厚宗、谭兆枚、陈亚衡、张希泉、韩愉庭、谭汝彬、郭苍楼、李希仲、李勖民、于成斋、谭筱斋、陈君藻、于文典、郭仲钦、郎丰岗、孔令惠、陈德溶，以及后来的刘法顺、谭德泉、杨凯、毛学昌、李兴华、王新民、刘瑞祥等人，也爱好此道，乐此不疲。商人们热衷玩蟋蟀还有一个原因，蟋蟀天性爱斗，这跟商场上激烈的搏击有着异曲同工之处，因此，在商人们的眼里，蟋蟀有着生意兴隆、吉祥如意的美好寓意。老潍县的商人间曾有一股风潮，每当有资金上的重大周转流通或者谈一笔大生意之前，都需要用蟋蟀来“咬彩”，即通过一场激烈的蟋蟀比赛来祝愿自己生意顺利、旗开得胜。①

每年中秋节前县城各处就张贴红纸，张榜公布“开盆”斗蟋蟀的日期和地点。当时斗蟋蟀的地点大多设在田文宽的住宅，其他地点还有仓曹家大门，松园子街郭雨若厅房院，西门里张家大门，南关文华银楼，东关玉露春洗澡堂。

---

① 《潍县玩斗蟋蟀已四百年》，《潍坊晚报》，2014年09月22日。

后来南寺前巷以及下寺等处又成为老潍县斗蟋蟀的活动中心。

中秋节前后，斗蟋蟀比赛就日趋活跃，参加者选出平时喂养最满意的蟋蟀，以决胜负。正式的斗蟋蟀比赛场面十分热烈，各场地围观的群众达几百人之多。主持人把参赛的蟋蟀按照个头大小、分量轻重分成不同的级别，同一级别的蟋蟀才能捉对厮杀。参赛者把蟋蟀撒入罐圈，双方蟋蟀张尾伸须，摇动脖项，振动翅膀，腾身举足，互相扑咬，厮杀一团。经过几个回合肉搏之后，胜负已分，胜者昂起头颈，振起翅膀，得意地鸣叫，好像向主人报捷。观赏者大饱眼福，互相评论“战士”的优劣，久久不愿散去。

老潍县蟋蟀还曾经远征北京。1924 年秋天，田文宽、曹孔修、王景兆、李承孝一行四人，携带了大尖翅、大紫牙、青红须、青尖翅等 120 只不同品种的蟋蟀，备足了粮草、豆粉、白浪河水，赶到北京前门附近外国租界处，参加“斗蟀”活动，与京津人士对垒。经过几番较量，潍县蟋蟀竟然大获全胜。京津人士见潍县蟋蟀个个俊美矫健，头大、身挺、背宽、形长、牙尖、皮色好，项圈灵活，勇猛善斗，具有北虫的强悍和耐力，就出了 400 两银子的高价，把蟋蟀全部收购而去。从此潍县蟋蟀名震京津。[①] 1930 年早秋，河北省保定蟋蟀贩子葛庆堂来到潍县会友，住在南关大街客栈。一天他在党家湾崖孔家林附近，捕捉到一只 7 厘多重的青大翅麻头蟋蟀，小心翼翼带到京津，咬遍五省蟋蟀无敌手。很多外地人士专门到潍县收集蟋蟀，转手获利。1931 年春三月，北平虫客谢宜子来到潍县，住在东关庆德楼谭重庆处。他慕名拜访李承孝先生，联络友谊，交流经验。秋季他又赶到潍县，花了 370 元大洋，从李承孝处选购了 500 只蟋蟀。罐子上都贴有标签，注明产地、品名、捕捉人、家庭住址，以便查访并取信于人。谢宜子返京后，将携带的潍县蟋蟀高价出售，获利颇丰，于是他一连来潍县五次，大量收购蟋蟀，直到抗日战争爆发后，才停止了来往。

既然上流社会喜欢玩蟋蟀，民间就把蟋蟀当成一条谋生之路。古代称专饲蟋蟀的为“把式”，即现在所说的师傅，他们均是某一方面的专门人才，对自己的行当颇有研究。这些人利用自己的一技之长，跟在富人的身后逗乐帮闲，

---

① 刘秉信：《潍县蟋蟀纪略》，《潍坊市文史资料》第 10 辑，第 286～293 页。

乞食求生，久之成为专门的职业。老潍县民间许多人捉蟋蟀，养蟋蟀，也出了不少捕捉饲养蟋蟀的高手，其中李承孝最为出色，名声远播京津。他从孩童时便喜玩蟋蟀，八岁就跟随师傅王景兆学习捕捉蟋蟀的本领，能够识别蟋蟀品种的优劣，掌握了一套挑选、喂养和培训蟋蟀的经验。每年处暑前后，他就带上自制的捕捉工具和手电筒，出南门沿白浪河，经高家楼、徐家、武家、坟庄到达小崖头、大崖头，一路走来，在沟边、河滩、地头、畦头、井沿、柴禾垛等处，觅、翻、挖、捉，一天能捉100多只好虫。中午在梨行友人家吃饭休息，然后返回城来叫卖。潍县的富家子弟为了得到比别人好的蟋蟀，往往等不及他们回城，在半路上就把他们拦住，从中挑选优良品种，然后出高价购买。品相好的蟋蟀能卖到1块大洋的价格，甚至由于多人争抢一只蟋蟀，互不相让，就采取价高者得的原则，把它炒到10块大洋的高位。李承孝为此获利甚丰，过上了比较优裕的生活。他把毕生精力投入到蟋蟀上，仔细观察、研究、总结潍县蟋蟀的生长规律、生活习性、饲养方法、品种特征、主要产地、最佳捕捉季节以及咬斗技巧，等等，摸索出一整套成熟经验，成为潍县的养蟋蟀专家，还开门收徒，传授了不少弟子。①

1948年4月潍县解放后，饲养蟋蟀的还大有人在。秋季，韩醒生、谭资九、郎子和、丁子阳等人组成“平剧改进社”，新编京剧《促织恨》巡回演出，很受群众欢迎。

四、社会生活习俗

丰富多彩的民俗文化使人们的生活变得生动有趣。闲暇之时，人们或寄情山水，流连林泉；或把玩文物，醉心收藏；或拜神祈祷，节日狂欢。富裕起来的潍县绅商在社会生活中形成了自己的休闲娱乐方式和兴趣爱好。

（一）节日习俗

老潍县缙绅富商众多，家资雄厚，对于节日特别重视，由此形成了一定的仪式和规范。下面将老潍县重要的节日风俗逐一介绍。

---

① 刘秉信：《潍县蟋蟀纪略》，《潍坊市文史资料》第10辑，第289～290页。

一元复始，万象更新。立春一般在正月上半月，豪富之家在立春日有吃春盘的风俗，除备有多种新鲜菜外，主要是吃“春饼”。它是用鸡蛋和豆粉制成饼状，里面填满猪肉韭菜馅子，卷成圆柱形，入油炸熟而成。初春韭菜价格昂贵，一般家庭吃不起，只有富豪之家可以享用。

上元节包括正月十四、十五、十六三天，而以十五为中心，又叫“元宵节”。老潍县商户在上元节往往举行猜灯谜的活动。上流社会多数用《四书》《五经》里面的文字作为谜底；而商家则用小说如《聊斋志异》《三国演义》《红楼梦》《水浒传》里的人物名号及一字、一词、一物为谜底，因为这样的故事百姓熟悉。有的把谜语写在彩灯上，有的写在店铺玻璃门窗上，吸引众人来猜，猜中者可以获得店铺的烟茶小文具之类物品，借此吸引观众，烘托店铺的人气。

正月二十五日俗称“天仓日”，或“甜嗓（填嗓）日”。这天清早，主妇即起，以灰（石灰或草木灰）在院内撒成大小相套的许多圆圈，叫做打囤，也称安囤。意为一年的农事即将开始，祈求天意，盼风调雨顺、五谷丰登、粮食满囤。这天，已出嫁的女儿要回娘家，娘家则以丰盛的菜馔相待，让其饱餐一顿。所谓“甜嗓”或“填嗓”，这一习俗的意思，可能是春节已经过完，母亲挂念女儿在婆家没有尽情饱餐，故叫回娘家，准备好饭菜，让其饱餐一顿，以示关怀。

农历二月二日，民间俗称“龙抬头日”。在老潍县，这天家家用草灰在院中画粮囤，以兆丰收，粮满囤溢。此日有食糖豆之俗。糖豆是把黄豆用水泡后晾干，拌上面粉和红糖，在锅中炒熟而成。豆上裹满了糖，又脆又甜。老潍县文人梁文灿《潍阳二月鼓子词》云“二月嫩寒新雨后，白袷初成社日停针绣。闲把儿童欢喜逗，家家报捷烘糖豆。庭院团圆灰印就，囤样层层预祝丰年有。布谷枝头啼永书，花朝接着春耕后”，即是对该节情景的描述。

清明节在公历 4 月 5 日前后，寒食节在清明节的前一天，故在老潍县是一起过的。这天禁止烟火，只吃冷食。清明节的主要活动是踏青扫墓、祭奠祖先、放风筝和荡秋千。荡秋千与外地不同之处是转秋千，这是老潍县特有的项目。《潍县志稿·风俗》记载：“城外白浪河边沙滩上坎地，竖一木柱，上缀横梁，四面绳索画板，谓之转秋千。小家女子多着新衣，围坐画板上，柱下围一

转秋千

木栅，内有人推柱使转。节之以锣。当锣声急时，推走如飞，画板可筛出丈余，看似危险而小女子则得意自若也。”郑板桥曾为此景作词描述：“纸花如雪满天飞，娇女秋千打四围，五色罗裙风摆动，好将蝴蝶斗春归。”①

农历五月初五日是端午节。据《荆楚岁时记》记载，因仲夏登高，顺阳在上，五月是仲夏，它的第一个午日正是登高顺阳好天气之日，故五月初五亦称为“端阳节”。战国时期楚国（今湖北）诗人屈原在该日跳汨罗江自尽，端午节成为纪念屈原的节日。在这一天要吃粽子，将江米红枣或江米白糖用宽苇叶裹为三角形煮食，门首插艾叶，一为屈原招魂，二为避瘟而设。初五日“重五”，是“五毒日”，瘟疫流行，这一天要饮雄黄酒，小孩的头顶、耳穴、足心都要涂雄黄，手腕、脚脖上要缠五色线，又称“续命丝”，以保佑儿童健康长寿。妇女则用碎绫绸做小荷包，里面放入香面，悬挂在衣襟上，用来躲避瘟疫。所用的香面是事先从药店讨来的。当时潍县各个药店都准备了小包的香面，随时分给前来讨取的儿童，不收取任何费用，这也是药店招徕生意的一种手法。仕宦诗书之家，多在家中墙上悬挂钟馗像，用来驱除宅院中的恶鬼邪神，保佑家人平安。

七月二十二日增福会，又称“财神会”，传说是“增福财神”的生日。老潍县作为工商业城市，对这个节日特别感兴趣。商贩们除了铁匠和铜匠供奉武财神外，其余的部分大商家小摊贩皆供奉文财神比干，他们摆出画像来，奉上果品祭祀。一般武财神的横轴上题“威震华夏”，对联为“兴家立业财源主，治国安邦富贵神”；文财神的横轴一般上书“惠我无疆”，对联为“总握人间福，专增世上财”。较大的工商业户，提前数天就进行筹备，摆供祭献财神，

① 魏素梅：《潍县旧时节俗漫述》，《农业知识》，2014 年第 8 期，第 50～51 页。

也有供泥塑神像者，祭品极讲究，甚至比春节还要丰盛。是日各商号经理相互团拜，互祝发财，人来人往，络绎不绝。同时大摆筵席，相互宴请，即便是小本生意的小商贩，也竭尽一日之欢，以乞灵于财神。由此产生连锁效应，饭馆、食品业也是生意兴隆，饭馆往往爆满，大酒楼更是高朋满座，喧哗不已。夕阳西下，不少人酒意已浓，酩酊踉跄，优游市里。财神会生活之丰盛，为一年中所仅见。商号招用或辞退职工，除春节外，亦以这一天为契机，隐含半年总结之意：炎暑季节已过，将进入秋凉旺季，要进行第二次人士调整和计划部署，以利再战。

八月十五中秋节是一年中的大节，一向被老潍县人所重视。人们忙于购买月饼和蒸"月"。所谓"月"，就是用发酵的面粉和面，揉成面皮，在面皮中间放入枣子，然后在面皮上做上嫦娥奔月、花好月圆、富贵寿考等吉祥图案，因其外形像月，所以老潍县人称之为"月"。按照关系厚薄，配以点心、水果、鱼肉等物品在节前分赠亲友。中秋节的祭祀内容以拜月为主。十五日晚，月出东山之时，皓月当空，月色朗朗，家家都在院内以圆桌摆供祭月。俗称"男不拜月，女不祭灶"，故中秋拜月由妇女主持。祭品除"月"之外，还有月饼、苹果、葡萄、西瓜、山楂之类，但不能供桃子和梨，因桃辟邪不能近神道，梨同离谐音宜讳。小孩在门前置一矮凳，摆上面"月"，上插一炷香，齐声呼唤，称做"念月"。其词多俚语，谓之"念月了，念月了，一斗麦子一个了""月明光光，小儿烧香。月明圆圆，小儿玩玩。"儿童用青蒿点缀炷香，擎弄翻舞，恍若万点星球，谓之蒿子灯。拜月完毕，将所供各物分食之。分瓜必定花切，以便切出犬牙交错的莲花瓣来，以图吉利。一家人团坐欢饮，即"人月同圆"。老潍县文人梁文灿的《中秋·蝶恋花》即描述了该节的情景："八月中秋分一半，枣饼层层面镂千花瓣，枣上插香香不断，小儿对月声声念。亭亭火树蒿灯转，灯尽归来忙底分神馔，雪藕冰梨堆满案，一家男女团圆宴。"

中秋节亦称团圆节，一般仕宦之族、富商大贾多举行家宴，在外经商为宦者也先后回到家中欢呼畅饮，庆祝团圆。桌凳器物都用圆的，待院中祭月撤供，家宴方告结束。

腊月二十三日俗称"辞灶"，是各家灶王爷上天向玉皇大帝汇报各家善事的日子。灶王爷原称灶神，又称灶王、灶君或灶公。他上天奏事直言不讳。传

说“小年大似年”，不能马虎着过，要祭好灶王爷，让他吃得高兴他就忘记了百姓们平时缺吃少穿骂老天爷的话，到了天上为老百姓多说些好话，使天帝龙颜大喜，来年派出各路神仙造福百姓，大地风调雨顺，百姓丰衣足食。所以灶王像两旁的对联是：“上天言好事，下界降吉祥。”灶桌上所供的禾糖，用意是粘住灶王的嘴，让他只说好的，不说坏的。到了辞灶之日，县城各街的花子头就到其所辖地段的商号和住户处收钱和收物。花子头手拿红黑棍，挎着大筐子，先为商号和住户送上一张“九九消寒图”，然后就收钱、收物。一般商号给钱，住户则给整个馒头或整张面饼，不能给一半。花子头平日对流动乞丐、地痞、流氓等社会闲杂人员有一定的抑制作用，同时花子散布在城市的各个角落，消息灵通，闲杂人等都会落入他们的眼帘，所以关键时刻还会成为当地居民的眼线。花子头还有一个作用，潍县城里经常有因病或者其他原因而死的“路倒”无人认领，就由花子头背走掩埋，以免有碍观瞻、传染疾病，所以一般商号住户都大方施设，从不得罪他们。

“年”是中国人最大的节。1912 年改用公历，把年改称“春节”，这一天仍是人们生活中最隆重的节。

“年”不止这一天，民间有“进入腊月就是年”“过了腊八就是年”的说法。人们更习惯“腊月二十三过小年”，正式进入“年”的准备。从辞灶开始，就进入了过大年的准备阶段。正如各地流传的忙年歌谣所总结的那样：“二十三，糖瓜粘；二十四，扫房日；二十五，推糜黍（准备蒸糕）；二十六，去买肉；二十七，宰公鸡；二十八，白面发；二十九，蒸馒头；三十晚上熬一宿；大年初一姐拉弟弟扭一扭。”家家户户都按照这个时间点来安排过年的节奏。年前还有一项重要活动，就是为家人打扮打扮，老百姓唱道：“年来到，年来到，闺女要花儿要炮，老婆要个煊棉袄，老头要个新毡帽。”无论穷富，这个环节是少不了的。

写春联，贴春联，喜庆为重，吉利当先。明清以来，老潍县有不少著名的文化人当知县，他们提升了老潍县过年春联的档次。春联俗称“门对”“春贴”“对联”“对子”，雅称“楹联”。老潍县过年，穷家富家，忙活一年，从装饰角度看，无论如何也要来点新色彩。老百姓用丹红纸写对子，贴在门上。这种丹红纸是老潍县当地用土法造出来的，将红黄两色相混，刷在白纸之上，俗语说："红和黄，喜煞娘！"

在明清时代，老潍县城书香门第多，世家多，大宅门多，文化氛围极浓重。过年沿街看，家家贴门对，好比全县办了书法展览。"燕过重门留好语，莺迁乔木报佳音""多福多寿多男子，宜兄宜弟宜家人""祥云书大有，瑞雪兆丰年"，这些都对仗工整。"日暖华堂呈百瑞，春深画阁照三星"，富贵绮丽。有的春联，盈盈富书香气，如："孟子七篇皆言义，大学十章半理财。"

行业联有不少讲究。"财如晓日腾云起，利似春潮带雨来"，是祝愿发财；"生意兴隆通四海，财源茂盛达三江"，祝愿挣大钱，这是商号联。旅店行业则写"五湖思范蠡，千里慕元龙"，用了范蠡和元龙营商得富之典。"交以道、接以礼、四海春风；近者悦、远者来、一团和气"，联语倡导热情服务，宾至如归。要是过年行婚礼，必贴婚联，诸如"共结丝萝山海固，永谐琴瑟地天长"，祝愿新婚夫妇白头偕老，永结同心。庙宇也贴庙联，如关庙联是"志在春秋功在汉，心同日月义同天""马过五关思汉主，花开三月忆桃园"。[①] 有的家庭还在墙上悬挂带着"鸿禧""福"字的纱灯，烛光闪烁，朦胧而又祥和，以增加节日气氛。屋内则挂家堂、摆神主。有的家庭则要挂佛、菩萨、张仙等的神像。各商号大都挂比干财神像，有些商号则挂武财神关公像。随后在家堂、神主、神像前摆祭桌、祭案，设香炉、烛台、松筒、围席、奠池、桌衣等，以备祭祖、敬神之用，一直忙到除夕夜。[②]

"一夜连双岁"，除夕夜黎明五更是新年的关键时刻，各处灯烛点燃，男家长率子侄辈在各祭点上焚香奠茶酒后，再将菜用蒸笼加热去各处供献，先天地，次灶王，后家堂。半小时后，将煮出祭神的水饺按照顺序依次供献，再将天地纸马、纸扎猪羊以及元宝、黄表（烧纸）堆放院中，一齐焚化，称之为"发纸马"。同时燃放鞭炮，男家长率全家子侄孙辈，女家长率全家媳女依次到各处行跪拜礼，祀典才算告成。仕宦地主家庭，在祭祖的大厅内悬挂影像，陈列彝鼎图书、珍贵文玩，院内官衔牌排列成行，走廊置栏杆，设置一溜火盆，

---

① 王瑞甫的博客：《老潍县春节轶事之五：过年对子哲理扬》，新浪博客，2014 年 2 月 19 日。

② 于沅伯、王季敏：《潍县岁时记》，《潍坊市潍城区文史资料》第 2 辑，第 131 ~ 167 页。

木炭红焰与灯火相辉映。发纸马时，火盆上覆以柏枝，噼啪作响，清香满院。经商的家庭还要祭菩萨、张仙、财神、龙王、火神等，祭品都相当丰厚，目的是乞福、增寿、添财、保平安。

发完纸马后，家人相互拜年。子女向父母拜，晚辈向长辈拜，都行跪拜礼，长辈要赐给小孩压岁钱。然后平辈之间互相拜年，彼此祝福。已出嫁的女儿，这天不能回娘家拜年。家家举行家宴，俗称吃团圆饭，取一年合家团圆之意。酒菜丰盛，主食是水饺。水饺，老潍县俗称扁食、饺子、孤查。《潍县志稿·风俗》称："无贫富均食饺子，殆取更新交子之义。或暗以花生、枣栗及铜钱藏之饺子中，家人食得者，则辄幸遇事顺利。"肉馅多数是白菜的，大富之家也可能吃韭菜的。但商家吃的水饺大多是素馅的，意思是"吃顿素，过得富"。饺子中包有栗子、花生、枣和钱，象征各种福气的来临。如吃到栗子，意味着来年生贵子；吃到花生，可以长生不老；吃到枣，表示有甜头，好运将会到来；吃到钱，自然就意味着今年可以发财了。家宴结束后基本上也就天亮了，男家长要率子侄辈到家庙或祠堂叩头，再到同族长辈家拜年，路遇熟人必须问好，还要说声"恭喜发财"，以图吉利。

正月初一古称元旦，俗称过年，仪式礼节最为繁琐隆重。单从祭祀而言，家家都祀天地、灶王和家堂。官宦之家祭天地非常讲究，要在住房正院设天地桌，又叫"供桌"，用来供奉天地各路神灵。供桌挂红桌围，上面摆着烛台一对，再摆上斗或升一个，里面满装高粱或者小米，用来插香（讲究的特制红漆刻字、贴金带座的升），斗、升下面压着"天地纸马"一张。供桌上陈列着各种祭品，有生猪头一个，生鸡一个，生咸白鳞鱼一个，称为三牲，有的再加荤菜四碗，另外还有大盘一个，上面摆放五个大馒头，粉饭两小碗，普通人家只供生肉、咸鱼两样供品。桌上陈列着茶碗、酒杯、筷子，桌旁放纸扎的猪羊各一只，上面披戴着花尖、黄表，纸元宝（共两串，每串十个，黄白相间），有的还加上厚纸壳大元宝一对。供桌摆好后，从大门到院内屋里，到处灯烛辉煌，重门洞开，大门口悬挂着瓜棱大纱灯，纱灯上用宋体字写着官衔（清朝时期固然如此，民国后仍照旧）。映壁墙上悬挂方形吊角"福"字纱灯或"鸿禧"等长方形灯，映壁墙前或厅堂、正房门前，分别悬挂撑子灯一对，上面也写着官衔，其他各门口檐下挂宫灯或铁条灯笼，过道及走廊还悬挂着半面式墙灯，院内所到之处撒上芝麻秸，人走路时拍拍作响，意为踏岁（穗）。

祭灶王就是祭拜灶王爷。据民间传说，灶王爷本是天上的一颗星宿，因为犯了过错，被玉皇大帝贬谪到了人间，当上了“东厨司命”。每年腊月二十三，灶王爷都要上天向玉皇大帝禀报这家人的善恶，让玉皇大帝赏罚。为了让灶王爷到玉皇大帝面前说好话，就需要给他上供品。初一时灶王爷已经从天上回来了，供品相对就简单了。一般在厨房或有锅灶的屋内，墙上挂“灶马”（杨家埠三色套印，大小略同天地纸马，上方印有简明月历和节气表，称“灶马”头，中下方印灶王及灶王奶奶各神）。灶王祭品除了馒头、粉饭外，还有点心四碟，菜四小碗，桌上烛台、香炉、茶碗、杯、筷一应俱全，也有黄表、元宝。

在过大年的各类祭祀中，祭家堂最为隆重严整。所谓祭家堂就是请故去的列祖列宗回家过年，以表孝心，同时拜请列祖列宗保佑子孙平安吉祥，富贵发达。一般在祭室、客厅或堂屋设祭，室内天花板上挂六角玻璃堂灯或纱堂灯，官僚富商家庭则挂牛角堂灯，流苏下垂，照耀如昼。薄暮时分，即请列祖列宗归位，按昭穆顺序排列在条几上，神主前设特制的茶碗、酒杯、筷子、匙子、匙碟各一套，条几两端设桌灯或高脚烛台一对，地下点燃高脚满堂红灯一对。专用的长方祭桌外沿设铜制或者锡制的香案，以浑厚古朴为贵。两边分列烛台一对、松筒一对，烛台上点燃特制大红蜡烛一对，上有金字如“本支百世”“俎豆千秋”字样，松筒插竹枝或柏枝。祭品有围席十六个（讲究的用高脚碟子或带锡座），其中有四水果、四干果、四凉菜、四炒菜，还有四大碗整鸡整鱼。初一晚家堂祭祀结束，焚纸撤馔，捧香案，到大门外或墓地烧纸祭奠“送家先”，把回家过年的列祖列宗送回去。

除了各家各户祭自己的家堂外，每一个宗族往往有一个大家堂，供奉同姓共同的祖先。届时同姓家族的头面人物陆续来到始祖所在的家堂中，叩拜如仪，然后躬身而退。丁善宝家族虽然财势雄厚，但是丁氏家族的祖宗牌位和画像却供在南关丁氏世家的长支长房那里，一直传到十六世祖丁相兰手中，而丁相兰身份不过是塾师而已。丁善宝在城里曹家巷建立了庞大豪华的丁氏祠堂，到丁相兰家去请五世祖丁顺和的神主和影（牌位与画像），但丁相兰的后人一直不肯将神主送出去。丁善宝没有办法，每年只好到丁相兰家去祭奠祖先。到

丁锡纶时，依然如此。丁相兰的后人记得，每逢春节，丁锡纶家的雇工就抬着丰盛的食盒到西高崖子大客屋（祠堂）里拜年，给祖宗叩头，放鞭炮，然后去丁山始祖的墓地祭祖。潍城解放前夕，大土匪头子秦三被国民党部队收编后，占据了南关丁氏的客屋和后边的小楼，丁相兰的后人只好把神主请到西南关新巷子丁湘家供奉。每逢过年，丁氏老长支的各分支都到西南关去祭奠祖宗的牌位。由于丁氏家族在南关聚族而居，虽然后世分支不同，但上数六世都是一个老祖宗，所以一旦有人打架骂街骂到祖宗，就能牵扯到很多人，大家就会不约而同，群起而攻之。因此老潍县南关一带有"南关丁，一窝蜂，不用搬，来了兵"的说法，一般人家不敢招惹。

初二日是新女婿到岳父家、外甥赴外祖家拜年以及媳妇回娘家的日子。平日新媳妇回娘家，车费礼品由自己负担，这次则由夫家供应。因此，初二满街尽是轿车往来，大户人家的新媳妇打扮整齐，花团锦簇，坐在车内，由一个健壮的老妇驾车，到娘家拜年。

初五日，俗称"五马日"，"五马日"的主要任务是送灶，要把"灶马"和供的香纸一并焚烧。一般商号则于是日大宴伙友（也有初四办的），把商号供财神的东西做好，店东伙计共同分享，名为"吃供养"，实际上含有鼓励职工在新的一年里进一步为资本家创造财富之意。至此，为期五天的新年宣告结束。

（二）婚姻习俗

"迎婚娶妇好张罗，彩轿红灯锦绣拖。鼓乐两行相叠奏，漫腾腾响小云锣。"婚嫁是很重要的习俗，作为山东古城之一的老潍县也不例外。婚姻是人生的大事，有着繁琐的礼仪习惯，在潍城的中上层人家中表现尤为突出。

"天上无云不下雨，人间无媒不成亲。"清末和民国时期，婚姻嫁娶沿袭封建的传统习俗。婚姻讲究"门当户对"和生辰八字相合，遵从"父母之命，媒妁之言"，男女婚事不能自主，媒人是少不了的。男到十五六岁，甚至八九岁，父母就开始央媒求亲。媒人有两种：一种是媒婆，多半是中老年妇女，叫"串百家门"的，以撮合婚事为业，挣媒人钱；另一种是托亲友介绍。经人请托提亲叫"请大媒"。绅商阶层交往广泛，往往采用请大媒的方式撮合儿女的婚事。

如双方父母同意，便可提亲。若女方聘媒向男方求亲，名曰“倒提媒”。如女方要求男方条件高，习称“攀亲”。

媒人撮合男女婚事时，要先合“八字”，把男女双方的“八字”（即出生“年、月、日、时”天干、地支二字相配，共八个字，如甲辰年、乙丑月、丙申日、庚子时）合在一起，看是否相克，双方不克方可定亲。然后是请庚。男方备请庚帖与请安帖各一份，将“八字”写在请庚帖上，盛于拜匣内，派两个女仆持拜匣以及四色礼物送交女方，叫“请庚”。女方将“八字”写在男方送来的请庚帖上，另备请安帖一份以及四色礼物，让女仆送回男方，称为“回庚”。回庚后，由男方选黄道吉日为定亲日。届时，双方家长各备请安帖，由女仆或媒婆持帖互送，称为“定亲”。

定亲后的下一步是结婚。结婚前有一系列繁琐的程序。先是送柬帖，柬内夹印有金边的红纸条，男方书“恭候金诺”，并由男方家长以及准新郎写上名字。另备请安帖一份放在拜匣内，遣喜夫两名持匣并首饰、衣料等送交女方，叫“押柬”。女方另备柬，内书“谨遵台命”，女方家长签上名字。另备请安帖与鞋帽、袍料等礼物，遣喜夫赴男方换回柬帖，双方送柬礼节才算结束。

接着是定结婚日期。男方需要先请“批八字”的先生选出黄道吉日、新人坐床方向并禁忌属相等，以确定迎亲日期。然后，男方将迎亲日期写在纸上，遣媒人送交女方，叫“送日子”。吉期一般确定在定亲后的几个月之后，以便让女方有充分的准备时间。吉期确定后，先向赁铺定喜差。喜差多为男方赁，有时也由女方承担。迎亲三四日前，男方备足糕点、南果、鲜果、海味、干菜、鸡鸭等礼物，用六至十六抬食盒分装，另备催妆帖、请安帖各一份，派人送交女方，谓之“下催妆”。女方把嫁妆送到男方，谓之“下奁房”。富户将衣物、被褥分装到箱柜内，另外还有书桌、长桌、炕桌、饭桌、坐椅、方杌以及瓷器、锡器等成套用具，一应俱全，并加以装潢、排列，组成隆重的行列，抬到男方。这是展示女方财势的环节，嫁妆越多，说明女方越富有，到婆家后不受歧视。富豪大户嫁女，陪嫁往往十分丰厚。丁毓庚的第四位夫人为章丘旧军镇孟氏，孟为山东巨富。孟氏出嫁时的妆奁摆满了胡家牌坊一条街，而丁毓庚为娶这位富家小姐，举办新婚典礼用了五千大洋。

男方在迎亲前，将新妇吉日穿戴的衣服、首饰等送交女方，谓之“下头

面”。另备丝绸单，夹、棉衣，一并送交女方，谓之“下娶妆”。迎亲前，男方准备上轿扁食（水饺），多为冰糖、白糖、芝麻馅，按照一岁一对的数量送交女方，取甜蜜之意。迎亲前，男方亲族为新郎、新妇挂帐，铺床，布置新房，谓之“设帐”。迎亲前两夜，从亲族中选青年或中年男子与新郎伴睡，谓之“押床”。新郎婚前理发、洗澡也需有一男子做伴，取成双成对之意。迎亲前一两日，将新郎、新妇鞋各一双放于新房床头，谓之“押床鞋”，也是取成双成对之意。下催妆前男女双方门上均须贴喜联、喜字。大门、重门、喜房门各贴内容不同的红对联，各门左右均贴一“囍”字，男方大门左右下方再贴“青龙”“白虎”字样，映壁墙贴“天作之合”等吉祥话。

结婚当天过程最为繁琐。起轿前新郎在父母屋内先吃烧饼一对、栗子一至两对，取长寿、立子之意。起轿前新郎由家长带领，先向灶王焚香礼拜，再由家长带领向祖先神主叩拜，随后再向家庙中的神主、神位叩拜，谓之“拜家庙”。迎亲前新郎要穿迎亲服。清代一般穿袍套、快靴（或长袍、马褂），民国后，中等户多穿马褂、长衫，脚穿皮鞋等，富有者夏季穿绸罗衣服，冬季着丝绵、皮毛等。服装穿好后就要披红簪花，由喜夫先将红绸二匹披裹新郎肩上，两端扎葫芦结，左右下垂，再将镀金红绒喜花分插新郎礼帽两旁。披红簪花时，中军（吹鼓手）在院中吹奏“宝妆台”乐曲。新郎登轿后，中军奏乐，一切仪从随之行动，谓之“起轿”。新郎去女家迎亲时，须将装有红棉袄、红棉裤的红包袱放在新妇轿内座位下，并让一少年坐轿中，一并抬至女家，谓之“押轿”。

迎亲队伍浩浩荡荡，前有仪仗，中有中军，后跟着官轿、花轿各一乘，吹吹打打，直奔女方家。民国以来，仪仗队有的是国旗两面、裙子灯（群子）八杆、金瓜、金棍、行伞一套、中军一班，四人轿，大鼓乐全套，即铜锣、架鼓、喇叭、号筒、云乐、皮锣等。巨商富绅或其他富裕人家比较讲究，还要增加些花样，如传锣一对，莲子灯一杆，星宿旗二十八面，提灯（纱灯或玻璃灯）一对或两对，抬嫁妆的夫役要穿戴全套的号衣、号帽，相应地要增加乐队一班。如男方添提灯四杆，则女方添莲子灯十杆。富豪之家再添铜銮仪、锡銮仪各半套，提灯十二至十六杆，文武顶马各一匹，男女轿都八人抬的规格。这些仪仗设备多数由专门办喜差的赁铺提供。仪仗队伍前面有一人领两个少年手托绣裙，谓之“拿裙”。富豪家拿裙由喜夫担任。

新郎轿至岳家门前，陪客迎到大门，彼此施礼，互相作揖进门。进重门又揖，至客厅再揖。三揖过后，陪客陪新郎向正中方桌前同行跪拜礼。拜毕新郎正座入席，陪客偏座相陪。席上先请新郎饮茶，茶罢进膳。膳菜一般为小碗十二件，每上一道菜，中军便奏乐一次。十二道菜上完，再进花卷、大米汤。进膳毕，然后进茶。其实每上一道菜都不吃，只是动动筷子，走完过场而已。

新郎进膳时，新娘子开始上妆。清朝时新娘要穿戴蟒袍、蟒裙、玉带和簪饰。民国以来，逐渐改穿花衣便服。上轿前要带上押腰钱，腰间要系小铜镜，要吃上轿扁食等。女方还要礼聘送女客护送出嫁女。新娘上妆后，陪客即陪新郎起席，同到桌前跪拜，谓之“谢席”。拜毕，喜夫再给新郎加披红绸两匹，簪喜花一对，然后到内宅迎亲。新郎来到院内后，与陪客同行跪拜礼。礼毕，新郎转身出门上轿。此时新娘已蒙上罩头幅，由送女客扶立院中，展铺红毡直到大门口，等花轿抬至大门再扶到轿中，放下轿帘，抬至街心。待诸般仪从准备停当，一声锣响，鼓乐齐鸣，仪仗行列便向新郎家行进。花轿上路后，新娘的娘家兄弟一人提茶壶跟在轿旁，护送亲人。如路上遇到送丧者、嫁娶者，跟轿者一拍轿杆，新娘便将腰间铜镜一翻，意为防相冲，防生病，防不生子女。当新郎到岳家迎亲时，也有亲友跟在轿旁，也叫跟轿。当新娘花轿行至男宅街头时，轿夫为显示技术以讨赏钱，便走段快轿，不偏不颠，快如流水，霎时便行到男方门前，谓之快轿。

喜轿到门，鞭炮齐鸣，新郎在鞭炮声中下轿。下轿后，铺毡人铺好红毡，新郎站在毡上等候新娘下轿。这时拿裙者上前，将绣裙蒙在门两旁的干草把上，意为挡住了青龙白虎。新妇下轿前，由大伯哥用裁衣尺挑起轿帘，再由小叔弟端火盆向新妇一照，男方礼聘的娶女客再向新妇进黄酒一杯，并把秤、斗、丝、箩送到新妇怀中，然后扶新妇下轿，这是教新娘学习料理家务之意。新娘下轿后，四个女仆分别扯着新娘罩头幅的一角排穗，新娘由两娶女客扶着，随新郎迈过马鞍，踏着红毡前进。

接着是拜天地。在迎壁墙下的祭桌前由家长先行跪拜礼，再由家长领新郎新娘到院中天地桌前焚香奠茶酒，行跪拜礼，拜天地后才能共入洞房。入洞房后，娶女客接过新娘怀中的秤、斗、丝、箩，按预定方向放牢，新娘再按预定

坐床方向坐在床上。此时女仆进莲子汤，新妇必须吃一口。新郎进房后，必须夹黄米糕上的两个栗子吃，取连生贵子之意。此时女仆又将女方随轿送来的饭菜，共计小碗十二个、莲花卷十二个、米汤一罐请新郎、新妇共食，称之吃随身饭。其实二人并不吃，只是走过场。新妇坐床时，新郎即在客房宴请送女客和娶女客。席上送女客坐正席，娶女客左右相陪。宴席上完第一道大件后，新郎即至席前行跪拜礼谢席。宴罢，娶女客、送女客将麦穰、花生、栗子、枣等缝入新郎、新妇枕头内，谓之“填枕头”。女仆再用新妇的腰带将两枕头扎牢，打上许多结子，让新郎背到新房，再将结子一一解开，称为“背枕头”。枣、栗子取早立子之意，花生取意长生不老，多解结子喻多生子之意。送女客、娶女客填完枕头后辞行，新娘婆母送至重门，新郎送到大门。

新妇坐床至晚饭前即下床。所谓下床，只是不坐床头，但要坐在床沿，两脚踏在糕上，取步步登高之意。当日下午女方备冷荤果品等围席十二至十六个，并黄酒四至八瓶，送交男方，谓之送“合婚酒”。当日晚，女仆备好果菜，给新郎、新妇各斟酒一杯。饮酒时，新郎新娘先各饮半杯，然后女仆将二杯互换，再让二人将另半杯饮尽，喝合婚酒。新郎、新娘安寝前，新郎要对新娘说几句吉利话，如“你给我拿过带子来”，带子取带来子女之意。

次日清早，新郎挑新井水为新娘开脸。新郎将水倒在斗盆里，让新娘坐在帘子上，由四个妇女给她绞脸，即用线绳将脸上汗毛绞光，谓之开脸。新娘开脸后，须吃面条与红鸡子等，吃开脸汤。新娘二日回娘家，叫作“回门”。回门前先向公婆辞行。回娘家先向尊长行礼，然后向神主与家庙行礼。新娘回门时，男方选取所收部分礼品回赠女方，让她分赠亲友，谓之“看盒子”。

新妇于三日早回婆家，将扇囊、斗篷、寿字幅、荷花鞋等针线活分赠婆家诸亲友，这叫“散针线”。其本意是让婆家亲友看看新妇针线活之巧，实则早已流于形式，多为雇人来做。新娘的娘家这时再派人送来若干成衣或衣料，谓之“添箱”。三日上午，男方家长分别带领新郎、新娘在天地桌前跪拜，感谢神灵撮合之恩。谢天地后，新郎、新娘先向长辈行礼，晚辈再向新郎新娘行礼，这叫“分长幼”。女方以岳父的名义请新郎三日到女方赴宴，谓之请女婿。下午，新郎带喜夫一名前往岳家，称之“男回门”。三日下午，男方趁宾客饮宴之际，托人将新房中之红纱帐等物撤除，称之“撤帐”。三日早饭前，新妇入厨房，向锅内添三碗水，向灶下点三把火，称为“三日入厨”，有“三日入厨下，洗手作羹汤”之意。此时，公婆须给新娘若干钱财或物品，谓之“烧火钱”。四日新郎、新娘由公婆带领，到祖先茔墓上，由亲而疏，依次奠茶，焚纸并跪拜，谓之“上喜坟”。新娘在婆家住七日后，再回娘家住八日，谓之住七还八，意为新婚燕尔过度劳累，须适当休息。新娘回婆家九日，再回娘家住九日，谓之住单九双九，其用意与上同。新妇在婆家住满一月后，再回娘家住一月，谓之住对月，其意仍与上同。新妇在婆家住满百日后，一定要回娘家住一两天，谓之“过百日”。至此，新婚阶段方告结束。①

（三）做寿习俗

旧社会，潍县的各种习俗，无不充满了封建礼教、宗法、迷信色彩，繁文褥节不一而足，但这些习俗又因各自的经济情况及社会地位的不同而有差异。官宦、绅商及其他大户人家，极尽铺张浪费之能事，大户人家做寿就比较典型地反映了老潍县的礼俗。

大户人家做寿很传统，很有讲究。一般习惯是年至60岁，才隆重地举行“做寿”活动。60岁叫“庆花甲”，70岁叫“庆古稀”，八十、九十岁叫“庆耄耋”。做寿前，先找棚匠在厅房院中扎花棚，每面用红、黄、绿（或深蓝）色的布搭配编好，上面是席棚，夏秋季是起脊棚。棚内中间挂“悬罗”，四角挂宫灯，酌情摆设方桌和椅子或圆桌长凳，主座都用椅子。厅房内东山墙下摆列着寿堂，墙上挂着“寿障”或寿星画像，桌上摆着古铜寿星铸像、瓷寿星像或麻姑像，桌灯两个，点着红色大寿烛，方桌前挂五彩或七彩绣花桌衣，两把座椅上披着绣花椅帔，放绣花椅垫，条几上陈设着钟、鼎、磬等，方桌前面有桌头，上面摆放着炉、屏、盒等物品，香炉内点着檀香，另外放着万寿香炉，点着香面，地下铺着堂毯、铺垫。

生日这天，本人有功名、诰命的，要按品级着品服顶戴，挂朝珠；没有功名的，明代男的穿长袍，圆领，清代穿长袍马褂，女的明代穿圆领褂，清代穿

---

① 于沅伯供稿，郭子宣整理：《潍县婚嫁旧俗》，《潍坊市潍城区文史资料》第2辑，第168～179页。

大衫裙子。打扮整齐后，接受晚辈拜贺。先是直系亲属拜寿，再是本族族属，然后亲友拜贺。对直系亲属不答礼或答半礼，对旁系亲属答半礼，年龄达八九十岁的寿星，行动不便由子孙代为答礼。

做寿的寿席分好几种档次，有鱼翅为首的翅席，燕窝为首的燕席，海参为首的参席。每席三大件，四冷荤，四行件，两道点心或六行件，四大件，八至十六围席。酒有绍兴花雕、汾酒、瓮头春、兰陵酒、五加皮、二锅头、即墨老酒等。

做大寿前要向至亲好友发请柬，发放日期一般在做寿的前三日，否则为失礼。民谚曰："三日为请，二日为叫，当天为提来。"亲友接到请柬，便准备寿礼届时前往，俗称"拜寿"。宾客亲友到来，先到寿堂行礼，同辈的只行拜揖，晚辈行跪拜礼，主人或直系亲属答礼，然后敬烟（水烟或旱烟）、茶，在厅房或对厅、花棚内散坐。

入席的方式分两种：一是大安杯，二是小安杯。大安杯是账房管理人员和帮忙的，会同主人的子弟，根据来客礼品多寡以及与主人交往感情的深浅，拟定席位，经总管人审阅后，开列席位名单，交由"长班"收执，从第几席到第几席位，由某某延请入座。分配入座时，由"长班"斟酒，用茶盘托着，邀请人跟在后面，到被邀客人前时双手举杯。这时，"长班"高喊请某老爷入席，邀请人向客人一揖，客人即起立，跟随到预定席位前。邀请人再向客人一揖，然后将酒放某席位方桌上，客人遂即就座。从首席到三席，依次就座，如果来客比较多，要折腾一个上午。主客就座后，中军停止奏乐，陪客人坐第六席位。

小安杯则比较简单，由账房同主人拟定席位名单，写好某大人某某席位或某老爷某某席位，用少量糨糊轻轻粘在方桌上，当"长班"喊老爷长官们、少爷们请入席时，便各自找自己的席位就座，招待人即为客人斟酒。就位时，中军奏乐，客人坐好后，中军停止奏乐。

开席后，每上一道菜，中军奏乐一次。上第一个大件后，主人谢席（或由子孙代表），"长班"放下铺垫，谢席人行跪拜礼，然后退下。

喝完酒，吃"和乐"。和乐是粗圆面条，是用和乐床子压的，里面浇上鸡鸭肉卤，吃时多用大碗或海碗，每碗只有三分之一的和乐条，卤汤有三分之二，放上鸡鸭肉和猪肉，再加上蛋皮子、芫荽梗、糖蒜、辣椒油、咸香椿、咸韭菜等，非常美味。

饭后，主客一起听京剧或鼓书。本族人给老人过生日时，往往请上戏班唱京剧，而且必须是喜庆戏，如《赵延求寿》《麻姑献寿》《龙凤呈祥》等。主人除了付给戏班报酬外，还要额外赏钱。有的大户借戏班，有的请社会上的京剧戏班在家里清唱，有的请唱梅花调的在家里说鼓书、唱小段，有的请专门说唱的盲者一二人，在家里唱柳腔和小调，还有的请表演魔术的在家里变戏法，如表演“仙人献桃”“富贵有余”等，这些根据个人的经济条件或者喜好而定。大户人家因喜庆事邀戏班到家中演唱谓“唱堂会”。清朝光绪丁酉年（1897）正月十六日，潍城郭氏田孺人六十大寿，又值御赐坊表以彰其节，特邀戏班到家中演剧庆贺。① 唱堂会花费很大，老潍县能够唱堂会的人家不多。

给老人庆寿，亲友们循例赠送礼品，有的送红绸料“寿幛”，上书“寿比南山”“福如北海”等字样；有的送糖寿星、糖八仙、瓷八仙、麻姑等；有的送寿桃30个，寿点3斤，如兰花根、长寿糕等；有的送龙凤挂面。最普通的是一盘寿糕或蛋糕，五盒挂面。

此外，还要写寿序寿屏。寿序由亲眷请文人撰写。寿屏框心由亲友凑钱制作，有的由主人家出钱。屏心有的是朱红地金字，有的是黄地朱红字，均请精于书法者书写。②

五、民间娱乐活动

老潍县是文化古城，民间自发的娱乐活动很多。为了表示与民同乐，老潍县的绅商也往往参与其中，成为活动的发起者和组织者，并慷慨给予经济方面的支持，使老潍县的民间娱乐活动有声有色，丰富多彩，热闹非凡，当然也浸染上了浓厚的商业化气息。

---

① 潍坊市文化局史志办公室编：《潍坊文化志》，齐鲁书社1997年版，第72页。

② 于沅伯供稿，李鲁山整理：《潍县做寿、生子、迁居的习俗》，《潍坊市潍城区文史资料》第6辑，第153～157页。

（一）灯节

据传，老潍县龙灯最早出现于明朝，较早的记录是清末民国初。老潍县龙灯极尽夸张、铺排之能事，重场面、讲排场、显礼仪，是一场娱乐活动，同时又蕴含着深厚的文化积淀。

老潍县过年耍龙灯的时间从正月初五开始，一直持续到二月二。耍龙的路径，从后门街开始起龙，走东关大街、李家街，到鱼店街，出通济门，过通济桥，北行至文武衙门，叫“大堂报到”。报到挂上号庙便回到后门街，以后便天天上街耍龙。这是东关的具体路径，其他的各有不同。从正月初六到二月二的白天、晚上，则分别到丁、郭、陈、张四大家和出钱参与制龙（也叫“付缘布”）的家门口耍，以表达对他们的敬意。

老潍县耍龙灯的高潮是在上元节，举办日期是正月十四、十五、十六三天，而以十五为中心。十四日为试灯日，满城住户商号除将新年张挂的灯笼重新点燃外，各街道或行业按照传统习惯，组织集体的耍灯活动。其中最主要的是“龙灯”。龙灯是灯中之王，有青龙、苍龙、黄龙等。龙灯另一组成部分为蜘蛛，是用竹扎成圆球形，上面绘五彩大云图，最奇妙的是蛛球中插烛处为一活动机杼，无论如何挥舞，烛焰始终向上，不至点燃灯笼，灯也不会翻转熄灭。演出时，唯蜘蛛之首是瞻，引导龙头，追捕捉拿，所谓“龙戏蛛”。以北关大街、察院街、撞钟院街、后门街、镇武阁街以及鱼店街的龙灯最为著名。

除了耍龙灯，其他街则是杂耍灯，两者交相辉映，形成一个队伍。其排列顺序先是蝴蝶灯。十二三岁童子八或十二人，披发戴紫金冠，画脸描眼，穿着彩衣，扮作仙童，各持纸扎半面花瓶一对，高与人齐，上面画着各种花卉图案，还有各种吉祥谚语，如人寿年丰、花好月圆等。仙童们舞蹈歌唱，绕场一周，谓之“开四门”。每对以等间距离站定，另有数小童两臂各缚纸扎蝴蝶翅，两手扇动，往来穿梭于花瓶之间，边歌边舞，配以民乐，这就是所谓的“蝶恋花”。

其次是云彩灯。先有二人高挑纸糊日、月形灯，上面写着日、月二字。以较大儿童持云彩两朵（用竹篾扎作不等边形，糊以纸绘的云纹），往来舞蹈，且行且歌，配以唢呐，五吹三打，奏军中得胜之乐，随之大龙呼啸而来，这是

“云从龙”。

大龙后是杂要灯，可谓百戏杂陈。如“旱船灯”是这样的，用竹扎纸糊作船形，长达四五米，高达人身一半，中立一青年扮作乘船妇女，做两条假腿脚摆在船上，船两边系二布带，背在肩上，两手提船帮行走，船的下边以布连接到地，腿脚作飘荡形状。另一人扮作艄公，头戴毡笠，身穿短衣，戴着假胡子，手持船篙。艄公须具有戏剧式之步伐，时而急湍欲覆，令人惊心骇目，时而中流稳渡，再配以笛箫秦乐，令人心旷神怡，这是杂要灯中最上乘的表演。

“车子灯”则是用旧式独轮车，由一人扮成推车的乡民，车上挂着红灯，上面写着“黄金万两”“五谷丰登”等俚语。乡民边走边唱，所唱多为市井俚俗小调，配以小锣，其艺术性不亚于旱船。“毛驴灯”用纸、竹扎成驴形，分作前后两半，系在扮演骑驴妇女的身子前后，驴背上装置两条假腿脚，另一人扮赶脚的“王小”，二人一路上插科打诨，妙语连珠，逗人开心。“四大帅”即鱼、鳖、虾、蟹，一般是由鱼店伙计扮演。用纸、竹扎成一大鱼，鱼肚里放蜡烛十余支，由十数人拥持而行。鳖与虾、蟹皆是纸、竹扎成，放在头上，招摇过市，以形象逼真见长。

另外还有所谓的“蛤蜊仙”，是用纸、竹扎成蚌壳，两扇可以开合，外青内红，燃烛耀目，中间站着一个身穿红衣的艳丽女子。她用两手持蚌壳，忽启忽闭，甚是好看。其他的还有“四老爷”“小放牛”“翻打十不闲”，等等，不过艺术性要差一些。

花灯队伍的末尾是高跷队，数人一组，边走边唱，扮相有《武家坡》《桑园会》《落马湖》《四进士》《打渔杀家》等戏曲中的人物形象，但唱的并非戏词而多是里巷小调。其中会武功者，能踩着高跷打劈叉，观赏性很强。

十五日为正式节日，仅介绍龙灯的演出，其他与十四日大同小异。十五日傍晚，城门被装扮为龙门，周围挂满五彩缤纷的彩灯，各街各行会组织的龙灯队伍首先到县衙前表演，名为挂号。然后要戒碑。所谓戒碑，是指县衙大堂前由木石建筑的牌楼，上面写着“尔俸尔禄，民脂民膏，下民易虐，上天难欺”，是提醒地方官的。龙灯要戒碑，也就是提醒官府要牢记戒碑，不要肆意搜刮民脂民膏。然后是要大堂。龙灯从戒碑当中横穿而过，直奔官衙大堂，在大堂廊柱间上下盘旋，吐火戏珠，这时锣鼓喧天，鞭炮不绝，旋即它冲出大堂，直奔

城隍庙戏楼而去。

接着要耍戏楼了。戏楼正对庙门，耍戏楼用意是娱神。龙灯在戏楼广场巡回一周后，上楼将龙尾挂在戏楼明柱上，龙头俯身下窥，狰狞可畏，来回盘旋，然后下楼东行，赴白浪河“取水”。取水是耍龙灯的主要项目，难度很大。白浪河上有一木桥，横跨东西两岸，宽度不足两米，耍蜘蛛者先立桥上，向南俯采水面，龙头带动全身继之。蜘蛛转向桥北，龙灯亦掉转直追桥北，如此反复多次，直似一条真龙在水面飞舞，欢声雷动，鞭炮齐鸣。此时，灯月交辉，澄水映彻，非常壮观。在万众簇拥下，耍龙灯的人们离开白浪河，串街游行而去。

龙灯串街，如遇放鞭炮欢迎者，必须进行表演，至少要翻个“五花”，鞭炮不止，表演不停。龙灯等彩队所到之处，各商号纷纷燃放鞭炮，点泥垛子，发黄表纸，以吸引彩队在自家门前逗留。豪绅大户之家往往多备鞭炮或用茶烟点心犒劳，如此表演者更卖力，且连续不停，以博取更多的犒赏。最有名的表演是“盘龙”，即将龙腰节逐个排列成围，龙头由每个腰节间俯窜而出，往返十余次，串尽变成长列，由“十面埋伏”变为“一字长蛇阵”。这是最为隆重的表演，没有头面人物邀请或者是优厚的犒赏，不轻易表演。大街小巷，竞出舞龙最多时达七十二条。

在龙灯出演过程中，还配以锣鼓民乐，即所谓“龙灯点”。锣鼓雄伟紧凑，如万马奔腾，声势浩荡，如排山倒海，远近闻之。

老潍县城耍的龙灯之所以大气，成为北方龙的典型代表，也在于它的精工扎制。东关龙是东关制风筝世家康万生、康万相兄弟二人所扎。康家是祖辈扎制风筝世家，粗犷大气，做工讲究，与当时风筝世家胡家齐名。其老辈们扎制的风筝都曾作为贡品被陈家、郭家进献皇宫。康家扎制的龙灯自然也是行家出手，件件精品。

参加耍龙的人都得是武把式，有点真功夫。耍龙队伍都是世家，耍龙技巧一代传一代。以东关耍龙的为例，参加耍龙的都是些杀驴的，卖猪肉的，包括参加小刀会（义和团）的张福寿、张福禄俩兄弟（1949 年解放后是张林瑞），他们都有几年甚至十几年的习武功底。没有点武功底子，是绝对要不好的。[1]

上元节除放灯外，另一热闹节目是“放花”。老潍城的则尔庄以制鞭炮焰火著称，春节前制造鞭炮，过年后则制焰火，人称“花花”。比较普遍的有“手花”“起花”“两响”“三眼明”“二龙吐须”“三打金弹”“金盘托月”等名色，都是用硝磺土药制成的。

正月初五后，沙滩大集上有大规模“花花”市，“花花”争奇斗艳，奇巧变幻，赏心悦目，硝磺余味烘托出一种节日气氛。又有卖泥大筒的（俗称泥垛子），大者可以装药二三斤，燃放时火花冲天，高达数丈，周围可达数十步。火花落下，引起火弹飞出，夹杂着鞭炮声声，颇为好看。此种多于街口或店铺门口施放，是商家做广告的一种形式，用来炫耀该商号实力雄厚。

则尔庄为了扩大影响，吸引客商前来购买，往往不计成本，在庄前扎木架，将其特制的火焰连续不断地施放，以吸引观众。焰火中带有“猴子抓蜂窝”“火烧葡萄架”或戏剧故事“草船借箭”“火烧战船”等形象，男女老少前往观看者络绎不绝。这是扩大影响的有力手段，也可视为早期的连环播放的广告。

（二）清明节的活动

清明节正值春季，天朗气清，惠风和畅，人们也举行大规模的娱乐活动，持续三天之久，以最后一天（即清明节）为重心。

首先由商会主办唱大戏的活动，往往是在南沙滩扎台演剧。老潍县有很多京剧爱好者，京剧昌盛时期，老剧团如“永福班”“三庆班”“四喜班”均曾来潍县演出，演期三天，演出剧目多半由官吏豪绅指定。但在清明节中午必须演一出《火烧绵山》，雷打不动，以纪念介之推。这一天南沙滩人山人海，摩肩接踵，势如潮涌。小贩在人丛中往来穿梭，高声叫卖零食。观众们前坐后立，再后则站凳子上。乡绅、官宦女眷多乘坐轿车，垂帘遥望，不与乡民们混在一起。戏台左右两边扎看台两座，上面摆上桌椅，这是专为老潍县的头面人物看戏所准备的场所。

---

① 姜林山：《关于老潍县民间龙灯杂耍》，潍坊新闻网 2007 年 10 月 22 日。

群众性活动就是转秋千，也由商会操办。这个秋千高达20余米，周长可达50余米，分为上、中、下三层，可容纳100余人，号为“转秋千”。扎这样大的秋千可是个技术活。其制作过程是，先用一根高大圆直的白杨木作为中心立柱，下面以横木四根交叉绑在明柱上，作双十字架式，高与人齐，以备推转。地下挖一深坑，安装大木盘以承柱底，并以轴承推动其运转，周围以木板为墙，下层可容十余人。中层用木板铺作平台，有木梯到地，可上可下，在平台向上约四五米之中柱上，斜扎木棍20余根，使之外倾为转蓬，每根再用巨绳向内扎在中柱上半端，形如“穹窿”，俗名为“老鸹窝”或“燕子窠”。这些斜木上端各系粗绳双垂，并于下端系牛索头一个，约距平台二三米远。此牛索头就是用来坐人打秋千的。立柱顶端插小红旗一面，旗上悬铜钱一串（数目一般为十千），为竞赛争取的奖励。

节日的第一天俗称一百五，黎明时分，城乡的一些年轻妇女便打扮一新，三五成群，来到沙滩，争先恐后地去占座位。待各人坐好，锣声一响，秋千即徐徐转动。随着锣声的加快，其转速也越来越急。在阳光照耀下，妇女们的装束五颜六色，光彩照人，犹如天女在天上飘行。郑板桥有诗为证：“纸花如雪满天飞，娇女秋千打四围；五色罗裙风摆动，好将蝴蝶斗春归。”清朝末年的潍县诗人陈恒庆曾为转秋千赋诗曰：“秋千矗立转东风，倒影河流夕照红；群女如花天上坐，哗然笑语五云中。”①

第二天俗称寒食，妇女们参加转秋千的更多。为了多坐几次，有些女孩子从家里带着寒食面饼和熟鸡子，赠送给敲锣的。清明节是转秋千活动的最后一天，也是最热闹的一天。农村老百姓，尤其是远乡农民，吃过早饭就向城里赶。城区居民也是提前吃饭，扶老携幼去沙滩看热闹。中午时分，白浪河两岸的整个北沙滩，人山人海，观者如潮。再加南沙滩午前唱完《火烧绵山》即暂停，让大家先去看转秋千，使得转秋千现场的人流更为拥挤。此时，坐索头打秋千的妇女全部退下，参加拔旗的男子蜂拥而上，到平台各持一索头。随着主管人一声号令，锣声大振，参加者各自抓住绳索攀援而上，争为先登。锣声越来越急，如疾风骤雨，又如万马奔腾。下面推动者跟随锣声将秋千转得飞快，

---

① 刘秉信：《潍县的转秋千》，《潍坊市潍城区文史资料》第6辑，第148页。

攀援者上下翻飞，紧握绳索艰难攀越，稍有不慎就可能从高处重重摔下，场面惊险刺激。台下万头攒动，屏气凝神，仰面而观。最先登上"顶峰"者，可将红旗拔下，挟在腰间，并在柱顶表演各种拿手绝活，例如身坐柱顶、双手合一的"童子拜观音"，腹部压柱顶、手足持平分开的"鸭鸭浮水"，双手紧握柱顶、全身横陈向上的"旱地拔葱"。其他的还有"二郎担山""陈抟睡觉""凤凰展翅""夜叉探海""奎星点状元"等，无不惊心动魄，扣人心弦。台下万众欢呼，掌声如雷，以示祝贺。县官也停轿河滨观看，以示与民同乐，并给优胜者颁发奖金或奖品，这是清明节活动的高潮。

（三）其他群众性娱乐活动

中元节，俗称鬼节，是民间祭祖的日子。传说七月十五日，掌管地狱之门的地宫打开地狱之门，已故祖先可回家团圆，所以这一天要祭祖、上坟、点荷灯为亡者照回家之路。是日，家家备纸香，或带上瓜果供品上坟祭祖，或摆祭品于路旁，燃香焚纸送"纸钱"，祭祀"亡灵"。又传七月十五日为地藏王菩萨的诞辰。地藏王菩萨就是目莲僧，他是阴曹地府里最慈祥的神灵，因不忍目睹人世间种种罪恶和污浊秽臭，所以一年中只在七月十五这一天睁开眼，于是人们在这一天大放河灯。人们用红纸扎莲花灯，底抹石蜡，内燃油芯，放于河流湾塘中，万盏齐明，意为拯救溺水而亡的鬼魂。人们还在湾崖或广场打铁花。

打铁花民俗起源于宋代，最早的打铁花活动，充满道教色彩，具有行业特征。宋代崇尚道教，社会上金、银、铜、铁、锡五门工匠，与道士共同敬奉祖师太上老君，所以工匠与道士可谓师兄弟。打铁花初源于工匠们的祭祀活动。遇到道教的重大庆典，道士们也会出钱出物，请工匠们打铁花，为道教增添光彩，这无形中促进了打铁花活动的开展。显而易见，打铁花的最初目的一是展示本行业的气派，取悦于群众，扩大影响；二是讨个吉利，因为"花"与"发"谐音，取"打花打花，越打越发"之意。老潍县打铁花不仅增加了鞭炮、烟花，还把耍龙灯、打铜器、游社火吸收进来，形成一种场面恢弘、气势磅礴、喜庆吉祥的独特表演风格。表演时鼓乐齐鸣，十几盘化铁炉火光冲天，打铁花艺人赤膊上阵，舞动着千余度高温的铁汁自如穿梭。被击打后的铁花纷飞，冲向空中朵朵绽放，

场面蔚为壮观。每当打铁花时，附近的龙灯会都组织龙灯赶来助兴，在铁花飞溅的花棚下穿梭，称为“龙穿花”。这一切活动是为了让菩萨开眼时望见宇宙一片光明，魑魅魍魉潜匿无迹，众生皆大解脱，再没有肮脏丑恶的现象。这个活动曾在白浪河、菏花湾、撞钟院湾、后苇湾等地多次举办过。①

老潍县有放飞风筝的传统，素称风筝之乡。老潍县风筝自宋代开始流行于民间，至清乾隆年间进入鼎盛时期。风筝艺人扎糊绘画，制成各种式样的风筝，常见的有鹰、燕、蝉、鹤、蝴蝶、蜻蜓、蜈蚣、蟹、人物等。蜻蜓为软翅，蝴蝶有软翅有硬翅，蝉和蝴蝶多是活眼，迎风转动，铮然有声。人物造型的风筝有判官、哪吒、美人等，惟妙惟肖，栩栩如生。有的风筝取材于历史故事，如《风尘三侠》《吹箫引凤》《许仙游湖》《和合二仙》等，生动活泼，各具神韵。最具代表意义的风筝是龙头蜈蚣，体现了巨龙腾飞的豪迈气势。蜈蚣风筝体型最大，蜈蚣头略如龙形，腰约二三十节，每隔尺许用一丝线相连。其腰为圆形，以青红色上下绘作半月形，每节两边各以横竹旁出，末端粘鸡毛，以昭风信，放起宛如巨龙飞腾空际，极为壮观。但因形体大，放飞时需要借助较大的风力，并以“南麻”线绳放之，将余线系在儿童腰间。其他风筝如祥瑞蝙蝠、仙鹤童子、孔雀开屏、凤凰展翅、八仙过海、天女散花、麻姑献寿、二龙戏珠、仙鹤童子等，无不显示出老潍县人民宽厚、勤劳、豁达、进取的品格和齐鲁大地淳朴的民风及浓郁的生活气息。缠风筝线的篓子（俗称拐子）也很讲究，用材名贵，有紫檀、黄杨和红木等。老潍县风筝承载了老潍县乡土文化的内涵，将地方性和艺术性、实用性和审美艺术结合在一起，形成了一种淳厚质朴、清新活泼、造型生动、题材多样、做工精美的流派风格。老潍县风筝曾有“鲁鸢”的称号，飞鸟是它的表现主题，因此有“十只风筝九只鸟”的说法。凤凰象征吉祥，鸽子代表和平，飞鸟风筝象征人们追求自由、热爱和平的天性。人物风筝多取材于历史故事和文学作品，其中的爱情故事和人物传奇，表现了人们对美好事物的向往，这是风筝的永恒主题。动物风筝代表了人们对动物的爱护和与自然万物和谐相处的心愿。

---

① 于沅伯、王季敏：《潍县岁时记》，《潍坊市潍城区文史资料》第2辑，第131～167页。

老潍县风筝不仅造型优美，形象生动，而且形式多样，诸如串式、桶式、硬翅、软翅、板子、自由式等，无不新颖别致。其绑扎工艺高超，绑线细而结实，缠绕平整，放飞平稳，制作精美。风筝绘画艺术，则集国画与民间年画之所长，既重写实又显夸张，凡鸟兽虫鱼、花卉草木、人物百戏、社会百态等，都成了风筝画的题材。明清以来，潍县城形成了扎制风筝的11家专业大户，即所谓“十一大家”，他们分别是陈善庭、唐延寿、张延禄、孙永春、郭迺馨、牟秀兰、胡敬珠、杨同科、杨万善、韩连溪、康万香。这“十一大家”各有所长。唐延寿的风筝铺历史最悠久，清咸丰年间在城里的大十字口开店，串式、桶式、硬翅俱全，是老潍县最出名的风筝店之一。陈善庭擅长扎制家禽走兽，最善于扎制十二生肖。张延禄精于钻研，以精品风筝赢得北京、天津、济南等地客商的青睐。牟秀兰的“牡丹仙子”堪称一绝，无人能比。胡敬珠扎制风筝60年，最拿手的是串式风筝。郭迺馨将国画技艺和风筝扎制结合起来，把硬翅风筝改为软翅，使风筝栩栩如生，他扎制的微型风筝被视为艺术珍品。杨同科则把杨家埠的木版年画融入风筝的扎制之中，擅长制作象形类风筝，人称“万善风筝”。康万香的风筝多是龙串，他设计的龙头构思独特，色彩相宜。韩连溪的“八仙过海”“苏武牧羊”“钟馗捉鬼”“李逵探母”等都曾轰动一时。孙永春出身于风筝世家，他的祖父、父亲都是风筝艺人，他以串式风筝最拿手。唐延寿家的风筝铺历史悠久，制作精细，最为有名。

放风筝是老潍县民众的业余爱好。上元节过后，天气和暖，春光明媚，有儿童开始放风筝。到清明时进入高潮，南沙滩上空各色风筝翱翔天际，翩翩起舞，上下翻飞，蔚为壮观。[①] 老潍县人郭麐在他的《潍县竹枝词》中写道：“一百四日小寒食，冶游争上白狼河。纸鸢儿子秋千女，乱比新来春燕多。”放风筝的习俗传承日久，就有了风筝比赛。为活跃城市文化，老潍县县长厉文礼决定把民间自发的风筝角逐引入到政府行为之中。1933年清明节召开潍县首届风筝比赛。当时潍县只有武衙门一处正式集会的场所，但不能放飞风筝，便采用“两步走”的办法。上午在县政府（老县衙）门前举行开幕式，进行风筝

---

① 于沅伯、王季敏：《潍县岁时记》，《潍坊市潍城区文史资料》第2辑，第153～154页。

展览。下午到白浪河河滩进行放飞比赛。首届风筝会全县有 80 只风筝参加比赛，这一天适逢潍县大集，观者云集，场面热烈壮观。随着指挥者的一声哨响，80 只风筝竞飞蓝天，令人目不暇接。据记载，最引人注目的是唐家风筝铺的板子人物风筝“八仙过海”，还有杨家埠的“四季花神”。比赛没有进行评比与发奖，成为一次地方性的风筝表演。事后，厉文礼下令建南关操场。城南有一片荒地，满是坟墓与浮厝，厉文礼明令限期搬迁或拆除，派人整平碾压，建成了老潍县首座体育场，俗称南关操场。

1935 年，县政府在四乡张贴告示，要求各乡镇选拔优秀的风筝，参加潍县第二届风筝比赛大会，会址就设在南关操场。4 月 5 日，体育场北侧扎上了主席台，中小学生全部参加观摩。第二届风筝会有 60 只风筝参赛。上午九时，比赛开始，按风筝的大小分成大、中、小三组，其中最大者是一条 70 米长的“龙头蜈蚣”。下午两点放飞结束，大会为所有参赛者颁发了纪念品。

老潍县两届风筝会在全国产生了极大的影响，各地的客商迅速把老潍县召开风筝会的消息传遍全国，各地的风筝爱好者跃跃欲试。1937 年第三届潍县风筝会召开前夕，潍县商会接到了各地商会转来的要求参加风筝会的申请函，县政府来了个“顺水推舟”，把承办风筝会的任务转给了民间社团组织潍县商会。商会本身有钱，办起会来得到商家的大力支持。[①] 潍县商会在白浪河沙滩组织了潍县第三届风筝赛会。这次风筝大赛参加者众多，除潍县的风筝外，济南的风筝商和天津的著名风筝艺人魏元太等外地风筝爱好者也纷纷到会。各家风筝铺在沙滩上准备了方桌、凳子，摆设了茶点，赞助性地承担着赛会的后勤工作。这一届共有 60 多个品种 90 只风筝参赛，在工艺水平以及放风筝技巧上都有很大提高。如孙永春、胡景珠扎制的“龙头蜈蚣”，以红、蓝、绿、白色彩涂绘，对比强烈。新品种“魁星点状元”，由国德府扎制、牟丹绘画。魁星是我国神话中主宰文章兴衰的神，他面貌丑陋，铁面无私，手执朱红大笔蹙眉沉思，审度点谁为状元。另有“寿”字、“杏花天”等。但因气温骤然下降，比赛提前结束。[②] 老潍县风筝成为老潍县的一张名片。如今风筝为潍坊架起了一

---

① 于家干：《老潍县七十年前的三届风筝会》，人民网，2009 年 04 月 19 日。

② 潍坊市文化局史志办公室编：《潍坊文化志》，齐鲁书社 1997 年版，第 324 页。

座走向世界的桥梁。潍坊市政府发掘老潍县风筝这一优秀的民间文化，于1984年4月2日举办了首届国际风筝会，邀请美国、英国等11个国家和地区的代表团参加。此后每年4月份潍坊都举办国际风筝会。在1988年的第五届国际风筝会上，来自13个国家和地区的代表一致通过由美国西雅图风筝协会主席戴卫·切克列提出的《提议潍坊市为“世界风筝都”的倡议书》，并在《倡议书》上签字。至此，潍坊正式成为“世界风筝之都”。

城隍巡街是老潍县一年中最热闹的一次全民性活动。城隍巡街是城隍崇拜的一项重要习俗。各地巡街时间不一，或在清明，或在元宵节，老潍县是农历五月初一。城隍起源于古代的水（隍）庸（城）祭祀，是《周礼》所记载的八神之一。“城”原指挖土而筑的高墙，“隍”原指没有水的护城壕。古人造城是为了保护城内百姓，所以修了高大的城墙、城楼、城门以及壕城、护城河。他们认为与人们的生活、生产安全密切相关的事物，都有神在，于是城和隍被神化为城市的保护神，是保护地方、主管当地水旱疾疫及阴司冥籍的神灵。城隍作为汉民族宗教文化中普遍崇祀的重要神祇之一，大多由有功于地方民众的名臣英雄充当，人们希望他们的英灵能和生前一样护佑百姓，除暴安良。例如北京的城隍是文天祥、杨椒山，浙江衢州的城隍是初唐四杰之一的杨炯。杨炯在衢州当过县令，吏治以严酷著称，卒于任上。南宁、桂林的城隍苏缄和绍兴的城隍庞元，生前均是忠臣良将，对百姓宽厚仁慈。郑州城隍庙供奉的是汉刘邦麾下大将纪信。汉高祖刘邦三年（204），项羽围刘邦于荥阳，危难之中，纪信冒充汉王，使刘邦得以逃走，“羽烧杀信”说的就是这个故事。

老潍县作为著名的工商业城市，也有自己的城隍崇拜。老潍县城隍庙位于城里城隍庙街路北，临街三间屋，中间是庙门，门外跨街两座木制牌坊。庙正门对面是一块小广场，广场南面建有一座砖砌瓦顶卷棚式戏楼，上悬老潍县县令郑板桥手书的“神之听之”四字大匾。穿过大门正中的甬道即是大殿，殿内正中有城隍泥塑像，后殿中则置有一尊带铜活络的城隍木雕像。庙内住有道士二人，负责打理日常上香供养之事。

农历五月初一一大早，庙门大开，香客熙熙攘攘，道路两旁做小买卖的比比皆是，对面戏台也鸣锣开戏，很是热闹。城里的人家早早起来，换上新衣，观看城隍出巡，男人可以上街，女人则只能待在自家门口看。

出巡执事人员先要到城隍庙后殿“请”城隍，木制的城隍四肢关节等处都安装了铜活络，届时执事人员按捺木雕城隍的膝部，木像就站立起来了。众人给城隍换上圆领官服、戴上乌纱帽，恭敬地把城隍移开原座椅，换乘小轿椅，待城隍坐稳后再由四名轿夫“请”入绿尼八抬大轿内。

仪仗队由两面国旗开道，伴有大喇叭两只，接着是两列二十八星宿旗，随后是一班大鼓乐和五吹三打乐队，由龙节、八宝、万民伞、莲子灯组成的銮仪和笙、管、萧、笛组成的细乐队伍紧跟其后，几十人组成的队伍分两列行进，后面才是城隍的贴身仪仗。

城隍出了庙门，仪仗队最前沿的喇叭便“哞哞”地吹起来，三班中军齐奏，这时大队便开始行动。轿后有二十个武士打扮的壮丁，手持十八般兵器，气宇轩昂，随轿而行。最后是本县县官带领三班六役，由一柄大红伞引导，乘四人轿在后随行陪同。

巡行中轿夫把大轿抬得四平八稳。神像是木雕的，其面部和手部是粉塑的，轿身前行，城隍的乌纱翅也跟着颤抖，手中的紫褶扇微微摇动，清风吹来，五绺胡须随风飘摆，真是栩栩如生。沿途各街道都备有接待城隍的“中和”，设香案、供品迎接城隍。城隍每巡到一个“中和”就停下来，象征性地处理公务和享受人们的供奉。绕城共有十八处“中和”，巡视下来有三十多里路。出巡一直到天晚才打道回銮，神像被送回原来殿内的座位上。①

在城隍庙戏楼建成后，直到1928年潍县城第一个戏院潍县大戏院建成为止，这170多年时间里，城隍庙戏楼是潍县城唱戏最多、演唱时间最长的地方。正月里庆新春，五月初一到初五庙会，老百姓为了求雨、祈福、禳病、消灾到此烧香还愿，演出的场次更多。每逢此时，官商士绅有人出来约班，往往是这个戏班刚唱完，那个戏班又接上，好戏连台，唱个不停。像当地有名的“三庆班”“四喜班”“永福班”，还有红极一时的优伶燕福（艺名，本名孙作楫）等，都曾到台上献艺。城里流传着“燕福上了台，闺女媳妇跑掉了鞋”的说法，人们争相来这里看戏，一饱眼福。

每年庙会期间，庙前街道两旁摆满各种摊点，卖吃食、玩具的，演杂耍、

---

① 《漫话潍坊：你见不到的潍县城隍出巡盛况》，文化潍坊网站2016年12月4日。

唱大戏的，应有尽有，香客往来不断，热闹非凡。正如老潍县著名文人裴星川在《潍县竹枝词》中所描绘的那样："衣裳鞋帽通身新，互拜亲朋与四邻，香纸媚神求福佑，城隍庙里聚人群。儿童得意舞婆娑，庙外浮摊玩具多，木制刀枪泥老虎，小型皮鼓小铜锣。城隍庙外大戏楼，板桥题字最风流，酬绅还愿烦优孟，正月接连演不休。"

城隍庙每年的庙会，出巡，还有接连不断的祭祀、香火等活动，为老潍县众多商家带来了贸易契机，而举办这些赛事，自然也要靠商家集资出钱。据说为应付城隍庙这些活动的开支，商家一年要集资1000多两纹银。①

据闻当时聚观"出巡"，万人空巷，甚至有来自乡村以及外县者，他们不远几十乃至上百里，一睹盛况。辛亥革命以后，这个活动慢慢停止了。②

① 陈瑞曾：《潍县城里城隍庙街轶事》，人民网2010年3月23日。

② 于沅伯、王季敏：《潍县岁时记》，《潍坊市潍城区文史资料》第2辑，第155页。

参考文献

1. 常之英等：《潍县志稿》，北京图书馆出版社 2007 年版。

2. 刘东木：《风土人情：鸢都民俗趣谈》，山东友谊出版社 1995 年版。

3. 政协潍坊市潍城区委员会：《潍县老字号》，潍坊市新闻出版局，2001 年。

4. 政协潍坊市潍城区委员会：《潍坊市潍城区文史资料》（1～19 辑），内部资料。

5. 王守中：《近代山东城市变迁史》，山东教育出版社 2001 年版。

6. 王芳：《明清时期的商业习俗》，中国历史博物馆馆刊，1994 年。

7. 王锐：《市井商情录——中国商业民俗概说》，湖北人民出版社 1997 年版。

8. 陶思炎：《中国都市民俗学》，东南大学出版社 2004 年版。

9. 薛麦喜：《黄河文化丛书——民俗卷》，陕西人民出版社 2001 年版。

10. 王静、许小牙：《掮客·行商·钱庄——中国民间商贸习俗》，四川人民出版社 1993 年版。

11. 何学威：《经济民俗学》，中国建材工业出版社 2000 年版。

12. 李龙吟：《老北京商业民俗文物》，世界图书出版公司 2007 年版。

13. 李孝悌：《中国的城市生活》，新兴出版社 2006 年版。

14. 何一民：《近代中国城市发展与社会变迁（1840～1949）》，科学出版社 2004 年版。

15. 王孝通：《中国商业史》，商务印书馆 1998 年版。

16. 张在湘等:《北海文化通鉴》，山东友谊出版社 1992 年版。

17. 蔡丰明:《上海都市民俗》，学林出版社 2001 年版。

18. 叶汉明:《20 世纪初山东地方绅商的形成：潍县的例子》，叶显恩，汴恩才:《中国传统社会经济与现代化》，广东人民出版社 2001 年版。

19. 李金新:《郑板桥在潍县》，潍坊市新闻出版局，1993 年。

20. 政协潍城区文史委:《潍城文史资料》（1～16）辑，内部资料，2000 年。

21. 政协潍坊市文史资料委员会:《潍坊文史资料》第 2 辑，内部资料，1986 年。

22. 潍坊市潍城区史志编纂委员会:《潍城区志》，齐鲁书社 1993 年版。

23. 潍坊地区出版办公室:《潍坊风物》，山东人民出版社 1983 年版。

24. 孙敬明:《潍坊古代文化通论》，齐鲁书社 2009 年版。

后 记

老潍县商业习俗是潍坊商人和民众在长期的商业活动中逐渐形成的较稳定的生活习惯，反映老潍县商人的经营方式和基于这种方式所创造出的事物，体现老潍县商人的社会心态、道德观念和行为准则，并对其商业行为具有某种约束力。拙著对老潍县商业习俗产生的历史背景、发展规律及其表现形式作了探讨，并试图总结和归纳老潍县商业习俗的文化内涵、社会功能及作用与影响，指陈利弊，考辨优劣，为弘扬优良商业文化，改造陈规陋习，促进民俗文化产业的顺利发展和市场经济的健康发展提供历史的借鉴。

从学术意义看，老潍县商业习俗具有丰富的内涵和鲜明的特色，是一个亟待开拓的民俗学研究领域，具有广阔的学术发展前景。老潍县古有“东莱首邑”“鲁东重镇”之称，商业发展自古称盛。郑板桥诗作“两行官树一条堤，东自登莱达济西。若论五都兼百货，自然潍县甲青齐”“三更灯火不曾收，玉脍金齑满市楼。云外清歌花外笛，潍州原是小苏州”，对清朝中期老潍县商业繁荣景象作了生动描写。当时县城中有 2 市 16 集场，另有一年一度的山会，商贸之繁盛可见一斑。近代潍县工商业繁荣，百业兴旺，是华北重要的土洋货物集散中心之一，有多条贸易线路在此汇合，其批发商业声名远扬。民国时期，这里是北方棉纺织业中心之一，手工业也素称发达，嵌银业、仿古铜器、铜首饰、铸印业、棉纺业等享誉海内。1932 年时，全县大小商号 3000 余家，交易总额在 4000 万元左右。据当时金城、盐业、大陆、中南四行调查，20 世纪 30 年代初潍县经济名列全国第 17 位，由此足见其经济之繁荣。工商业经济的发展为商业习俗的形成与发展提供了适宜的社会“土壤”，老潍县商业习俗就是在这样的“土壤”中产生与发展的。近代潍县商业民俗特色鲜明，商业组织发达，品牌名店老字号众多，金融典当业实力雄厚，富商大贾云集，街市繁盛，华洋杂处，传统与现代交织，商人勇于开拓、诚信经营。潍坊商业习俗是潍坊人文精神的缩影，也是一笔宝贵的文化遗产，发掘和整理近代潍坊商业民俗的丰富内容，探讨其特色、作用及意义等，正是本项目的学术价值之所在。

从实践意义看，潍坊在发掘传统民俗资源，服务现代经济方面有成功的做法，国际风筝节、杨家埠木版年画等已成为拉动经济增长的民俗文化产业，潍坊在省内外较早地开展民俗旅游，产生了积极影响。潍坊具有丰富的商业民俗文化资源，在集市习俗、交易习俗、消费习俗、行会习俗等方面都有自己的特色。如何进一步发掘优秀民俗资源，传承优秀民俗文化，开拓民俗文化产业，这需要我们认真研究潍坊商业民俗的历史与现实，透过其世风民俗，把握其传统商业文化的心理特征、价值观念和审美情趣，从而为传承和弘扬优秀民俗文化遗产，繁荣现代商业文化，增进人民之间的沟通与理解，扩大海内外之间的经济贸易往来与文化交流提供借鉴。

目前潍坊市潍城区建成了以十笏园为中心的历史街区，十笏园历史街区再现了作为商埠重镇的旧潍县商业街区的历史景观，重现历史街区市廛民声的繁荣景象。这是潍坊商业民俗文化产业开发的重要举措。这说明商业民俗开发已为人们所重视，商业民俗文化开发已成了潍坊极具发展活力的产业。这就需要理论工作者深入实际，开展广泛的调查研究，形成方案和理论，丰富商业民俗文化产业的精神内涵，指导商业民俗文化产业又好又快地发展。商业民俗文化产业开发的实践需要既为潍坊商业习俗研究开辟了广阔的学术空间，又对潍坊商业习俗研究提出了新要求。商业习俗研究具有紧迫性和现实意义。

拙著是在潍坊市文物局领导的关心和支持下完成的，在此对他们的帮助和鼓励表示由衷的感谢!